岭南道教论稿

王丽英◎著

社会科学文献出版社
SOCIAL SCIENCES ACADEMIC PRESS (CHINA)

本书为

2014 年广东省本科高校教学质量与教学改革工程建设项目“历史学专业综合改革试点”（粤高教函〔2014〕97 号）成果

广州大学文学思想研究中心课题成果

自　序

做学术研究，需要及时总结和不断开拓。总结是开拓的基础，开拓是总结的升华。我希望通过这个论稿，对自己以往的学术研究，做一次认真的总结，以期有更大的开拓。

一

道教是我国唯一本土民族宗教，有着悠久的历史和博大的文化精粹，对我国的民族心理、伦理道德、情感信仰、民风习俗、哲学思想、思维方式、文学艺术、科学技术、医学养生、政治经济等方面都产生了极为广泛而深远的影响，在中国传统文化上留下了深厚的积淀，直至今天，依然看到其痕迹。可惜，长期以来，人们对道教的研究不太重视，成果不多，影响不大，如任继愈先生在2006年《道教史》新版总序中所说：1990年我国组织编写《宗教史丛书》，甚至没有将道教史纳入《丛书》之中，只是到了2005年新版时，才“经出版社提议，将原本不属于这个系列的《道教史》（卿希泰、唐大潮著），这次也一并纳入进来”[①]。足见道教研究比

① 卿希泰等：《道教史》，任继愈：《新版总序》，江苏人民出版社，2006，第2页。

较薄弱。至于岭南道教研究就更加滞后，迄今为止，相关论著较少，与岭南道教的历史、地位和作用是不相匹配的。

岭南道教形成于汉晋时期，与中原道教创立时间相距不远。两晋之际，鲍靓和葛洪南下布道，创建道观——越冈院（今广州三元宫）和都虚观（今罗浮冲虚观），授徒讲学，著书立说，炼丹修道，从此，岭南有了固定的宗教活动场所和专门祭祀神灵的宫观庙宇，从而开创了岭南道教圣地，罗浮山也由此成为中国道教的一个重镇。

岭南道教开启道教变革之新机，乃至整个宗教改革之先河。中国道教史上有过两次重大变革，均发生在岭南。第一次在两晋之际，葛洪在罗浮山撰写《抱朴子内篇》，把民间道教改造成为神仙道教，这是“一场出于它独特的信念、神学及礼仪所驱动的宗教改革”[①]；第二次在隋朝，苏元朗从岭北来到岭南罗浮山，提出“归神丹于心炼”的内丹学说，“唐宋之际道教内丹派崛起又实以苏元朗在罗浮山所创立的内丹学说为嚆矢”[②]。随后，由慧能倡导的佛教禅宗改革，始创禅宗顿教；又由陈白沙发起的儒学变革，开创江门心学，都发生在岭南，可谓同出一辙。所以说，岭南道教，开创了道教改革，乃至整个宗教改革之先河。

岭南道教与岭南文化产生“互化”效应。道教传入岭南后，与岭南文化交融，出现“互化”效应：一方面是道教受岭南文化的影响，出现“南化”现象；另一方面是岭南文化受到道教的影响，呈现出“道化”品格，岭南人无论是思想意识、伦理道德、情感信仰、民风习俗、饮食文化、思维方式、处世之道，抑或是文学艺术、科学技术、医学养生、政治经济等方面，都打下道教深刻的烙印。

---

① 黎志添：《六朝天师道与民间宗教祭祀》，黎志添主编《道教与民间宗教研究论集》，（香港）学峰文化事业出版公司，1999，第25页。

② 王承文：《葛洪早年南隐罗浮山考论》，《中山大学学报》1994年第2期。

二

本书收录了本人自20世纪90年代以来有关岭南道教研究的系列论文，包括《道教产生的原因再思考》《道教南传的动因及其意义》《道教与岭南的地缘关系》《道教与岭南俗信的亲缘关系》《道教传入岭南的缘由》《鲍靓其人及其符箓道术》《葛洪的罗浮情结与神仙道教的形成》《葛洪的神仙道教略论》《粤地龙母崇拜的道教色彩》《妈祖俗信入粤及其道教意蕴》《陈铭珪其人及其〈长春道教源流〉》《汪兆镛其人及其〈老子道德经撮要〉》《李明彻与广州纯阳观》《广州十三行行商的道教情怀》《早期道教的传播方式》《道教法术与岭南巫俗》《道教的“道在养生”思想》《道教伦理思想的鲜明特征》《道教哲学的思维特征》《岭南人生死观的道教意味》《岭南饮食文化的道教风味》《明清广州道教的新态势》《道教“贵和”思想的现代意义》《广州道教文化资源及其开发策略》《白云山郑仙文化资源及其开发利用》《罗浮山洞天福地的现代诠释与开发价值》《道教文化资源在广州培育世界文化名城中的积极作用》《民国时期广州道书考论》共二十八篇，意图通过对岭南道教的微观研究，对中国传统宗教进行一些具体探讨和科学揭示。

全书分为四大部分：

第一部分，道缘篇，是对道教南传的因缘研究。道教始创于岭北，何以传入岭南？学术界一直有争议。本部分五篇论文，着力从地缘、亲缘、人缘诸方面出发，探究道教南传的缘由；又从道教自身的主观需要考虑，探讨道教南传的动因，正是各种因缘际会，促成道教南传，从而解开了道教南传之谜。

第二部分，人物篇，是对岭南道教史上若干重要人物的个案研究。岭南道教何时形成？以谁为代表？学术界众说纷纭。本部分九篇论文，选取了岭南道教史上几个具有代表性的高道作为研究对象，探究了鲍靓、葛洪、陈铭珪、汪兆镛、李明彻等对岭南道教乃至中国道教的重要贡献。

第三部分，道学篇，是对岭南道教的综合研究。岭南道教与中原道教有何不同？学术界似乎鲜有论及。本部分九篇论文，有的通过宏观研究，从中国道教视域下探讨道教的养生、伦理和思维特征；有的通过微观研究，从岭南道教角度切入考察了岭南人养生观、生死观和饮食文化的道教意味，体现出道教与岭南文化相互影响和渗透融合的互动效应。

第四部分，资源篇，是对岭南道教资源的开发研究。岭南道教历史悠久，文化资源丰富，如何开发利用？学界关注不多。本部分五篇论文，选取部分珍贵道教文献和几个重要道教场所作为研究对象，探讨了保护和利用道教文献资料的有效方法，提出了开发利用诸如白云山、罗浮山等具有丰富道教资源的文化名山策略，凸显了道教文化资源在广州培育世界文化名城中的地位和作用，为岭南提升文化软实力提供智力支持和资政参考。

三

本书收入的论文大多在国内外学术刊物上发表过，在这次编辑收录过程中，有的保持原貌，有的略作修订，如《论道教伦理思想的鲜明特征》发表于《中国道教》（1999 年第 1 期），《论道教“道在养生”思想》发表于《江汉论坛》（1999 年第 6 期），《道教哲学的思维特征》发表于《中国道教》（2002 年第 4 期），《岭南俗信与道教的亲缘关系》发表于《华中师范大学学报》（2005 年第 2 期），《道教法术与岭南巫俗初探》发表于《宗教学研究》（2005 年第 2 期），《岭南人生死观的道教意味》发表于《中国道教》（2005 年第 3 期），《论道教迅速传入岭南的缘由》发表于《广州大学学报》（2005 年第 3 期），《道教与岭南的地缘关系》发表于《管子学刊》（2005 年第 4 期），《论早期道教的传播方式》发表于《北方论丛》（2005 年第 5 期），《道教与岭南饮食文化》发表于《中国宗教》（2005 年第 12 期），《鲍靓符箓道术考论》发表于《湖北大学学报》（2006 年第 5 期），《浅谈道教“贵和”思想的现代意义》发表于《中国道教》（2007 年第 5 期），《葛洪的罗浮情结与神仙道教的形成》发表于《广州大学学报》（2007 年第 9 期），《广州道教旅游资源及其开发策略初探》发表于《广州大学学报》（2008 年第 9 期），《陈铭珪道学思想初探》被编入《全真道与老庄学国际研讨会论文集》（华中师范大学出版社 2009 年版），《汪兆镛及其〈老子道德经撮要〉述评》发表于《广州大学学报》（2012 年第 6 期），等等，文章发表后，引起了学术界和道教界的一些关注和反响，也得到了专家和道长的一些认同和赞誉。有些文章未曾刊发，不敢敝帚自珍，亦试图通过本书的出版，达到与学界和教界交流的目的。借此机会，多听一些意见，多获一些教益。我愿将本书置于学术的潮流，以期得到同行专家和同道中人的批评指教，亦敬祈读者予以批评指正。

四

本书是我积二十多年学习和研究的结晶，见证了我的学术生涯，这不仅仅是一次总结，也是一次鞭挞，促使我在今后的研究中不断思考，在学术上不断开拓。

本书也是恩师悉心教导的结果，吾师熊铁基先生，不仅引领我走进学术的殿堂，授我以鱼，又授我以渔，而且言传身教，鼓励我孜孜以求。师恩重如山，感激之情难以言表！

本书亦是众人相助的成果，感谢一路以来所有支持和帮助过我的师长、道长、领导、同事、学友和亲朋以及家人！感谢社会科学文献出版社项目统筹、责编、责校等同人为本书出版发行付出的艰辛劳动！

本书的出版，得到2014年广东省本科高校教学质量与教学改革工程“历史学专业综合改革试点”建设项目经费资助，一并致谢。

王丽英

2017年元月于广州金桂园越秀阁

Contents

目录

道缘篇

人物篇

道学篇

资源篇

道缘篇

道教产生的原因再思考

道教是我国民族宗教，对中国传统文化的各个领域和各个层面都产生了极为广泛而深远的影响，越来越受到社会的广泛关注。近些年来，学术界对道教已有一些研究，具体论述道教产生的原因亦不少，但主要是从道教的思想渊源和理论基础方面进行探究，仔细思考看来，似嫌不够。道教的产生，既离不开特定的客观历史条件，也与其特有的主观条件分不开。东汉中后期频繁的天灾人祸使人们产生除病消灾的强烈欲望和宗教信仰需求，加上道教本身精辟的道论和卓有成效的道术，二者结合成为道教产生的主要原因。

一 天灾人祸为道教产生提供了契机

“天人感应”作为一种自然观，是我国古代一种普遍存在的思维模式。我国很早便有“天谴”之说，人们认为“天人感应”，自然界的许多现象在很大程度上反映和影响人类自身的行为，上天根据人的善恶而施赏罚，“祥者福之先者也，见祥而为不善则福不至；妖者祸之先者也，见妖而为善则祸不至”[①]，尤其是统治者作

① 《吕氏春秋·制乐》。

为一国之君，为政须法天地，行事须顺自然，否则生灾眚怪异，“国有此物，其主不知惊惶亟革，上帝降祸，凶灾必亟。其残亡死丧，殄绝无类，流散循饥无日矣”①。到了两汉，尤其东汉中后期，这种“天谴”说更为流行，人们进一步发展了“天人感应”学说，认为王政治平，则上天欣喜，结果阴阳和顺，五谷丰登，祥瑞皆至；王政暴虐，则上天发怒，结果阴阳错谬，万物不生，灾异频仍，“夫瑞以和降，异因逆感。……人离其害，怨气伤和，以致灾眚”②，又“水旱不节，边人食寡，政失于上，人受其咎”③，这都是说灾异是对老百姓的极大伤害，也是对统治者的严重警告。

我国是一个文明古国，在劳动人民长期的生产斗争中，积累了与天斗的经验，记录自然灾害就是这种经验积累的表现之一，因而对自然灾害有较多和较详细的记载。据史书记载，东汉特别是其中后期的各种自然灾害十分频繁和严重，其时，水灾、旱灾、蝗灾、风灾、火灾、震灾、霜灾纷至沓来，根据对《后汉书》诸《本纪》《列传》《五行志》有关记载的粗略统计，东汉（25～220）195 年历史，自然灾害发作竟达 223 次之多。(详见表 1)

表 1　东汉时期自然灾害

类别	水灾	旱灾	火灾	雨雹	蝗灾	地震	崩裂	风灾	疾灾
频数	46 次	45 次	3 次	3 次	27 次	51 次	24 次	11 次	13 次

有关灾情，也有具体记述，仅略举数例。如关于水灾，安帝建光元年（121），“京都及郡国二十九淫雨伤稼”④。关于旱灾，安帝

① 《吕氏春秋·明理》。
② （南朝宋）范晔：《后汉书·质帝本纪》。
③ （南朝宋）范晔：《后汉书·明帝本纪》。
④ （南朝宋）范晔：《后汉书·五行志》。

延光元年（122），“郡国五并旱，伤稼”[①]。关于雹灾，顺帝永建三年（128），“郡国十二雨雹”[②]。关于蝗灾，顺帝永建五年（130），“郡国十二蝗”[③]。关于地震，安帝延光二年（123），“京都、郡国三十二地震”[④]。关于风灾，安帝延光二年，“三月丙申，河东、颍川大风拔树。六月壬午，郡国十一大风拔树”[⑤]。关于疫灾，安帝延光四年（125）冬，“京都大疫”[⑥]。……不胜枚举。

频仍的天灾带给东汉民众无尽灾难，成为道教产生的外部契机。

1. 社会经济大受破坏，造成百姓生活困窘，诱发强烈宗教需求

综观东汉中后期的自然灾害，特点有二。其一，在空间上是多种类、大范围，既有水旱的交叉，又有虫雹的并行，为害数省比比皆是，往往一次大旱，便赤地千里，一次水灾，即哀鸿遍野，如殇帝延平元年（106），“天降灾戾”，郡国“有水灾，妨害秋稼”[⑦]，波及37个郡国；又和帝永元十二年（100），“有蝗灾……其年大旱”[⑧]，水旱蝗灾迭至，饿殍遍野。其二，在时间上表现出连续性，年年有灾，甚至一年数灾，据《后汉书·五行志》记载，安帝永宁元年（120），“郡国三十三淫雨伤稼”，建光元年，“京都及郡国二十九淫雨伤稼”，延光元年，“郡国二十七淫雨伤稼”，三年不断。顺帝建康元年（144），“陇西、汉阳、张掖、北地、武威、武都，自去年九月以来，地百八十震，山谷坼裂，坏败城寺，杀害民

① （南朝宋）范晔：《后汉书·五行志》。
② （南朝宋）范晔：《后汉书·五行志》。
③ （南朝宋）范晔：《后汉书·五行志》。
④ （南朝宋）范晔：《后汉书·五行志》。
⑤ （南朝宋）范晔：《后汉书·五行志》。
⑥ （南朝宋）范晔：《后汉书·五行志》。
⑦ （南朝宋）范晔：《后汉书·殇帝本纪》。
⑧ （南朝宋）范晔：《后汉书·戴封传》。

庶”[①]，一年地震百多次，煞是惊人。

灾害之重，祸害必大。一是民不聊生，据《后汉书·陈蕃传》记载，陈蕃上疏桓帝时便反映“比年收敛，十伤五六，万人饥寒，不聊生活”，更甚者饿死、冻死、淹死、烧死、震死，如顺帝永和元年（136），“夏，洛阳暴水，杀千余人”[②]，又如桓帝延熹九年（166），“司隶、豫州饥死者什四五，至有灭户者”[③]，尸骨满地，惨不忍睹。二是家破人亡，据《后汉书·五行志》记载，顺帝汉安元年（142），“三月甲午，洛阳刘汉等百九十七家为火所烧”，一无所有。三是逃亡，桓帝永兴元年（153），“秋七月，郡国三十二蝗，河水溢，百姓饥穷，流冗道路，至有数十万户，冀州尤甚”[④]，四处逃窜，疲于奔命。四是客死异乡，安帝永初二年（108），“夏旱……洛城傍客死骸骨，凡万余人”[⑤]。五是人相食，据《后汉书·安帝本纪》记载，安帝即位之初，“京师大饥，民相食。……百姓饥荒，更相噉食”。天灾之患，令人悚目惊心，天灾成为悬挂在靠天吃饭的农民头上的一把利剑。更为严重的是，自然灾害发生的同时，往往伴随着疾病的流行，如《后汉书》记载，“民多饥穷，又有水旱疾疫之困”[⑥]，此类记载甚多，兹不烦举。

人们生活在死亡的边缘，这就为道教的产生提供了一定的社会土壤，“宗教里的苦难既是现实的苦难的表现，又是对这种现实的苦难的抗议。宗教是被压迫生灵的叹息，是无情世界的情感，正像它是无精神活力的制度的精神一样”[⑦]。自然灾害对社会经济的巨

---

① （南朝宋）范晔：《后汉书·顺帝本纪》。

② （南朝宋）范晔：《后汉书·杨厚传》。

③ （南朝宋）范晔：《后汉书·桓帝本纪》。

④ （南朝宋）范晔：《后汉书·桓帝本纪》。

⑤ （南朝宋）范晔：《后汉书·周嘉周畅传》。

⑥ （南朝宋）范晔：《后汉书·桓帝本纪》。

⑦ 中共中央马克思恩格斯列宁斯大林著作编译局编译《马克思恩格斯选集》第一卷，人民出版社，1972，第2页。

大破坏和对人们生命财产的严重危害，使人们自然产生强烈的解脱愿望，限于当时科技和认识水平，人们对自然现象只知其然不知其所以然，从而产生恐惧和害怕心理，面对自然灾害的强大威力，人们更表现出渺小软弱、无能为力和束手无策，生存受到严重威胁，如何才能摆脱现实的苦难？路在何方？广大民众在渴望摆脱现实的苦难但又找不到出路时，往往幻想有一种神秘的力量拯救他们，所谓“力足者取乎人，力不足者取乎神”[①]，“力不足”的人们相信神灵能够帮助他们，拯救他们脱离现实苦难，于是把希望寄托在宗教的身上，道教所以在东汉中后期产生，正是受人们求生本能欲望——除病消灾所驱动，现实生活的黑暗，正是道教产生的温床，如恩格斯指出的：“中世纪把意识形态的其他一切形式——哲学、政治、法学，都合并到神学中，使它们成为神学中的科目。因此，当时任何社会运动和政治运动都不得不采取神学的形式；对于完全由宗教培育起来的群众感情说来，要掀起巨大的风暴，就必须让群众的切身利益披上宗教的外衣出现。”[②] 道教的救世说与东汉中后期的天灾人祸恰好发生了契合，道教的多神崇拜与民众的心理愿望也发生了吻合，道教及时抓住了这个契机，利用天灾带来的人祸——人们现实生活的苦难布道，声称太平社会将至，人间苦难、灾异邪气、疾病痛苦都将消除，它一方面以其道论劝诱人们信仰道教，另一方面又以其深厚的道功医术为人消灾除病，这给绝望中的人们带来了希望，也为人们解决了一些实际性问题，因而具有很大的感染力、诱惑力、说服力和号召力，人们自然把除病消灾的愿望寄托在道教的身上，这样，由天灾人祸而产生的除病消灾的本能欲望，便成为道教产生的直接诱因。

---

① （唐）柳宗元：《非国语·神降于莘》。

② 中共中央马克思恩格斯列宁斯大林著作编译局编译《马克思恩格斯选集》第四卷，人民出版社，1972，第251页。

2. 天灾造成社会动荡，激发民众造反，加入道徒行列

东汉自和帝始，君道秕僻，宦官外戚交替专权，政治腐败，经济不振，水利不修，加深着灾害频仍的危害，到安帝时更是“灾异蜂起，寇贼纵横”①，在生存受威胁、社会不太平的情况下，民众纷纷叛乱，其范围之大、次数之多、人数之众、形式之多，是前所少有的。就其范围而言，东起山东之琅琊，西至甘肃之凉州，南达交趾，北抵幽冀，几及全国；就其次数而言，自安帝永初三年至献帝建安十四年（109～209）的一百年间，达一百多次；就其人数而言，从几百人、几千人发展到几万人甚至几十万人；就其形式而言，抢米、夺粮、觅食、寇略、骚乱、攻城，无所不有。最为突出的是不少道教中人，他们自称“将军”“真人”，身穿道士之服，手持印券和符书，口讲道士之言，利用民众对现实生活的不满，组织和发动民众暴动，如安帝永初三年，有青州海贼张伯路等三千余人冠赤帻，服绛衣，自称将军，“寇滨海九郡”②；顺帝建康元年（144），阴陵徐凤、马勉等勉皮冠黄衣，带玉印，称黄帝，“攻没合肥”③；冲帝永嘉元年（145），历阳华孟自称黑帝，“攻九江”④；桓帝年间，起事更多，据《后汉书·桓帝本纪》载，桓帝建和二年（148），豫州管伯称真人，“并图举兵”，桓帝延熹八年（165），冀州盖登称太上皇帝，“有玉印、珪、璧、铁券相署置”，桓帝延熹九年（166），徐州戴异“得黄金印，无文字，遂与广陵人龙尚等共祭井，作符书，称太上皇”。……民众的暴动，此伏彼起，一波接着一波，一伙强如一伙，到灵帝中平元年（184），这些分散的农民暴动，终于形成了以道人张角为首的全国性黄巾大起义。

---

① （南朝宋）范晔：《后汉书·安帝本纪》。
② （南朝宋）范晔：《后汉书·法雄传》。
③ （南朝宋）范晔：《后汉书·滕抚传》。
④ （南朝宋）范晔：《后汉书·滕抚传》。

从上述史料可见，道徒和民众的暴动，多集中在灾异频仍的东汉中后期和灾情严重的青、徐、幽、荆、兖、豫、扬州等地，灾害越频繁、严重，道徒和民众的反抗斗争就越普遍、强烈，道教的产生与苦难人民的斗争结下了不解之缘。

二 道论道术成为道教产生的内在因素

道教是一种“救世永生”的宗教，它以改造现实世界、解决民众痛苦为己任。面对天灾带来的人祸，道教以其精湛的道术为人消灾除病，又以其精辟的道论劝诱人们信奉道教，颇具感染力、说服力和号召力。道论道术，既体现道教自身的特色，同时也是道教产生并得以发展的内在原因。

1. 道教的理论具有向自然做斗争的精神和建立太平社会的理想

“以善道教化天下”① 是道教的宗旨，所谓“道”，是道教的最高准则，得道成仙，长生不死，是道教信仰的最高目标，其次是治病健身，驱邪除鬼，即内以治身、外以救世，强调功（内修之真功）和行（积德之真行）两全。早期道教理论主要体现在《太平经》、《周易参同契》和《老子想尔注》几部经典之中。

第一，道教认为自然乃神人所控，强调人为作用。《太平经》继承《老子》“道生一，一生二，二生三，三生万物”② 的思想，并运用汉代道家的宇宙演化、万物生成学说，阐述其万物生成理论，即道、气、阴阳都有生成功能，“夫道何等也？万物之元首。……元

① （南朝宋）范晔：《后汉书·皇甫嵩传》。
② 《老子》四十二章。

气行道，以生万物”[①]，“阴阳相合施生人。……长养凡物名为财”[②]。但道教同时又认为在人们生活的这个大自然里，有着无数的神，“夫神，乃无形象变化无穷极之物也”[③]，神乃神人，掌管元气，支配自然，“其无形委气之神人，职在理元气”[④]，它有喜、怒、哀、乐、爱、欲、憎等多种情感，并由其好恶造成事物的生灭与成毁，“元气自然乐，则合共生天地，悦则阴阳和合，风雨调。风雨调，则共生万二千物”[⑤]，如此风调雨顺，自然不会有自然灾害的降临。道教进而强调人为的重要作用，“天道万端，在人可为”[⑥]，“万物兴衰反随人故”[⑦]，万物由人主宰，人可支配自然、改造自然。其实，道教所以探讨天道，就是要解决人生现实诸问题，为此，道教从宇宙出发，再降落到人生，将宇宙人生融为一体。在人生诸多问题中，最大莫过于寿命问题，对此道教有精辟的论述和有效的方法。如早期道教的重要典籍《老子想尔注》就把《老子五千文》中的“天大，地大，王亦大”改为“天大，地大，生大”[⑧]，认为生比王更重要，《元始无量度人上品妙经》卷三也强调“仙道贵生”[⑨]，《太平经》更认为人以贪寿为第一，故曰：“三万六千天地之间，寿最为善。”[⑩] 如何才能长寿？道教提出逆道成仙法，即逆自然而为，道教认为按照“道生万物”这个万物生成的观点，顺道而行，因循自然，人是必死无疑的，但老子有“反者

---

① 王明编《太平经合校》，中华书局，1960，第 16 页。
② 王明编《太平经合校》，中华书局，1960，第 305 页。
③ 王明编《太平经合校》，中华书局，1960，第 439 页。
④ 王明编《太平经合校》，中华书局，1960，第 88 页。
⑤ 王明编《太平经合校》，中华书局，1960，第 647 ~ 648 页。
⑥ 王明编《太平经合校》，中华书局，1960，第 339 页。
⑦ 王明编《太平经合校》，中华书局，1960，第 232 页。
⑧ 饶宗颐：《老子想尔注校笺》，上海古籍出版社，1991，第 32 页。
⑨ 《道藏》第 2 册，文物出版社、上海书店出版社、天津古籍出版社，1988，第230 页。
⑩ 王明编《太平经合校》，中华书局，1960，第 222 页。

道之动”[①] 和“大曰逝，逝曰远，远曰返”[②]，说明道可向与它相反的方向运动，“散而为万物”[③]，那么，人要“体道”，也可向着相反方向追根寻源，逆道而行，逆自然而为，人便可与道合体，长生成仙了。道教进而喊出“我命在我不在天地”口号，道教继承仙经和老子思想，“仙经曰：‘我命在我不在天’”[④]，“老君曰：‘我命在我，不属天地’”[⑤]，人的生老病死并非由天地、自然所支配和控制，人的命运掌握在人的手中，人不仅要重视自然生命，延年益寿，而且要超越自然，长生不死，颇有向自然做斗争的精神。道教对人的这一终极关怀，克服了人的有限感，给生活在灾荒中而濒临死亡但又惧怕死亡的人们带来了心灵慰藉和精神安慰，开启了人们信仰道教之门。

第二，道教倡议建立一个太平社会。《太平经》明确指出“太平”社会的理想和构思，“太者，大也；平者，正也”[⑥]，可见，道教要建立的是一个和平、公正、安宁的社会，在这个社会里，既没有天灾人祸，也没有社会不均，“万物长安矣，百姓无言矣，邪文悉自去矣，天病除矣，地病亡矣，帝王游矣，阴阳悦矣，邪气藏矣，盗贼断绝矣，中国盛兴矣”[⑦]，正如王明先生说：“阴阳和顺，物富民安的思想在《太平经》中占有重要地位。”[⑧] 如何实现这一理想社会呢？根据道教理论主要有两个方面。其一，王者行道。道

① 《老子》四十章。

② 《老子》二十五章。

③ 杨伯峻：《列子集释》卷一，《天瑞第一》。

④ （南朝梁）陶弘景：《养性延命录》卷上，《道藏》第18册，文物出版社、上海书店出版社、天津古籍出版社，1988，第477页。

⑤ 《西升经》卷下，《我命章第二十六》，《道藏》第11册，文物出版社、上海书店出版社、天津古籍出版社，1988，第507页。

⑥ 王明编《太平经合校》，中华书局，1960，第148页。

⑦ 王明编《太平经合校》，中华书局，1960，第192页。

⑧ 王明：《论〈太平经〉的思想》，王明：《道家和道教思想研究》，中国社会科学出版社，1984，第11页。

教发扬了道家“君人南面之术”，明确认为灾异与政治最为密切，“天乃为人垂象作法，为帝王立教令，可仪以治，万不失一也”[①]。倘若王者行道，则天地喜悦，阴阳调和，四时顺行，万物茂盛；倘若王者失道，则天降灾异，灾祸频生，万物不生，一片苦难。“王者行道，天地喜悦；失道，天地为灾异”[②]，它正告统治者天人一体，不可不慎，“王者百官万物相应，众生同居，五星察其过失。……天人一体，可不慎哉?”[③]“慎之慎之！凡事不可但恣意而妄为也”[④]，这不能不说是对当朝者的严正警告。道教进而劝谕当朝者向善慕道，“急教帝王，令行太平之道。道行，身得度世，功济六方含生之类矣”[⑤]。道教又针对社会现实，君道秕僻，宦戚擅权，豪门巨族，私相敛财，政治黑暗，百姓遭殃，致使“天下扰扰，从乱而归，至令风俗败坏，招灾致寇”[⑥]，大声疾呼“苍天已死，黄天当立”，誓要替天行道，号召人们起来推翻黑暗世界，建立太平社会，道教的这些倡议和教义，正切时弊，深得民心，难怪“百姓信向之。……莫不毕应”[⑦]。把自然界的和顺与灾异和吏治的好坏巧妙结合，正是道教说教之成功所在。其二，俗人行善，同舟共济。道教要求人人行善，“天生人，使人有所知，好善而恶恶也”[⑧]，尤其富人要散物济贫，多积阴德，“财物乃天地中和所有，以共养人也”[⑨]。同时号召自食其力，道教认为人人劳动，自食其力，乃天经地义，“天生人，幸使其人人自有筋力，可以自衣食者”[⑩]，劳动

① 王明编《太平经合校》，中华书局，1960，第108页。
② 王明编《太平经合校》，中华书局，1960，第17页。
③ 王明编《太平经合校》，中华书局，1960，第16页。
④ 王明编《太平经合校》，中华书局，1960，第51页。
⑤ 王明编《太平经合校》，中华书局，1960，第732页。
⑥ （晋）袁宏：《后汉纪》卷十八，《孝顺皇帝纪》。
⑦ （南朝宋）范晔：《后汉书·皇甫嵩传》。
⑧ 王明编《太平经合校》，中华书局，1960，第242页。
⑨ 王明编《太平经合校》，中华书局，1960，第247页。
⑩ 王明编《太平经合校》，中华书局，1960，第242页。

者不得衣食，“不肯力为之，反致饥寒”[①]。道教提倡互助互爱，周济他人，“物者，中和之有，使可推行，浮而往来，职当主周穷救急也”[②]，只要人人同舟共济，即便天灾降临亦可安然度过，为此，道教设立“义舍”慈善机构，“诸祭酒皆作义舍。……又置义米肉，悬于义舍，行路者量腹取足”[③]，为过往行人免费提供食宿，解决了人们的饥寒和栖身等实际问题，道教这一反对封建经济剥削和政治压迫的要求以及建立太平社会的美好愿望，道出了广大劳苦民众的心声，也迎合了他们的心理，更为他们带来了光明和希望，因而具有极大的诱惑力和吸引力。

2. 道教的道术颇能为人消灾祛病

道教的道术，主要有二：一是祈福禳灾；二是治病救人。

祈福禳灾是指道教采用巫禳之术，为人消灾祛病。巫术古已有之，先民以为疾病是有鬼附体，需用巫术加以祛除，其办法是借小筮占吉凶，用符水去疾病，驱鬼祭神，辟邪禳灾。道教承袭神道巫风而兴起，并形成自己的一套道术。第一，画符作章。画符是道教中颇受青睐的秘传至宝，据陕西出土的资料，有“阳嘉二年八月己巳朔六日甲戌，徐（通除）。天帝使者谨为曹伯鲁之家移殃去咎。……从今以长保孙子，寿如金石，终无凶，何以为信？神药厌镇封黄神越章之印。如律令”[④] 的记载，其意是说公元 133 年某日，为曹伯鲁家进行丧葬解除仪式，目的是驱赶鬼魂，以保佑曹家孙子无凶长寿，这是道教最早期的活动，其间使用的神药、黄神越章之印、画符等都是道教常用之法物，“造黄神越章，用持杀鬼；

---

① 王明编《太平经合校》，中华书局，1960，第 242 页。

② 王明编《太平经合校》，中华书局，1960，第 246 页。

③ （晋）陈寿：《三国志·魏书·张鲁传》。

④ 王育成：《东汉天帝使者类道人与道教起源》，陈鼓应主编《道家文化研究》第 16 辑，生活·读书·新知三联书店，1999。

又造赤章，用持杀人”[1]。第二，符水神咒。如《太平经》就宣传神咒能使神为人去除灾疾，“天上有常神圣要语，时下授人以言，用使神吏应气而往来也。人民得之，谓为神祝也。祝也祝百中百，祝十中十，祝是天上神本文传经辞也。其祝有可使神伭为除疾。……用之所向无不愈者也”[2]。其时，无论是太平道还是五斗米道，无不奉行此术，如太平道的大贤良师张角就曾借用符水神咒为人疗病，“畜养弟子，跪拜首过，符水咒说以疗病，病者颇愈，百姓信向之”[3]，五斗米道的天师张陵也曾行符敕水，“化金销玉，行符敕水，奇方妙术，万等千条，上云羽化飞天，次称消灾灭祸”[4]，又“若疾病之人，不胜汤药针灸，惟服符饮水”[5]。道教的这一巫禳之术在科学不发达的东汉中后期，颇有市场，且颇得民心，它使受尽疾病折磨的民众得到一种虚假的满足和精神上的寄托以及心理上的平衡。

治病救人是指道教运用医学理论和方法，真正为人治病，解除苦痛。由于疾病是一个十分现实和生死攸关的问题，它的解决最终只能依靠医学，道教医术包括神药和神方正好起到作用，道教被称誉为“世界上唯一不强烈反对科学的神秘主义”[6]，在其神秘主义体系中，蕴藏着科学的因子，除巫术外，道教医术包括神药和神方确能治病救人。神药历来是道教施术之仰仗，贵重者被称为大药，微者叫作草木方，在道士观念中，其上可使人成神成仙，其下可为人驱邪除患，“是者天地人精鬼使之，得而十十百百而治愈者，帝

① （唐）释道宣：《广弘明集》卷八，释道安：《二教论·服法非老九》。

② 王明编《太平经合校》，中华书局，1960，第181页。

③ （南朝宋）范晔：《后汉书·皇甫嵩传》。

④ （北齐）魏收：《魏书·释老志》。

⑤ （南朝宋）陆修静：《陆先生道门科略》，《道藏》第24册，文物出版社、上海书店出版社、天津古籍出版社，1988，第779页。

⑥ 〔英〕李约瑟：《中国古代科学思想史》，李立夫等译，江西人民出版社，1999，第38页。

王上皇神方也；十九治愈者，王侯之神方也；十八治愈者，大臣白衣至德处士之神方也；各有所为出，以此候之，万不失一也，此三子皆为天地人行神药以治病”[①]。神方也不少，据《太平经》等经典记载，主要有：诊断法，“直置一病人前，名为脉本文，比若书经道本文也。令众贤围而议其病，或有长于上，或有长于下，三百六十脉，各有可睹，取其行事……则所治无不解决者矣”[②]。药物分辨法，“草木有德有道而有官位者，乃能驱使也，名之为草木方，此谓神草木也。治事立愈者，天上神草木也，下居地而生也。立延年者，天上仙草木也，下居地而生也。……过此而下者，不可用也，误人之草也。是乃救死生之术，不可不审详”[③]。针灸调脉法，“针刺者，所以调安三百六十脉，通阴阳之气而除害者也”[④]。运动健身法，“日一脉持事，应四时五行而动，出外周旋身上，总于头顶，内系于藏”[⑤]。食气服药法，“第一食风气，第二食药味”[⑥]。还有“坐忘”“心斋”之养心大法等。此外，道教还有济医赠药的医德和举措，“建武十四年，会稽大疫，死者万数，意独身自隐亲，经给医药，所部多蒙全济”[⑦]，在灾异降临之际，道士钟离意为人送医赠药，其医德是何等高尚和感人。道教这套医术和善举，真正治好了人们的病痛，确实起到治病救人的功效，这对疾病横流、饱受疾病痛苦的人们来说，无疑是输进了一股暖流，注入了一支强心剂，人们自然感激、崇拜、信服它，这为道教的产生奠定了群众基础。

综上所述，东汉中后期的天灾人祸，为道教的产生提供了契

---

① 王明编《太平经合校》，中华书局，1960，第173页。
② 王明编《太平经合校》，中华书局，1960，第180页。
③ 王明编《太平经合校》，中华书局，1960，第172～173页。
④ 王明编《太平经合校》，中华书局，1960，第179页。
⑤ 王明编《太平经合校》，中华书局，1960，第179页。
⑥ 王明编《太平经合校》，中华书局，1960，第717页。
⑦（南朝宋）范晔：《后汉书·钟离意传》。

机，天灾人祸使生存面临危机而产生的本能欲望——除病消灾和宗教需求，成为道教产生的外在原因；道教自身精辟的道论道功和精湛的医术医德则是道教产生的内在因素，两者结合成为道教产生的主要原因。毋庸置疑，在东汉中后期这一特定的历史条件下，道教的产生，可以说是一种文化的进步。

道教南传的动因及其意义

道教是我国土生土长的宗教，它自东汉后期在内地创建以来，便积极向四周传播和发展。汉晋时期，岭南已是道教传播和发展的重镇[①]。道教何以迅速传播岭南，并在岭南得以流布？这是一个值得深思的问题，也是学术界关注的课题。近年来，有学者已从受播地的一方入手，对岭南的地理环境进行了考察，取得了突破性的研究[②]。但仔细思考，道教得以南传，固然离不开岭南特定的客观历史条件，然与道教自身发展的主观需要也分不开。又道教南传，与岭南文化结合，产生互化效应，其意义不可低估。本文试从道教自身发展的主观需要一方切入，探究道教南传的最初动因及其深远意义。

一 道教南传的动因

道教南传的原因有多方面，从道教自身发展的主观需要来看，其动因主要有以下几个。

---

① 参见王承文《葛洪早年南隐罗浮山考论》，《中山大学学报》1994 年第 2 期。

② 参见吴重庆《岭南地理与道教传播》，《学术研究》1998 年第 1 期。

1. 扩大势力的需要

早期道教的形成，以五斗米道和太平道的出现为标志。太平道创教于东方①，五斗米道创教于四川的鹄鸣山②，一个在东，一个在西，故道教创建后，面临的首要问题便是扩充势力，扩展范围，早期道教经典《太平经》就明确表明这一愿望和需要，经云："天师之书……下及奴婢，远及夷狄，皆受其奇辞殊策，合以为一语，以明天道。"③《正一天师告赵升口诀》一文更明确指出道教所要达到的势力范围："圣人前敕三阳比箅，南至大江，北至北滨，东至东夷，西至濛汜，已逆注十万人，名上太玄紫簿。"④ 该文著述的时间不详，有学者认为："当出于隋唐之前，系道教产生和形成时期的道典。这充分展示了道教在早期便有广布道法于周边四夷的宏伟意愿。"⑤

早期道教组织还有将这一愿望付诸实践的举措，如张角在山东、河北、河南一带自称"大贤良师"，持九节杖，用符水、祝咒、"叩头思过"等方法为百姓治病，组织"太平道"。之后，设立三十六方，"大方万余人，小方六七千，各立渠帅"⑥，队伍达数十万人。又如天师道先是张陵布道，"学道鹄鸣山中，造作道书以惑百姓"⑦，在蜀地就通过"请祷之法""自首其过""造作符书"⑧等传播方式吸引百姓，组织"五斗米道"，并设立天师、系师、嗣师、三女师、祭酒等职名，统领教徒，又将信徒分为二十四治，

---

① （晋）陈寿：《三国志·魏书·张鲁传》注引《典略》云："光和中，东方有张角。"

② 即鹤鸣山，今四川大邑县境内，参见卿希泰《中国道教思想史纲（第一卷：汉魏两晋南北朝时期）》，四川人民出版社，1980，第 134 页。

③ 王明编《太平经合校》，中华书局，1986，第 348 页。

④ 《道藏》第 32 册，文物出版社、上海书店出版社、天津古籍出版社，1988，第 593 页。

⑤ 张桥贵：《道教与中国少数民族关系研究》，云南大学出版社，2011，第 5 页。

⑥ （南朝宋）范晔：《后汉书·皇甫嵩传》。

⑦ （晋）陈寿：《三国志·魏书·张鲁传》。

⑧ （晋）陈寿：《三国志·魏书·张鲁传》。

“置二十四治、三十六静庐，内外道士二千四百人”[1]，有学者指出，它“以治馆为中心，教团以二十四块地域分开，扩充于全蜀”[2]。从鹄鸣山到全蜀，势力明显扩大了。又“建安六年（201），张鲁以鬼道教民。……民、夷便乐之，流移寄在其地者，不敢不奉其道”[3]，奉道的人越来越多，范围越来越广，据《广弘明集》卷八记载，三张（张陵、张衡、张鲁）“妄称真道”[4]，其注引《蜀记》云：“张陵入鹤鸣山，自称天师。……米民山獠遂因妄传贩死利生，逆莫此之甚也。”米民即五斗米道徒，山獠即僚人，为岭南土著，“僚者盖南蛮之别种”[5]，东汉末年主要生活在两广、云南、贵州、湖南一带，表明此时道教势力已扩展到岭南，足见道教在早期便有广布道法、扩大势力的需要和意愿。

2. 壮大神威的需要

道教崇奉多神，其鬼神世界宏大而庞杂，是一个包罗天神、地祇、历史人物、道教领袖在内，比附“道—阴阳—五行—万物”宇宙图式，掌管一切的神谱体系，如此庞大的神谱，既出自道教家的精心构造，也需向各地方、各民族进行收集，故道教创立后，面临的第二个问题是吸纳神灵、壮大神威。在现存最早也是最有系统的神谱《真灵位业图》中，诸神有条不紊地排成七个层次：第一层次，以元始天尊为首，他的左边和右边分别排列着诸位道君；第二层次，以大道君为首，他的左边和右边分别排列着一班仙人和女真；第三层次，以太极金厥帝君为首，他的两边分别排列着一系列古代著名历史人物；第四层次，以太清太上老君为首，两边肃立着

---

① （南朝宋）陆修静：《陆先生道门科略》，《道藏》第24册，文物出版社、上海书店出版社、天津古籍出版社，1988，第779页。

② 〔日〕福井康顺：《道教的基础研究》，东京书籍文物流通会，1952，第58页。

③ （宋）司马光：《资治通鉴》卷六十四，汉纪五十六。

④ （唐）释道宣：《广弘明集》卷八，释道安：《二教论·服法非老九》。

⑤ （唐）李延寿：《北史·僚传》。

众多神仙；第五层次，以张奉为首；第六层次，以中茅君为首，这是传说中的两个创教人，他们两边分别是众多道士；第七层次，以酆都北阴大帝为首，周围是一批武功显赫的历史人物[①]。有学者指出："这个神谱还多出了以道士为原型的仙人，那自然是为了证明道教的伟大与灵验，又拉进了许多历史名人，那只不过是招兵买马壮大声势。"[②] 道教神灵体系庞杂而多端，其中有不少是吸纳各地尤其是南方民族的原始神灵，如正一派就吸收了东南西北中各路神灵，《太上三五正一盟威阅箓醮仪》记载，它"出东方胡老君反甲逆鳞兵九十万人，出南方越老君火营骑吏火烛兵八十万人，出西方氐老君炼杖金精兵六十万人，出北方羌老君乌丸扁鹊兵五十万人，出中央伧老君二十五万"[③]，各方神灵成为它的守护神卒。《正一盟威秘录四》也有相关的记载，令"东方夷老君逆部伏卫神，南方越老君扁鹊伏卫神，西方氐老君捍厄铁轮神，北方羌老君及甲逆鳞神，中央秦老君部领黄云神"，"斩五方不正之鬼，血食之精，众妖故炁，见即俱灭"[④]，为制服捣乱醮祭仪式和祟人害命的鬼而出动五方神灵。此外，像《赤松子章历》《正一法文经章官品》《太上正一解五音咒诅秘箓》《正一法文十箓召仪一卷》等道教经典都有类似的记载。尤其值得一提的是，晋代道教大师葛洪晚年栖隐岭南罗浮山，就将古代南方少数民族崇奉的盘古神灵纳入道教神谱，创造出盘古真人即元始天王的形象，有学者指出："'元始天王'是晋代道教学者葛洪在早期道教崇拜太上大道君的基础上，吸收了

---

① （南朝梁）陶弘景：《洞玄灵宝真灵位业图》，《道藏》第3册，文物出版社、上海书店出版社、天津古籍出版社，1988，第272～282页。

② 葛兆光：《道教与中国文化》，上海人民出版社，1987，第61页。

③ 《道藏》第18册，文物出版社、上海书店出版社、天津古籍出版社，1988，第283页。

④ 《藏外道书》第1册，巴蜀出版社，1992，第248～249页。

南方少数民族中流传的盘古开天神话而塑造的道教最高神。”① 这说明道教有吸收各方神灵加入道教行列，以壮大神威的需要。

3. 反抗朝廷的需要

“宗教里的苦难既是现实的苦难的表现，又是对这种现实的苦难的抗议。宗教是被压迫生灵的叹息，是无情世界的情感，正像它是无精神活力的制度的精神一样”②。道教创立后，面临的第三个问题是发动民众、反抗朝廷，有学者指出：“道教有劝人忍让顺从的一面，也有干政反抗的一面，早期经典《太平经》中二者兼而有之，黄巾起义‘颇有其书’，不为无因。历史上多次农民起义曾利用道教来宣传、组织，也说明道教中含有反抗的遗传密码。”③道教有着反抗朝廷的传统，早在酝酿时，就开始了与中央王朝做斗争，如太平道在创立之时，即明确提出要使用暴力实现天下太平，今存的《太平经》残卷就充斥着这一思想，“太者，大也。……平者，乃言其治太平均”④，有学者指出：“《太平经》的最大历史功绩，是它在汉末农民起义的组织、酝酿中起过理论指导的作用。”⑤

东汉末年，官戚专权，政治腐败，经济不景气，水利失修，灾害频仍，安帝时更是“百姓饥荒，更相噉食”⑥，在生存受威胁之下，不少道教中人自称“将军”“真人”他们身穿黄冠道服，手持印券和符书，利用民众对现实生活的不满，及时组织和发动民众，起来抗争，如顺帝建康元年（144），“扬、徐盗贼群起，磐牙连岁。……凤衣绛衣，带黑绶，称‘无上将军’，勉皮冠黄衣，带玉

① 王卡：《元始天王与盘古氏开天辟地》，《世界宗教研究》1989 年第 3 期。

② 中共中央马克思恩格斯列宁斯大林著作编译局编译《马克思恩格斯选集》第一卷，人民出版社，1972，第 2 页。

③ 牟钟鉴等：《道教通论——兼论道家学说》，齐鲁书社，1991，第 731 页。

④ 王明编《太平经合校》，中华书局，1960，第 148 页。

⑤ 牟钟鉴等：《道教通论——兼论道家学说》，齐鲁书社，1991，第 365 页。

⑥ （南朝宋）范晔：《后汉书·安帝本纪》。

印，称‘黄帝’，筑营于当涂山中”[①]，更甚的是，桓帝延熹五年(162)，“长沙、零陵贼合七八千人，自称‘将军’，入桂阳、苍梧、南海、交趾。交趾刺史及苍梧太守望风奔逃，二郡皆没”[②]。

很显然，这些被称为“贼”或“妖贼”的农民起义实际上是早期道教信徒的宗教政治活动，正如史籍所载：“安、顺以后，风威稍薄，寇攘浸横，缘隙而生，剽人盗邑者不阕时月，假署皇王者盖以十数。或托验神道，或矫妄冕服。”[③] 史家也言：“东汉史籍中，凡称‘妖贼’的地方，多半是指与太平道思想体系有关的宗教，并以之作为号召的农民起义。”[④] 道教专家也说：“他们受道家、神仙家思想影响，相信‘神化不死’，自称‘真人’……表明他们本身就是一些道教色彩甚浓的方士。他们接受了传统的宗教意识。例如崇‘天’尚‘阳’，宣称自己代表着至高无上的神意，自称‘黄帝’‘黑帝’，从土继火的五行相生说和水克火的五行相胜说的角度，表明要代汉而立。”[⑤]

民众和道徒的暴动，此伏彼起，一波接着一波，一伙强如一伙，最后，酿成东汉末年张角领导的黄巾军起义。张角“奉事黄、老，以妖术教授，号‘太平道’”[⑥]，实际上是打着黄老道的旗号以《太平经》布道，他利用《太平经》中反映农民急于摆脱现实苦难的内容，以及太平气到，天、地、人俱将更始，道徒应组织起来以备事变的思想，从汉灵帝建宁年间（168～172）开始，以黄老道为掩护，长达十数年之久，进行宣传鼓动工作。先是兄弟三人分别称“天公将军”、“地公将军”和“人公将军”，表明他们是“黄

① （南朝宋）范晔：《后汉书·滕抚传》。
② （南朝宋）范晔：《后汉书·度尚传》。
③ （南朝宋）范晔：《后汉书·杨琁传》。
④ 贺昌群：《论黄巾农民起义的口号》，《历史研究》1959年第6期。
⑤ 卿希泰：《中国道教史》第一卷，四川人民出版社，1988，第200页。
⑥ （宋）司马光：《资治通鉴》卷五十八，汉纪五十。

天”派下来的将军，后又把八位高徒派往四方，“角因遣弟子八人，使于四方”出任“八使”[①]，“以八节之日”[②] 上太一，发展信徒，由是“太平道遍布青徐幽冀兖豫荆扬八州，旁及并凉”[③]。他们还“造黄神越章，用持杀鬼，又造赤章，用持杀人”[④]，把民众的反抗情绪转化为暴力行动，道徒们四出传播“苍天已死，黄天当立，岁在甲子，天下大吉”的谶语，终于在灵帝中平元年(184)，组织发动了全国性的黄巾大起义。黄巾军头裹黄巾，身穿黄服，是土德、吉利的象征，“黄巾被服纯黄，不将尺兵，肩长衣，翔行舒步，所至郡县无不从，是日天大黄”[⑤]，又他们“毁坏神坛，其道乃与中黄太一同，似若知道”[⑥]，表明他们奉事“中黄太一”之道，崇尚“黄天”，“隐含推翻东汉王朝，建立‘黄天太平’社会的意愿”[⑦]，起义沉重打击了封建统治，“朝廷日乱，海内虚困”[⑧]。

这场起义也波及岭南，据《后汉书》记载，灵帝中平元年，岭南也爆发了自称“柱天将军”的起义，“交阯屯兵执刺史及合浦太守来达，自称‘柱天将军’，遣交阯刺史贾琮讨平之。皇甫嵩、朱俊大破汝南黄巾于西华。诏嵩讨东郡，朱俊讨南阳”[⑨]，起义首领自称“将军”，又与太平道领导的黄巾起义同时发生，遥相呼应，显然是同一类性质的起义，不然，《后汉书》不会将他们并记一处，这表明道教有广泛的组织民众、反抗朝廷的需要和实际行

① （南朝宋）范晔：《后汉书·皇甫嵩传》。
② （宋）张君房：《云笈七签》卷十八，《三洞经教部》，《道藏》第22册，文物出版社、上海书店出版社、天津古籍出版社，1988，第136页。
③ 唐长孺：《魏晋南北朝史论拾遗》，中华书局，1983，第218页。
④ （唐）释道宣：《广弘明集》卷八，释道安：《二教论·服法非老九》。
⑤ （南朝宋）范晔：《后汉书·五行志五》注引《物理论》。
⑥ （晋）陈寿：《三国志·魏书·武帝纪》裴松之注引王沈：《魏书》。
⑦ 卿希泰：《中国道教史》第一卷，四川人民出版社，1988，第209页。
⑧ （南朝宋）范晔：《后汉书·皇甫嵩传》。
⑨ （南朝宋）范晔：《后汉书·灵帝本纪》。

动，并取得了一些实际性的效果。张鲁也利用五斗米道与封建王朝相抗衡，“鲁遂居汉中，以鬼道教民”[①]，并在汉中建立了政教合一的农民政权，只是“张鲁稍骄于汉中，……巴人日叛”[②]，“声势远不足与太平道比拟”[③]。

魏晋时期，道教依然进行着组织反抗朝廷的活动，如琅琊道士于吉“立精舍，烧香读道书，制作符水以治病，吴、会人多事之。……诸将、宾客三分之二，下楼迎拜之，掌客者禁呵不能止”[④]，结果被吴王以妖妄“幻惑众心”[⑤] 之罪处死。及至东晋时期，世代奉行五斗米道的孙泰，也被朝廷以惑众为由流放广州，后其侄孙恩和妹夫卢循以五斗米道相号召，高举“长生人”旗帜，组织民众反抗朝廷，“孙泰以左道惑众被戮，其兄子恩窜于海屿，妖党从之，至是转众，攻上虞，杀县令，众百许人径向山阴”[⑥]，结果“八郡，一时俱起”[⑦]，“三吴皆响应”[⑧]，道徒个个视死如归，从江南打到广州，在交州作战失利时，又得到道士“李脱等结集俚僚五千余人以应循”[⑨]。卢循在广州经营长达七年之久，实践其长生乐生的道教思想，可见，卢循不仅将起义反抗火种远播岭南，而且将道教思想传入岭南，有力地推动了早期道教在岭南的传播和发展。

4. 教化天下的需要

道教以“道”为最高信仰和教理枢要，“以善道教化天下”[⑩]

① （晋）陈寿：《三国志·魏书·张鲁传》。
② 任乃强编《华阳国志校补图志》卷五，《公孙述刘二牧志》上海古籍出版社，1987。
③ 唐长孺：《魏晋南北朝史论拾遗》，中华书局，1983，第 218 页。
④ （晋）陈寿：《三国志·吴书·孙策传》注引《江表传》。
⑤ （晋）陈寿：《三国志·吴书·孙策传》注引《江表传》。
⑥ （北齐）魏收：《魏书·司马叡传》。
⑦ （唐）房玄龄：《晋书·孙恩传》。
⑧ （唐）李延寿：《南史·沈约传》。
⑨ （宋）司马光：《资治通鉴》卷一百一十六，义熙七年。
⑩ （南朝宋）范晔：《后汉书·皇甫嵩传》。

为己任，故道教创立后，面临的第四个问题是教化万民，如《西升经》卷上开头就明确指出："道无乎不在，虽蛮貊之邦，殊方异域，何莫由斯道也。以先觉觉后贤，惟圣人为可以开明。故虽竺乾远夷，亦善救之，而不弃也。昔仲尼欲居九夷，亦是意尔。"①《洞真太上太霄琅书》卷四也认为："人无贵贱，道在则尊，尊道贵德，必崇其人。其人体道，含德厚淳，虽是女子，男亦师之，父师其子，君思其臣，妇婢仆使，僮客夷蛮，道之所在，缘之所遭，高下虽殊，皆当师事，勿以迹贱而废其道。"② 任何人都可以修道成真，"夷狄自伏法万种，其类不同，俱得老寿。天地爱之，其身无咎。所以然者，名为大顺之道，道成毕身，与天地同域。古者为之，万神自得，欲知其效，瑞应自至，凶祸自伏。帝王以治，不用筋力，能知行此，夷狄自伏，行之不已成真人"③，为此，道教教化天下人，"良民善人学不止成贤人，贤人学不止成圣人，圣人学不止成道人，道人学不止成仙人，仙人学不止成真人，真人学不止成大神人，大神人学不止成委炁神人"④。

道教还有教化天下的具体行动，"初，巨鹿张角自称'大贤良师'。……角因遣弟子八人，使于四方，以善道教化天下。转相诳惑。十余年间，众徒数十万，连结郡国，自青、徐、幽、冀、荆、扬、兖、豫八州之人，莫不毕应"⑤，张角自称"大贤良师"，显然是以解救苦难的善士身份进行教化活动，活动的规模极大，"或弃卖财产、流移奔赴，填塞道路，未至病死者亦以万数。郡县不解其

① 《道藏》第 11 册，文物出版社、上海书店出版社、天津古籍出版社，1988，第 490 页。

② 《道藏》第 33 册，文物出版社、上海书店出版社、天津古籍出版社，1988，第 665 页。

③ 王明编《太平经合校》，中华书局，1960，第 725 页。

④ 王明编《太平经合校》，中华书局，1960，第 222 页。

⑤ （南朝宋）范晔：《后汉书·皇甫嵩传》。

意，反言角以善道教化，为民所归”[①]。张道陵率领徒众入蜀的原因也是“闻蜀人多纯厚，易可教化”[②]，志在教化思想纯朴的蜀地民众。道教这种出于自觉的有目的的行动，有利于它向各地传播和发展。

东汉末年，更有道人为了教化天下，不惜牺牲生命，如献帝建安年间（196～220），“南阳张津为交州刺史，舍前圣典训，废汉家法律，常著绛帕头，鼓琴烧香，读邪俗道书。云以助化，卒为南夷所杀”[③]。张津“常著绛帕头”，与天师道“冠赤帻，服绛衣”[④]雷同；又“好鬼神”，“读道书”，与张陵在蜀地“造作道书以惑百姓”[⑤]和张鲁在汉中“以鬼道教百姓”[⑥]颇为相似；再“舍前圣典训，废汉家法律”，就是不行儒家正统大道，而仿效五斗米道，表明张津是一名五斗米道徒。张津本为南阳人，南下为交州刺史，看到岭南瘴疠横行，民多淫祀祈禳，便仿张鲁等人做法，以鬼道的方式传教，教民不妄祀他神，以整饬社会风气，结果遭其部下一名反对五斗米道的人杀害，“为其将区景所杀”[⑦]，这表明早期道教有不惜舍身、教化天下的宏伟意愿和行动。

5. 济世度人的需要

道教作为宗教，与其他宗教一样都以普度众生、摆脱苦难为基本宗旨，但道教不同于其他宗教的是，其他宗教如佛教以脱离人生苦海、达到涅槃为目的，基督教也以解脱原罪、得到救赎为目标，它们都建立在彼岸世界的虚幻之上，道教则以现世的幸福为根本，

① （宋）司马光：《资治通鉴》卷五十八，汉纪五十。
② （晋）葛洪：《神仙传》卷四，《张道陵》，《丛书集成初编》本。
③ （晋）陈寿：《三国志·吴书·孙策传》注引《江表传》。
④ （南朝宋）范晔：《后汉书·法雄传》。
⑤ （晋）陈寿：《三国志·魏书·张鲁传》。
⑥ （唐）房玄龄：《晋书·李特传》。
⑦ （宋）司马光：《资治通鉴》卷六十六，汉纪五十八。

以超越死亡病痛、长生不老为大任，故道教创立后，面临的第五个问题是要济世度人，使人得道长生。

道教有开劫度人的说法，“道经者，云有元始天尊，生于太元之先，禀自然之气，冲虚凝远，莫知其极。……以为天尊之体，常存不灭，每至天地初开，或在玉京之上，或在穷桑之野，授以秘道，谓之开劫度人”①，这里把老子说成元始天尊“度”出来的一个门徒，固然荒诞，但它说明道教开劫度人的思想渊源深远，济世度人成为道教的职责所在，如《太上玄灵北斗本命延生真经》一文的开头即云：“尔时太上老君以永寿元年正月七日，在泰清境上太极宫中观见众生亿劫漂沉，周回生死，或居人道，生在中华，或生夷狄之中，或生蛮戎之内，或富或贵，或贱或贫，暂假因缘，堕于地狱，为无定故，罪业牵缠，魂系阴司，受苦满足，人道将违，生居畜兽之中，或生禽虫之属，转乖人道，难复人身，如此沉沦，不自知觉，为先世迷真之故，受此轮回。乃以哀悯之心，分身教化。化身下降，至于蜀都，地神涌出，扶一玉局而作高座，于是老君升玉局坐，授与天师北斗本命经诀，广宣要法，普济众生。”②这是说早期道教正一派系统的至尊神太上老君“下凡”创教，不仅是为了拯救华夏先民，而且将“夷狄”“蛮戎”作为“普济”对象，使他们“心修正道，渐入仙宗”。

道教这一度人思想，灌输在早期道教的典籍之中，如《太平经》云：“夷狄自伏法万种，其类不同，俱得老寿。天地爱之，其身无咎。所以然者，名为大顺之道。道成毕身，与天地同域。古者为之，万神自得，欲知其效，瑞应自至，凶祸自伏。帝王以治，不

---

① （唐）魏征等：《隋书·经籍志》。

② 《道藏》第 11 册，文物出版社、上海书店出版社、天津古籍出版社，1988，第 346 页。

用筋力，能知行此，夷狄自伏，行之不已成真人。"[①] 道教提倡不论信者属于什么民族、身在何方，只要倾心信道，都可以长生成仙，甚至成为真人，如《正一法文天师教戒科经·天师教》云："观视百姓夷胡秦，不见人种但尸民。从心恣意劳精神，五藏虚空为尸人，命不可赎属地官，身为鬼伍入黄泉，思而改悔从吾言，可得升度为仙人。"[②] 仙人就是长生不死之人，道教以为"天地之性，万二千物，人命最重"[③]，人生在世"所忧者莫过乎死，所重者莫急乎生"[④]，因此，度人成仙的关键在于使人得道长生，《老子想尔注》云："生，道之别体也。"[⑤]《太平经》也云："夫天道恶杀而好生。"[⑥] 葛洪更说要"令人不老不死"[⑦]，当活神仙。为此，道教四处活动，把度人济世贯彻下去，《正一法文天师教戒科经》言，"胡人叩头数万，贞镜照天，髡头剔须，愿信真人，于是真道兴焉。非但为胡不为秦，秦人不得真道"[⑧]，文中的"夷""胡"都是指少数民族，"秦"则是指汉人，表明无论是汉族还是少数民族，都在大道的救济之内，《三洞珠囊》更明确指出，大都攻职主管"秦胡氐羌、蛮夷戎狄、楚越"[⑨]。《无上秘要》也记载，道教斋醮科仪的"出宫"仪格，必须包括"东九夷胡老君，南八蛮越老君，西六戎氐老君，北五狄羌老君，中央三秦伧老君"[⑩]，明确全

---

① 王明编《太平经合校》，中华书局，1960，第725页。

② 《道藏》第18册，文物出版社、上海书店出版社、天津古籍出版社，1988，第238页。

③ 王明编《太平经合校》，中华书局，1960，第34页。

④ （晋）葛洪：《抱朴子内篇·至理》。

⑤ 饶宗颐：《老子想尔注校笺》，上海古籍出版社，1991，第33页。

⑥ 王明编《太平经合校》，中华书局，1960，第174页。

⑦ （晋）葛洪：《抱朴子内篇·金丹》。

⑧ 《道藏》第18册，文物出版社、上海书店出版社、天津古籍出版社，1988，第236页。

⑨ （唐）王悬河：《三洞珠囊》卷七，《二十四职品》，《道藏》第25册，文物出版社、上海书店出版社、天津古籍出版社，1988，第335页。

⑩ （北周）宇文邕：《无上秘要》卷五十，《道藏》第25册，文物出版社、上海书店出版社、天津古籍出版社，1988，第183页。

国各地、各族民众都是道教所关注和普度的地方和对象。为此，道教发明了许多用以济世度人的道术，如符箓术，道教用之，便有了代天神役使三界神鬼之权威；又如禁咒术，道教用之役使鬼神，服务人类，“使神吏应气而往来”①。还有斋醮，用于祈福禳灾，这些表明早期道教有在各个地区、各个种族宣传和实践其度人济世教义的需要和行动。

据上，道教从创建起，即有传播道法道义、扩展自身力量的深切愿望和迫切要求，也有具体的实际行动，岭南紧邻道教的创始地蜀地，又客观历史条件成熟，自然成为道教传播之理想目标。近年来，考古方面在两广的始兴、仁化、始安、融安等岭南土著俚僚聚居地出土不少南朝时期的买地券，其中就充斥着道教的思想和行动，如 1983 年考古工作者在桂林市（即南朝时的始安，属始安郡）北郊观音阁挖掘了一方滑石地券，券文为：“宋泰始六年（470）十一月九日，始安郡始安县都乡都唐里没故道民欧阳景熙今归蒿里。亡人以钱万万九千九百文买此冢地。东至青龙，南至朱雀，西至白虎，北至玄武，上至青天，下至黄泉，四域之内，悉属死人，即日毕了。时王侨、赤松子、李定、张故分券为明，如律令。”② 券文中明确指出墓主欧阳景熙为信奉道教的道民，也明确提到要以道教四方之神青龙、白虎、朱雀、玄武四至为护法神灵，又以道教崇拜的神仙王侨（乔）和赤松子为证人，还有用上道教符箓道法中最常用的咒语“如律令”等。考古发掘的资料，足以证明在汉晋时期，至迟在东晋末年道教已在岭南流播。由此，我们认为道教自身发展的主观需要，是促成道教南传的最初动因。

---

① 王明编《太平经合校》，中华书局，1960，第 181 页。

② 《六朝古墓地券发现经过》，《广西文献通讯》1948 年第 3 期。

二 道教南传的意义

道教自东汉后期传入岭南后，与岭南文化结合，产生互化效应。一方面，岭南文化深受道教的影响，呈现“道化”的品格；另一方面，道教也从岭南文化中吸取养分，展现了“南化”的风貌，最终体现两者的同源共感、互化互动之关系，为此，道教南传，其意义不可低估。

1. 开创岭南道教圣地

东汉末年，随着信道人士的南下播道，道教开始传入岭南。及至两晋之际，鲍靓和葛洪两位修道高人，为着同一个信仰目标，南下布道，创立迄今广东两个最大的道观——越冈院（今广州三元宫）和都虚观（今罗浮冲虚观），授徒讲学，著书立说，炼丹修道，从此，岭南有了固定的宗教活动场所和专门祭祀神灵的宫观庙宇，从而开创了岭南道教圣地，如南朝梁广州刺史萧詧所云：“神哉蓬岛，合影罗岑，南滨溟渤，西负桂林，龙限斜峙，牛岭傍升。形高华霍，德迈衡岷。横天起巘，插云生袭，修崖蔽景，孤峰凤立，所谓耀真仙灵攸集，鲍靓栖偃，葛洪饵丹。”[①] 鲍靓和葛洪所代表的两个主要道派——符箓派和金丹派在罗浮山会合后，迅速发展，罗浮山取得了无可争议的神圣地位，成为道教南方的祖庭，如广东当代资深道人余信昌道长（广东韶关洞真古观、玄妙观住持）所说：“葛洪在都虚观开创了岭南的道教圣地。今天的冲虚观自公元 327 年创建至今（1996），已有一千六百六十九年的历史，成为

① （明）陈槤：《罗浮志》卷九，萧詧：《铭·罗浮铭》。

岭南所有道观的‘祖庭’和道脉全真龙门正宗龙门派的岭南发祥地。”① 岭南道教由此传播开去，西到交州，东到福州，南到琼州，北至中原，甚至远播东南亚。

如果我们将眼光放得远点，把鲍、葛两人之前的仙道传播和炼服仙药等活动加以考虑的话，则岭南道教形成的时间当在汉晋时期，这距离道教创立的时间（按照目前学术界较为普遍的观点是在东汉顺帝年间）并不遥远，从大的历史时段看，道教在岭南的形成与中原地区相距不远，可视作同步。

2. 开启道教变革新机

“得道成仙”是道教的信仰目标，围绕如何“成仙”，中国道教史上有过两次重大变革，然两次重大变革均发生在岭南。

第一次在两晋之际，葛洪与鲍靓相遇岭南，他们以仙术为基础，整合出一套服药养气而得道成仙的仙学理论和方法，把民间道教改造成为神仙道教。东汉中后期，民间道教蓬勃发展，形成了太平道、五斗米道等民间道教团体，他们自觉以救民于水火、致天下太平为己任，均属“救世”道教。两晋时，葛洪、鲍靓整合民间道教，倡导一种炼服金丹的个人长生仙术，这种仙术明显与民间道教治病救人、镇妖祛邪以及兴太平之术不同，它声称炼服成仙，得道长生，属于“度世”的道教，他们以这一仙术为基础，把原先的“救世”道教改造成为“度世”道教。这一“改造”，意义重大，如李大华先生所说：“这种‘度世’的道教并没有改变道教的教派、教规、教义，但它改变了道教部分性质。”② 一方面，它将原来民间方术整合成一个系统的完整的仙学理论体系，从此，讲求个人长生不死，成为道教的主流思想，以致人们把唐、五代以前的

① 余信昌：《罗浮山冲虚观的由来》，余信昌：《广东部份宫观拾萃》，粤北南雄梅岭洞真古观编印，1996 年内部发行本，第 49 页。

② 李大华：《道教思想》，广东人民出版社，1996，第 2 页。

道教统称为外丹道教；另一方面，它又把儒家的伦理政治思想引进道教的教义之中，使原始民间宗教上升成为封建社会所需要的一大宗教。为此，黎志添先生称之为“一场出于它独特的信念、神学及礼仪所驱动的宗教改革”[①]。经葛洪和鲍靓改造而成的神仙道教，开启了道教变革和发展之新机。自此，道教生机勃勃。

第二次在隋朝，苏元朗从岭北来到岭南罗浮山，提出“归神丹于心炼”[②] 的内丹学说，倡导由“外丹道教”向“内丹道教”的转变，这一转变，实际上也是一次宗教改革，如孙亦平教授指出：“内丹学的最大的特色并不在于它具有多么丰富深奥的思辨性，而在于它将形而上的哲学思考最终落实在形而下的修仙之术上，其与内丹术紧密地连接成为引导人获得生命超越的保证。”[③]它最终使道教从渴望“肉体的飞升”转变为追求精神的升华与超越，实现仙学理论的转型。这次改革，尽管宗教形式没变，仅是在修炼成仙的途径上做了改变，但引来了整个道教的改变。自宋以后，内丹道教盛行，故王承文先生认为：“唐宋之际道教内丹派崛起又实以苏元朗在罗浮山所创立的内丹学说为嚆矢。”[④]

我们说，像葛洪、鲍靓和苏元朗所引发的宗教变革发生在岭南并非偶然，随后由慧能倡导的佛教禅宗改革（始创禅宗顿教）和后期陈白沙的儒学变革（开创江门心学）也都发生在岭南，可谓同出一辙，这种历史现象的背后有它的历史原因，是岭南独特的地理环境和人文环境复合而成的历史文化大环境使然。所以说，道教

---

① 黎志添：《六朝天师道与民间宗教祭祀》，黎志添主编《道教与民间宗教研究论集》，（香港）学峰文化事业出版公司，1999，第25页。

② （清）宋广业：《罗浮山志汇编》卷四，《仙一·苏元朗》，海幢寺藏板，康熙五十五年（1716）刻本。

③ 孙亦平：《论道教仙学的两次理论转型及其哲学基础》，陈鼓立等主编《道家与道教：第二届国际学术研讨会论文集》（道教卷），广东人民出版社，2001，第28页。

④ 王承文：《葛洪早年南隐罗浮山考论》，《中山大学学报》1994年第2期。

南传，开了道教乃至其后其他宗教变革之先河。

3. 促成道教与岭南文化的“互化”

道教传入岭南后，与岭南文化交融，出现“互化”效应：一方面是道教受岭南文化的影响，出现“南化”现象，道教的神仙体系和仙学理论有岭南神灵崇拜的影子，道教不少斋醮科仪也有岭南巫祝文化的成分，如步罡踏斗摄自岭南巫舞、气禁承自岭南禁咒、道啸源自岭南巫啸，等等；另一方面是岭南文化受到道教的影响，呈现出“道化”品格，岭南信仰富有道情、岭南民俗蕴含道味、岭南文学艺术饱含道韵、岭南思维方式体现道教哲理，岭南无论是民族心理、情感思维、民风习俗、伦理道德，还是文学艺术诸方面都打下道教深刻的烙印。

总之，道教南传是中国道教史上，也是岭南古代史上的大事，它无论是对道教，还是对岭南文化来说，意义都是重大的，影响也是深远的。

道教与岭南的地缘关系

古代岭南，又名南越[①]、南粤[②]、岭外和岭表[③]，泛指五岭以南的广大地区。唐代著名道士薛玄真在《仙传拾遗》中说："九疑五岭，神仙之墟，山水幽奇，烟霞胜异，如阳朔之峰峦挺拔，博罗之洞府清虚，不可忘也。所以祝融栖神于衡阜，虞舜登仙于苍梧，赫胥耀迹于潜峰，黄帝飞轮于鼎湖，其余高真列仙，人臣辅相，腾翥逍遥者。无山无之，其故何哉？山幽而灵，水深而清，松竹交映，云萝杳冥，固非凡骨尘心之所爱也。况邃洞之中，别开天地，琼膏滴乳，灵草秀芝，岂尘目能窥，凡屣所履也？得延年之道，而优游其地，信为乐哉！"[④] 道出了岭南地理与道教传播的密切关系。岭南地理环境的殊异，成为道教南传的一个地缘因素。

一　岭南山川秀异，为道教长生成仙提供理想乐园

古代岭南是个奇异而独特的地区，她背依逶迤的五岭，面临浩

① （汉）司马迁：《史记·南越列传》。

② （汉）班固：《汉书·西南夷南粤朝鲜传》。

③ （南朝宋）范晔：《后汉书·南蛮西南夷列传》。

④ （宋）李昉：《太平广记》卷四十三，《神仙·薛玄真》引。

瀚的南海，地形复杂。一方面，境内多崇山峻岭，北部有五岭，又名南岭，由大庾、越城、萌渚、骑田、都庞[①]五座山岭组成，它把中原地区和广东、广西以及海南地区分割开来，成为我国南北地理的分界线，又是长江和珠江水系的分水岭；东部是罗浮山、莲花山、九连山、青云山；西部是瑶山、大罗山、云开山、云雾山和天露山，山脉相连，逶迤绵邈。另一方面，境内又多巨川大河，最大的水系是珠江，流经全省，珠江上源有西江（或叫郁水，又名牂牁江）、北江和东江，分别流经广西的中部、广东的西部和北部以及东部。广东的东部还有韩江，西南部有鉴江和九江等，纵横交错，交流会集。如此秀异山川，身处其间，犹如置身仙境一般，清代学者仇巨川在《羊城古钞》中赞道：岭南“五岭恃其北，大海环其东，众水汇于前，群峰拱于后。地总百粤，山连五岭，彝夏奥区，仙灵窟宅，山川绵邈，土野沃饶”[②]。按《汉语大字典》解释：“奥，四方可定居之地。”[③] 可见，奥区即为众生安居之地。岭南这些高山大川，孳生万物，既为岭南先民提供生存空间，也为道教长生成仙提供理想乐园。

1. 仙灵窟宅

长生成仙是道教的主旨，何谓仙？从语义学的角度说，“仙”的本义是人在山中，《说文解字》云：“仙，长生仙去，从人从山。”[④]《释名》也云：“老而不死曰仙。仙，迁也，迁入山也。”[⑤]这是说，仙乃是入山不死之人，很显然，成仙的关键在于栖身高山，炼丹修道，道教大师葛洪就认为：“合丹当于名山之中，无人

---

① 何谓五岭，学界有不同意见。此处参见张荣芳、黄淼章《南越国史》，广东人民出版社，1995，第69页。

② （清）仇巨川：《羊城古钞》卷首，《舆图·粤会山川形胜说》。

③ 《汉语大字典》缩印本，湖北辞书出版社、四川辞书出版社，1992，第229页。

④ （汉）许慎：《说文解字·人部》。

⑤ （汉）刘熙：《释名·释长幼》。

之地。”[①] 道教崇山，认为高山胜岳乃天地灵气之所钟，采日月之精华，吸山水之神慧，是仙家的居所辖境，为此，道教从仙字的本义出发，附会出“处大地名山之间，是上天遣群仙统治之所”的“十大洞天”“三十六小洞天”“七十二福地”[②]，“洞天福地”成为求仙访道、修身养性乃至长生不死的好去处，岭南的罗浮山、句漏山、都峤山、白石山、飞霞山、抱福山和罗丛岩都享有“洞天福地”之称誉。

广东罗浮山为岭南首选名山，它钟灵神秀，奇峰林立，怪石嶙峋，花木葳蕤，飞瀑幽泉，云雾缭绕，气象万千，《南越志》云：“（罗浮山）有十五岭，二十二峰，九百九十瀑泉洞穴，诸山无出其右也。”[③] 早在西汉初年罗浮山就闻名全国，汉文帝前元元年（公元前 179 年），陆贾奉使南越，回到汉廷后大加赞誉：“罗浮山顶有湖，环以嘉植。”[④] 此“为罗浮名胜著名国中之始”[⑤]。司马迁也称之为五岳外十大名山之首，“司马迁云：大荒之内，名山五千，其在中国有五岳作镇，罗浮、括苍辈十山为之佐命”[⑥]。《仙经》在胪举可合作神药的天下名山时，也有岭南罗浮山，“按《仙经》，可以精思合作仙药者，有华山、泰山、霍山……罗浮山”[⑦]。罗浮山向来是炼丹仙家的渴慕之地和隐居之所，“安期生常与李少君南之罗浮，罗浮之有游者，自安期始。自安期始至罗浮，而后桂父至焉，秦代罗浮之仙，二人而已，安期固罗浮开山之祖也。其后

---

① （晋）葛洪：《抱朴子内篇·金丹》。

② （宋）张君房：《云笈七签》卷二十七，《洞天福地》，《道藏》第 22 册，文物出版社、上海书店出版社、天津古籍出版社，1988，第 198～204 页。

③ 骆伟等辑注《岭南古代方志辑佚》，广东人民出版社，2002，第 208 页。

④ （清）屈大均：《广东新语》卷三，《山语·罗浮》引陆贾《南越行记》。

⑤ （民国）《博罗县志》卷一，《前事一·从唐尧到明末》，广东省文史研究馆、博罗县志办公室合编，民国版，1988 年内部发行本。

⑥ （唐）吴筠：《天柱山天柱观记》，《全唐文》卷九百二十五，《四库全书》本。

⑦ （晋）葛洪：《抱朴子内篇·金丹》。

朱灵芝继至，治朱明耀真洞天，华子期继至，治泉源福地，为汉代罗浮仙之宗，皆师乎安期者也”[①]，“考罗浮始游者安期生，始称之者陆贾、司马迁，始居者葛洪，始疏者袁宏，始赋之者谢灵运”[②]，罗浮山成为道教第七洞天、第三十一泉源福地。

广西“桂山之奇，宜为天下第一”[③]，“桂州多灵山，发地峭竖，林立四野”[④]，突出为“西融州之老君洞天、容之句漏洞天、浔之白石洞天”[⑤]。洞天之说，出自道教，南朝梁陶弘景《真诰》云：“大天之内，有地中之洞天三十六所。”[⑥] 老君洞天在五代杜光庭《名山洞天福地记》是不在其数，但胡邦用《真仙岩诗叙》则明确指出：“耆旧相传，老君南游至融岭，语人曰：‘此洞天之绝胜也。’”[⑦] 句漏洞天和白石洞天在《洞天福地》有明确记载：“第二十一白石山洞，周回七十里，名曰秀乐长真天，在郁林州，南海之南也。……第二十二句漏山洞，周回四十里，名玉阙宝圭天，在容州。”[⑧] 岭南这些高山幽谷，成为道教栖隐的理想场所。

此外，“南方多佳山”[⑨]，东南“为广东之韶石，云阙参天，钟簴蹺地，望之使人肃然，想有虞张乐之盛。绵延至英州，群峰玉立，坚润而秀”[⑩]，西南“发为道之九嶷，峥嵘峻极，峰岫挺异，

---

① （清）屈大均：《广东新语》卷三，《山语·罗浮》。

② （清）屈大均：《广东新语》卷三，《山语·罗浮》。

③ （宋）范成大：《桂海虞衡志》，严沛校注，广西人民出版社，1986，第5页。

④ （宋）范成大：《桂海虞衡志》引柳子厚《訾家洲记》，严沛校注，广西人民出版社，1986，第5~6页。

⑤ （宋）周去非：《岭外代答》卷一，《地理门·湖广诸山》。

⑥ （南朝梁）陶弘景：《真诰》卷十一，《稽神枢第一》，《道藏》第20册，文物出版社、上海书店出版社、天津古籍出版社，1988，第555页。

⑦ （明）徐霞客：《徐霞客游记》卷三，《西南游日记》下引。

⑧ （宋）张君房：《云笈七签》卷二十七，《洞天福地》，《道藏》第22册，文物出版社、上海书店出版社、天津古籍出版社，1988，第200页。

⑨ （宋）周去非：《岭外代答》卷一，《地理门·湖广诸山》。

⑩ （宋）周去非：《岭外代答》卷一，《地理门·湖广诸山》。

萦纡盘礴，惘不可测”[①]。广州北面的白云山，为南越主山，也是“仙气”弥漫，它因山顶常有白云缭绕而得名，群山环抱，雄伟巍峨，古木参天，山涧水从天而降，“绝顶飞来一脉泉”[②] 而成帘泉，“百丈泻流泉，寒光净野烟”[③]，天上朵朵白云，映入鹿湖之中，泱泱湖水，清澈如镜，粼粼碧波，涟漪荡漾，辉映蓝天，衬以湖边青山翠绿，花木繁茂，也为仙家道士理想的隐居修道之地，堪称洞天福地。

2. 仙人好楼居

“公孙卿曰：……仙人好楼居”[④]，楼居是仙道们进行炼丹修炼不可缺少的栖身之所，岭南多崇山峻岭，有山必有洞，“或一峰为一洞，或数峰相连为一洞”[⑤]。如博罗县罗浮山“有大、小二石楼，仙人尝见其上”[⑥]，“罗浮多天成楼台”[⑦]，都是“仙人之所常居”[⑧]，山上的瑶石台、见日台、凤凰台、麻姑台和华首台，也是“仙人之大府”[⑨]。又如阳春县巨石山，“山有二石室，有悬泉飞瀑、金膏、银烛、灵芝、玉髓之异，其石自然成楼台柱栋”[⑩]。还有英德碧落洞，唐人周夔《到难篇》称之“势合如屋”，“崆峒见月于半夜翠窦有雪于朝日，南汉翰林大学士钟允章《盘龙御室记》也誉之为“丹台之璇室，真为上帝之居；乳窦芝房，宛是长生之境”[⑪]，

---

① （宋）周去非：《岭外代答》卷一，《地理门·湖广诸山》。

② （宋）李昴英：《蒲涧和东坡韵》，（宋）陈思编《两宋名贤小集》卷二百四十，《四库全书》本。

③ （明）郑懋纬：《羊城八景诗·蒲涧帘泉》。

④ （汉）司马迁：《史记·封禅书》。

⑤ （清）屈大均：《广东新语》卷五，《石语·韶石》。

⑥ （清）屈大均：《广东新语》卷三，《山语·罗浮》。

⑦ （清）仇巨川：《羊城古钞》卷八，《罗浮山（附录）·罗浮山》。

⑧ （清）仇巨川：《羊城古钞》卷八，《罗浮山（附录）·罗浮山》。

⑨ （清）仇巨川：《羊城古钞》卷八，《罗浮山（附录）·罗浮山》。

⑩ （南朝宋）沈怀远：《南越志》，骆伟等辑注《岭南古代方志辑佚》，广东人民出版社，2002，第160页。

⑪ （南汉）钟允章：《盘龙御室记》，（清）阮元：《广东通志·金石略》，梁中民点校，广东人民出版社，2001，第119页。

岭南天然的洞穴，正好满足“仙人好楼居”的需要。

3. 负阴抱阳

所谓负阴抱阳，就是背山面水，“山水依附，犹骨与血。山属阴，水属阳”[①]，亦就是风水师和堪舆家所说的“山环水抱必有大发”。风水术自问世不久，即被道教吸收为道术之一，有风水师祖师之称的郭璞就是晋代有名的道士，他写的《葬书》被后世推为风水理论经典，有关风水的另一部经典《宅经》也收入《道藏》之中。风水地理把山脉比作龙，《管氏地理指蒙》云：“指山为龙会，象形势之腾伏”，把长江以南山脉划为南龙，都邑所倚靠山脉为来龙山。山峦起伏，行止有致，生动形象，变化丰富者称为生龙。山脉走向谓之龙脉，即今天所说的“来龙去脉”。岭南居我国的正南方，背依逶迤的五岭，面临浩瀚的南海，正是龙生之地，秦始皇就认为“南海有五色气”[②]，有偏霸之象，遂派人到粤秀山上开凿马鞍冈，意图断其地脉，挡其气势。直至清代，屈大均也认为岭南“背山面海，地势开阳，风云之所蒸变，日月之所摩荡”[③]，并说“虽天气自北而南，于此而终。然地气自南而北，于此而始。始于南，复始于极南，愈穷而愈发育”[④]，岭南这块风水宝地，正好符合道士“山环水抱必有气”的意境。

4. 得山川之灵气

仙人道士好游四方，放形山水，岭南尤其粤北山区多属“喀斯特”地貌，山水奇异，莫不令仙道们神迷和驻足。屈大均在《广东新语》中有详细描述，如描写日月：“山之月光如水，

---

① （清）清江子：《宅谱问答指要》一卷，同人堂藏板，第113页。

② （南朝宋）沈怀远：《南越志》，骆伟等辑注《岭南古代方志辑佚》，广东人民出版社，2002，第159页。

③ （清）屈大均：《广东新语》卷一，《天语·云》。

④ （清）屈大均：《广东新语》卷二，《地语·地》。

海之月光如火。”[①] 描写云雾：“岭南之地，火气多而常郁积。火极则水生，生之时未成水而先成雾。……岭南之雾，近山州郡为多，自仲春至于秋季，无时无之。”[②] 描写山色：“粤之山每夜火光”[③]，“壁上花木，与石色青白红紫相间，若锦屏。”[④] 描写瀑布：“罗浮瀑布……倾斜如注霤。”[⑤] 西樵瀑布：“逶迤而下，冰轰雪吼。”[⑥] 岭南奇峰耸立，怪石嶙峋，云雾缭绕，这些特异的自然景观，契合了道士仙人“得山川之灵气，受日月之光华”的心境。

5.《道书》最贵逆水

作为五岭之首的大庾岭，其“脉凡二支，其一南行，自南雄至广州，其末干直走潮州，于潮州又分二支，其一西下惠州至罗浮，而水亦因之”[⑦]，此水为东江水系，东江是珠江的第三大水系，它“发源于龙川之北，经河源、博罗、东莞、合增江，至黄木湾入于海”[⑧]，也就是说，它是由东往西流，“或以为无水不流东，此水乃自龙川夹城十里西流，《道书》最贵逆水，此罗浮所以为仙源”[⑨]，岭南东江水的逆流，迎合了道教的需要，岭南成为一块仙道乐至的福地。

据上，岭南这块仙墟乐土，适宜道教的成长和发展，岭南独特的地理环境无疑为道教的南传提供了理想乐园。

---

① （清）屈大均：《广东新语》卷一，《天语·月》。
② （清）屈大均：《广东新语》卷一，《天语·雾》。
③ （清）屈大均：《广东新语》卷三，《山语·火山》。
④ （清）屈大均：《广东新语》卷三，《山语·三峡》。
⑤ （清）屈大均：《广东新语》卷三，《山语·罗浮》。
⑥ （清）屈大均：《广东新语》卷三，《山语·西樵》。
⑦ （清）屈大均：《广东新语》卷三，《山语·罗浮》。
⑧ （清）郝玉麟：《广东通志》卷十，《山川志·南海县》，清雍正九年（1731）刻本。
⑨ （清）屈大均：《广东新语》卷三，《山语·罗浮》。

二 岭南物产瑰奇，满足道教炼服仙药的实践需要

岭南由于受自然地理和气候环境的影响，物产明显与岭北[①]不同，“粤产素多奇瑰之货”[②]，“旧交阯土多珍产，明玑、翠羽、犀、象、玳瑁、异香、美木之属，莫不自出”[③]，“广州包带山海，珍异所出，一箧之宝，可资数世”[④]，岭南物产殊异，尤表现在其瑰奇上。

首先，岭南矿产资源丰富。丹砂是稀世之物，岭南以出产辰砂和宜砂出名，“《本草》以辰砂为上，宜砂次之”[⑤]，辰砂为辰州（即今湖南沅陵县一带）所产，宜砂为宜州（即今广西宜州市一带）所产。岭南还有勾漏砂，以出产地勾漏（即今广西容州）命名。郁林是古勾漏地，出产不少丹砂，“得砂一斤”，“得巨砂二十余两”[⑥]，“鄣平县有朱砂塘，水如绛”[⑦]，黄金生于丹砂洞穴为上品。岭南地属“阳明之国，天地盛德，寄旺于火，火之奂，丹砂之精，黄颁父之，黄土母之，以故往往产金”[⑧]，如“卢容有采金浦”[⑨]，按卢容为秦之象郡、汉之日南郡所属的象林县治所。广州有金山，又“名金冈山，在四会县北六十五里，《南越志》云：

① 习惯上以五岭为分界线，五岭以北为岭北，五岭以南为岭南。
② （三国吴）陆胤：《广州先贤传》，骆伟等辑注《岭南古代方志辑佚》，广东人民出版社，2002，第37页。
③ （南朝宋）范晔：《后汉书·贾琮传》。
④ （唐）房玄龄：《晋书·吴隐之传》。
⑤ （宋）范成大：《桂海虞衡志》，严沛校注，广西人民出版社，1986，第21页。
⑥ （清）屈大均：《广东新语》卷十五，《货语·勾漏砂》。
⑦ （晋）裴渊：《广州记》，骆伟等辑注《岭南古代方志辑佚》，广东人民出版社，2002，第87页。
⑧ （清）屈大均：《广东新语》卷十五，《货语·金》。
⑨ 《交州记》，骆伟等辑注《岭南古代方志辑佚》，广东人民出版社，2002，第75页。

‘金沙自是出’”[①]。《粤东闻见录》也云：“岭南纯火之地，多产金石。”[②] 银山主要产于粤中和粤东，如英德、清远、罗浮、电白、始兴、潮州等都有银矿、银砖、银饼、银版，《始兴记》云：“小首山崩，崩处有光耀，悉是银砾，铸之得银。”[③] 可见岭南丹砂和金银之多。岭南还盛产石乳和云母，石乳是一种不可多得的矿物质，“生于岩穴阴处，以灵液渗漉而成。灵液者，山之精气，散之则为云霞，凝之则为钟乳，岁久滴溜则为石，盖纯阳之英也”[④]，屈大均称之为“玉髓”“石髓”“山之精液”“石之精华”。岭南乳源县的石乳最是出名，“乳源县西有乳岩，乳大者曰‘乳床’，小曰‘乳枝’。葳蕤下垂，一一空中相通，乳自其末溜至端，且滴且凝，滴者如冰，凝者如脂膏，乃钟乳之最良者。他岩洞及阴润之所，云气嘘翕，亦即生钟乳，盖石之精华”[⑤]，乳源地名亦因此而得，“乳源多良乳，故县以名”[⑥]。云母较之石乳更珍贵，“钟乳以石为母，石之津润，生于阴而成于阳，故性寒。云母生于阳而成于阴，故性热，可为大药”[⑦]，有“太阳之英华”[⑧] 之称。岭南有产云母，裴渊《广州记》云：“增城县有云母冈，日出，照之光曜。”[⑨]“增城云母粉，东莞紫石英；仙人所服饵，往往得长生。”[⑩]

其次，岭南药物资源丰盛。岭南由于山峰突兀，草木葳蕤，药物繁盛，如粤中罗浮山，有植物三千多种，其中药用植物如金耳环、石上天葵、甘菊、薏苡、罗汉果、鸡骨香、巴戟、黄精、灵

---

① （宋）乐史：《太平寰宇记》卷一百五十七，《岭南道一·土产》。
② （清）张渠：《粤东闻见录》卷上，《温泉》。
③ 骆伟等辑注《岭南古代方志辑佚》，广东人民出版社，2002，第184页。
④ （清）屈大均：《广东新语》卷十四，《食语·石钟乳》。
⑤ （清）屈大均：《广东新语》卷十四，《食语·石钟乳》。
⑥ （清）屈大均：《广东新语》卷十四，《食语·石钟乳》。
⑦ （清）屈大均：《广东新语》卷十四，《食语·石钟乳》。
⑧ （清）屈大均：《广东新语》卷十四，《食语·云母》。
⑨ 骆伟等辑注《岭南古代方志辑佚》，广东人民出版社，2002，第88页。
⑩ （清）张渠：《粤东闻见录》，卷下《紫石英》。

芝、土人参、七叶一枝花等一千二百四十多种，堪称伟大的中药宝库，东晋医学家葛洪在《抱朴子内篇》《金匮药方》《肘后方》《备急方》等著作中都记述了罗浮山丰富的中草药，如《抱朴子内篇》说："篱陌之间，顾眄皆药。"① 可见罗浮山的中草药遍地皆是。宋代大诗人苏东坡也曾盛赞罗浮山中草药，留下吟咏人参、地黄、甘菊、薏苡和枸杞的《小圃五咏》诗，其中人参诗云："上党天下脊，辽东真井底。玄泉倾海腴，白露洒天醴。灵苗此孕毓，肩肢或具体。移根到罗浮，越水灌清泚。地殊风雨隔，臭味终祖祢。清椏缀紫萼，圆实堕红米。"② 罗浮山还多灵药，屈大均在《广东新语》中记述道："在罗浮冲虚观左，亦曰'洞天药市'。有捣药禽，其声玎珰，如铁杵臼相击，一名'红翠'，山中人视其飞集之所，知有灵药，罗浮故多灵药。"③ 足见罗浮药物的丰富和珍奇。

最后，岭南水产资源充裕。岭南由于面临南海，海岸线长，采珠业和采玉业颇具特色。如位于雷州与合浦之间的珠母海，早在秦汉时期就是著名的产珠区，《逸周书》云："正南瓯邓、桂国、损子、产里、百濮、九菌，请令以珠玑、玳瑁、象齿、文犀、翠羽、菌鹤、短狗为献。"④ 据曾昭璇先生考证，瓯邓、桂国均为岭南先秦小国⑤，《淮南子》也称：秦始皇出兵征服岭南，是由于"利越之犀角、象齿、翡翠、珠玑"⑥。杨孚《南裔异物志》云："合浦民，善游采珠。"⑦《交州记》也云："合浦十八里围洲，周围一百里，其地产珠。"⑧ 岭南也有产玉的地方，如曲江区东面有一玉山，

① （晋）葛洪：《抱朴子内篇·杂应》。
② （宋）苏轼：《苏东坡全集》，卷二十三，《小圃五咏·人参》。
③ （清）屈大均：《广东新语》卷二，《地语·四市》。
④ 《逸周书》卷七，《王会解》。
⑤ 曾昭璇：《岭南先秦诸小国考》，《岭南文史》1994 年第 1 期。
⑥ 《淮南子·人间训》。
⑦ 骆伟等辑注《岭南古代方志辑佚》，广东人民出版社，2002，第 18 页。
⑧ 骆伟等辑注《岭南古代方志辑佚》，广东人民出版社，2002，第 75 页。

“相传云：‘昔有人采玉处’”[①]。高州也有文魮，据《山海经》解释：“文魮状如覆铫，是生珠玉。”[②] 在上古时代已经是珍品。

这些稀有而贵重的矿产和海产，无疑具有很高的经济价值和美观实用价值，是自然地理环境对岭南先民的赐予，也似乎是为仙人道士特设。

道教以长生不死为教旨，在道教看来，长生的一个重要手段是服食仙药。所谓仙药，葛洪说：“仙药之上者丹砂，次则黄金，次则白银，次则诸芝，次则五玉，次则云母，次则明珠，次则雄黄，次则太乙禹余粮，次则石中黄子，次则石桂，次则石英，次则石脑，次则石硫磺。”[③] 道教认为神仙有“天仙”“地仙”“鬼仙”三品之分，“按仙经云：‘上士举形升虚，谓之天仙；中士游于名山，谓之地仙；下士先死后蜕，谓之尸解仙（鬼仙）’”[④]，仙药亦有上中下三类之别，《本草经》云：“太一子曰：‘凡药上者养命，中者养性，下者养病。’”[⑤] 《神农四经》也云：“上药令人身安命延，升为天神，遨游上下，使役万灵，体生毛羽，行厨立至。五芝及饵丹砂、玉札、曾青、雄黄、雌黄、云母、太乙禹余粮，各可单服之，皆令人飞行长生。中药养性，下药除病，能令毒虫不加，猛兽不犯，恶气不行，众妖并辟。”[⑥] 何谓下中上药？

下药为草木药物类，“餐食草木，千岁以还者下士也”[⑦]，诸如卷柏、青精、琥珀、茯苓、菖蒲、桂和芝类的野生药材，“卷柏，又名‘长生不死草’”，“青精，又名‘南天烛’。道家以之蒸饭，

① （唐）徐坚：《初学记》卷八，《岭南道》引《湘州记》。
② （清）屈大均：《广东新语》卷十五，《货语·玉》引。
③ （晋）葛洪：《抱朴子内篇·仙药》。
④ （晋）葛洪：《抱朴子内篇·论仙》。
⑤ （唐）欧阳询：《艺文类聚》卷八十一，《药香草部上·药》引。
⑥ （晋）葛洪：《抱朴子内篇·仙药》引。
⑦ （晋）葛洪：《抱朴子内篇·黄白》。

谓之‘青精饭’，谓食之可以延年”[①]。服食琥珀可以宁心魄而利小遗；服食茯苓则可以安神魂而补脾胃，历世真仙无不服食，据《历世真仙体道通鉴》载，田仕文“常饵服白术、茯苓，久而有益”，尹通“服黄精、雄黄、天门冬数十年，体渐清爽，性亦敏慧”，于章“饵黄精、茯苓、山地黄”[②]。此类草药并非处处可寻，岭南却盛产，“卷柏、茯苓、青精、黄独、宜男、益母、有繁其属”[③]，“故养生者贵之，岭南所产尤重”[④]。菖蒲也是仙药之一，古人以为服食菖蒲，可以延年益寿，《风俗通》云：“菖蒲放花，人得食之长年。”[⑤]《孝经援神契》也云：“菖蒲益聪，巨胜延年。”[⑥]菖蒲以节的多寡定其上下品，“菖蒲生须得石上，一寸九节已上，紫花者尤善也”[⑦]，据《本草经》说：“菖蒲生石上，一寸九节者，久服轻身明耳目不忘，不迷惑。”[⑧]菖蒲能延年益聪，自然成为道教徒追逐的对象。岭南盛产菖蒲，据裴渊《广州记》云，“熙安县[⑨]东北有菖蒲，涧盘石上”[⑩]，《罗浮山记》说罗浮山出产菖蒲，“一寸二十节，坚芬之极”[⑪]，《南粤笔记》还说罗浮山出产的菖蒲与他地不同：“石菖蒲，以小者为贵。……能益智、聪耳、明目。罗浮东涧石上所产，质甚坚，气味清芬，他产则辛。”[⑫]《太平寰宇

---

① （清）仇巨川：《羊城古钞》卷首，《舆图·粤会赋》注50，陈宪猷校注，广东人民出版社，1993，第27页。

② （元）赵道一：《历世真仙体道通鉴》卷二十九和三十，《道藏》第5册，文物出版社、上海书店出版社、天津古籍出版社，1988，第265～276页。

③ （清）仇巨川：《羊城古钞》卷首，《舆图·粤会赋》。

④ （清）屈大均：《广东新语》卷二十七，《草语·茯苓》。

⑤ （宋）李昉：《太平御览》卷九百九十九，《百卉部六·菖蒲》引。

⑥ （晋）葛洪：《抱朴子内篇·仙药》引。

⑦ （晋）葛洪：《抱朴子内篇·仙药》。

⑧ （宋）李昉：《太平御览》卷九百九十九，《百卉部六·菖蒲》引。

⑨ 南朝宋置，后废，治在原广东番禺县东。

⑩ 骆伟等辑注《岭南古代方志辑佚》，广东人民出版社，2002，第87页。

⑪ （宋）李昉：《太平御览》卷九百九十九，《百卉部六·菖蒲》引。

⑫ （清）李调元：《南越笔记》卷十四，《诸异草》。

记》也说广州有菖蒲涧，一名甘溪，“此涧菖蒲，昔安期生所饵，可以忘老”[①]。还有桂，《说文》称之为“百药之长”[②]，《桂海虞衡志》也称：“桂，南方奇木，上药也。”[③]《广州记》记桂父服桂得仙，“桂父，常食桂叶。见知其神，尊事之，一旦与乡曲别，飘然入云”[④]，《抱朴子内篇》也认为服桂长生，“桂可以葱涕合蒸作水，可以竹沥合饵之。……长生不死也”[⑤]，岭南产桂，刘向《列仙传》云：“桂父者，象林人也。……常服桂及葵，以龟脑和之，千丸十斤桂。累世见之，今荆州之南尚有桂丸焉。”[⑥] 晋人郭义恭《广志》也云：“桂出合浦。”[⑦] 徐道覆《罗浮记》也记：“罗浮山顶有桂，《山海经》曰所谓贲禺之桂。”[⑧]

中药为芝类，“茹芝导引，咽气长生者中士也”[⑨]，包括石芝、木芝、草芝、肉芝、菌芝，合称五芝，芝又叫灵芝，集川岳之灵气，“仙人持作长生师”[⑩]，《太上黄庭外景玉经》卷下云：“问于仙道与奇功，服食灵芝与玉英。”[⑪] 葛洪《抱朴子内篇·遐览》就著录有《木芝图》《菌芝图》《肉芝图》《石芝图》《大魄杂芝图》各一卷，专门论述诸芝的长生功效。诸芝在岭南多有生长，“芝生罗浮最多，有二十四种”[⑫]，葛洪上罗浮山采药，采到的灵芝五颜六色，“赤者如珊瑚，白者如截肪，黑者如泽漆，青者如翠羽，黄

---

① （宋）乐史：《太平寰宇记》卷一百五十七，《岭南道一·土产》。

② （汉）许慎：《说文解字·木部》。

③ （宋）范成大：《桂海虞衡志》，严沛校注，广西人民出版社，1986，第100页。

④ 骆伟等辑注《岭南古代方志辑佚》，广东人民出版社，2002，第91页。

⑤ （晋）葛洪：《抱朴子内篇·仙药》。

⑥ （汉）刘向：《列仙传》卷上，《桂父》。

⑦ 骆伟等辑注《岭南古代方志辑佚》，广东人民出版社，2002，第122页。

⑧ （唐）欧阳询：《艺文类聚》卷八十九，《木部下·桂》引。

⑨ （晋）葛洪：《抱朴子内篇·黄白》。

⑩ （清）屈大均：《广东新语》卷二十七，《草语·芝》。

⑪ 《道藏》第5册，文物出版社、上海书店出版社、天津古籍出版社，1988，第914页。

⑫ （清）屈大均：《广东新语》卷二十七，《草语·芝》。

者如紫金”[①]。

上药为金沙类，包括丹砂、黄金、白银、珠玉等，尤其丹砂，被视为仙药之首，它“主身体五脏百病，养精神，安魂魄，益气明目，通血脉，止烦满，消渴，益精神，悦泽人面，杀精魅邪恶鬼，除中恶腹痛毒气，疥瘘诸疮，久服通神明，不老轻身，神仙能化”[②]。《黄帝九鼎神丹经诀》卷十云：“长生之道，原始要终，莫不皆以丹铅二物为主也。故真人歌九鼎，第一定外丹之华曰：‘父在神山母在河，本在南越亦在巴，出于武陵会长沙，先祖昆弟豫章家，道士将我游五华。’”[③]《岭外代答》也载：“昔葛稚川为丹砂，求为勾漏令，以为仙药在是故也。”[④]金银也是上乘仙药，“黄金入火，百炼不消，埋之，毕天不朽。……故能令人不老不死”[⑤]，因而，服食不易腐朽的金银同样可以成为不朽神仙，而且更加省时省力，直截了当，“真人作金，自欲饵服之致神仙。……银亦可饵服，但不及金耳”[⑥]。至于云母，“乃神仙之上饵也。……取以为饵，可以辟谷”[⑦]，“古仙人多服云母，少服钟乳”[⑧]。珠玉也是仙药，“玉亦仙药。……服玄真者，其命不极。玄真者，玉之别称也。令人身飞轻举，不但地仙而已”[⑨]，珠“盖月之精华所注焉。……精华一片与天长”[⑩]。此类丹药在别处都不易寻到，但在岭南则不成问题，岭南居正南方，位在离，时属夏，气

---

① （晋）葛洪：《抱朴子内篇·仙药》。

② （明）缪希雍：《神农本草经疏》卷三，《玉石部上品·丹砂》，《四库全书》本。

③ 《道藏》第18册，文物出版社、上海书店出版社、天津古籍出版社，1988，第825页。

④ （宋）周去非：《岭外代答》卷七，《金石门·丹砂水银》。

⑤ （晋）葛洪：《抱朴子内篇·金丹》。

⑥ （晋）葛洪：《抱朴子内篇·黄白》。

⑦ （清）屈大均：《广东新语》卷十四，《食语·云母》。

⑧ （清）屈大均：《广东新语》卷十四，《食语·石钟乳》。

⑨ （晋）葛洪：《抱朴子内篇·仙药》。

⑩ （清）屈大均：《广东新语》卷十五，《货语·珠》。

属阳，纪属日，色属赤，神为祝融，这样一个阳盛雄健的地方，正是金丹盛产之地，《黄帝九鼎神丹经诀》卷十云丹砂“乃太阳者”①，“自然之还丹，生太阳背阴向阳之山，丹砂皆生南方，不生北方之地”②。苏轼也说：“大抵道士非金砂不能羽化，而丹材多在南荒。”③ 岭南很早就出产丹材，《荀子·王制》曰：“南海则有羽翮齿革曾青丹干焉，然而中国得而财之。”唐人杨倞注云：“曾青，铜之精，可贯画及化黄金者。”“丹干，丹砂也，盖一名丹干。”可见，类似曾青、丹干的金丹在《荀子》成书的战国末年已在岭南盛产。汉末衡山二学道之人张礼正和始明期，在“俱受西城王君传虹景丹方”④ 后，“患丹砂难得，去广州为道士”⑤。东晋初年，葛洪也因“欲炼丹以祈遐寿。闻交趾出丹，求为勾漏令”⑥。岭南出产丹材的地方不少，“荆南之地、丽水之中生金，人多窃采金”⑦，丽水即今广西北部的漓水，“粤地……多犀、象、玳瑁、珠玑、银、铜、果、布之凑”⑧。《仙经》还认为广州、临漳的丹砂特别好，“出广州、临漳者，此二处并好，惟须光明莹澈”⑨，按临漳在南朝宋置，梁陈间废，其治在今广西合浦县东北四十公里，属岭南境内。英德南禺山在《南山经》亦记“其上多金玉”；合浦产珠，“凡探明珠，不于合浦之渊，不得骊龙之夜光也”⑩，“白玉，

① 《道藏》第18册，文物出版社、上海书店出版社、天津古籍出版社，1988，第825页。

② （唐）张元德：《丹论诀旨心鉴》，《道藏》第19册，文物出版社、上海书店出版社、天津古籍出版社，1988，第344页。

③ （宋）苏轼：《苏东坡全集》卷七十五，《书二十首·与王定国书》。

④ （元）赵道一：《历世真仙体道通鉴》卷十二，《道藏》第5册，文物出版社、上海书店出版社、天津古籍出版社，1988，第173页。

⑤ （宋）李昉：《太平御览》卷六百六十九，《道部十一·服饵上》引陶弘景：《真诰》。

⑥ （唐）房玄龄：《晋书·葛洪传》。

⑦ 《韩非子·内储说上》。

⑧ （汉）班固：《汉书·地理志下》。

⑨ （唐）慎微：《证类本草》卷三，《丹砂》引。

⑩ （晋）葛洪：《抱朴子内篇·祛惑》。

美者可照面，出交州”[①]，“外国作水精椀，实是合五种灰以作之。今交、广多有得其法而铸作之者”[②]，这里的水精即玉石类的东西。

岭南盛产种种金丹灵药，无疑为道教炼服仙药提供了物质基础，仙道们大可因地制宜地尽情采炼和服食，岭南瑰奇的物产，满足了仙道们长生成仙的实践需要。

总之，岭南集天下山川之秀异和物产之瑰奇于一身，诚如汪森所言：“百粤其山川之萃乎？夫东南其丅也，势之极也，天地之尽也，万物之所归也。其山川之瑰丽诡怪奇伟绝特固如是之多哉。或曰不钟之人而钟之物，故其产多南金、珠玑、玳瑁、犀象，至于草木，亦秀异而才罕焉。”[③] 岭南独特的地理环境，成为仙道心往神驰而乐至的沃土福地。汉晋之际，道教传入岭南，且成为中国道教的一个重镇，地缘是一个重要因素。

---

① （晋）郭义恭：《广志》，骆伟等辑注《岭南古代方志辑佚》，广东人民出版社，2002，第111页。

② （晋）葛洪：《抱朴子内篇·论仙》。

③ （清）汪森：《粤西文载》卷十三，《志·广西山川志》，《四库全书》本。

道教与岭南俗信的亲缘关系

道教是我国本土宗教，东汉末年在岭北[①]形成。汉晋时期，岭南已是道教传播和发展的重镇[②]。道教何以迅速传向岭南？这是一个值得深思和关注的问题。然迄今为止，学术界尚未有专文予以讨论。由于地缘的影响，古代岭南的民俗风情具有鲜明的地域特色，其崇尚巫觋，崇拜图腾，信仰神仙，崇山乐道，与道教的“成仙”教旨和“斋醮”科仪以及“抱朴”精神有共通之处，有的甚至一致，两者可谓“同源互感”，同类相生。本文尝试就岭南古朴的民俗信仰与道教之亲缘关系，从一个具体方面探讨道教南传的缘由。

一 岭南巫俗庞杂、俗性率朴契合道教文化精神

《说文解字》云：“巫，祝也，女能事无形，以舞降神者也。”[③]这表明，巫是秉承神灵的指示，从事祝斋活动，肩负沟通人神使命

① 此处采用习惯说法，以五岭为分界线，五岭以北为岭北，五岭以南为岭南。

② 参见王承文《葛洪早年南隐罗浮山考论》，《中山大学学报》1994 年第 2 期；吴重庆《岭南地理与道教传播》，《学术研究》1998 年第 1 期。

③ （汉）许慎：《说文解字·巫部》。

的人。古代岭南巫术盛行，究其原因，主要有二。

首先，物产瑰奇，景色怪异，刺激巫术兴盛。古代岭南出产许多内地没有的物产，如庞降（为蜩蝉类之一），刘恂《岭表录异》卷下云："生于山野。……人以善价求之，以为媚药。"① 又红飞鼠，刘恂《岭表录异》卷中云："多出交阯及广、管、泷州。……南中妇人，买而带之，以为媚药。"② 还有鹤草，嵇含《南方草木状》卷上云："出南海……女子藏之，谓之媚蝶，能致其夫怜爱。"③ 岭南这些特产，均有激发情欲之药性，越巫用之发明"媚术"，通过感应致爱，属感致巫术④。岭南还盛产枫木，嵇含《南方草木状》卷中载："五岭之间多枫木，岁久则生瘤瘿。一夕遇暴雷骤雨，其树赘暗长三五尺，谓之'枫人'。越巫取之作术，有通神之验。"⑤ 越巫取枫人雕刻神鬼，用作厌胜物，有禳凶化吉之功效，属反抗巫术。

其次，气候多变，瘴气弥漫，致使巫术发达。岭南瘴气在医书和史书上都有记载："（瘴气）此病生于岭南，带山瘴之气，其状发寒热，休作有时，皆由山溪源岭瘴湿毒气故也。"⑥ 又"苍梧、南海，岁有旧风瘴气之害。……气则雾郁，飞鸟不经"⑦。瘴疠交侵，生民遭殃，时人以为鬼神作祟，于是求助于巫术，"南方凡病

---

① 骆伟等辑注《岭南古代方志辑佚》，广东人民出版社，2002，第 226 页。
② 骆伟等辑注《岭南古代方志辑佚》，广东人民出版社，2002，第 217 页。
③ （清）梁廷枏等：《南越五主传及其它七种》，杨伟群校点，广东人民出版社，1982，第 57 页。
④ 按：周钊韬先生将巫术从内容和施行方式上分成三大种类：一为感致巫术；二为染触巫术；三为反抗巫术。参见周钊韬《中国古代巫术：宗教的起源和发展》，中山大学出版社，1989，第 12 ~ 15 页。
⑤ （清）梁廷枏等：《南越五主传及其它七种》，杨伟群校点，广东人民出版社，1982，第 62 页。
⑥ （隋）巢元方：《诸病源候论》卷十一，《山瘴疟候》。
⑦ （晋）陈寿：《三国志·吴书·陆凯传》。

皆谓之瘴。……痛哉深广，不知医药，唯知设鬼，而坐致殂殒”[①]。

岭南巫风浓厚，巫术盛行，早在汉代已经出名，甚至传到中原，《史记》云：“（汉武帝）是时既灭南越，越人勇之乃言：‘越人俗信鬼，而其祠皆见鬼，数有效。昔东瓯王敬鬼，寿至百六十岁。后世谩怠，故衰耗。’乃令越巫立越祝祠，安台无坛，亦祠天神上帝百鬼，而以鸡卜。上信之，越祠鸡卜始用焉。……勇之乃曰：‘越俗：有火灾，复起屋必以大，用胜服之。’于是作建章宫，度为千门万户。”[②] 从越巫勇之的一番话，可知越俗巫术有三种，其一是祭鬼，越人以为敬鬼祭鬼可得长寿，于是，“信巫鬼，重淫祀”[③]。汉武帝也令立越祝祠，“尤敬鬼神之祀”[④]。其二是鸡卜，“鸡卜法，用鸡一、狗一：生，祝愿讫，即杀鸡狗煮熟；又祭，独取鸡两眼，骨上自有孔裂，似人物形则吉，不足则凶，今岭南犹行此法”[⑤]。具体方法有鸡眼卜、鸡身卜、鸡骨卜[⑥]，还有鸡卵卜[⑦]等多种，用于沟通人神，判断吉凶。其三是厌胜，越人大凡房子失火，再盖的房子一定超大，用作“胜服”，汉武帝在“柏梁台”毁于火灾后，就听取越巫建议，采用越人的厌胜术，建造“建章宫”，以“胜服”火灾。

上述几种巫术，在岭南都颇为流行，如鸡卜：“邕州之南有善行禁术者，取鸡卵墨画，祝而煮之，剖为二片，以验其黄，然后决嫌疑，定祸福，言如响答。据此乃古法也。”[⑧] 有学者指出：“自汉代以后，从广西到广东乃至海南岛境中生存的居民，即早期的越

① （宋）周去非：《岭外代答》卷四，《风土门·瘴》。
② （汉）司马迁：《史记·孝武帝本纪》。
③ （汉）班固：《汉书·地理志》。
④ （汉）司马迁：《史记·封禅书》。
⑤ （汉）司马迁：《史记·孝武帝本纪》，（唐）张守节：《正义》。
⑥ （汉）司马迁：《史记·孝武帝本纪》，（唐）张守节：《正义》。
⑦ （宋）周去非：《岭外代答》卷十，《志异门·鸡卜》。
⑧ （唐）段公路：《北户录》卷二，《鸡卵卜》。

人、俚人、僚人，晚期的僮人、俍人、黎人、苗（实瑶）人，莫不都有兴行鸡卜的占卜之俗。”① 又如厌胜：“岭南风俗，家有人病，先杀鸡鹅等以祀之，将为修福。若不差，即次杀猪狗以祈之。不差，即次杀太牢以祷之。更不差，即是命，不复更祈。”② 厌胜治病成为岭南习俗。

另据史书记载，岭南还有多种巫术，如猎头与啖人。所谓猎头，即砍人头以祭神祈福，吴万震《南州异物志》云：“奉月方田，尤好出索人贪得之，以祭田神也。”③《魏书》也云：“所杀之人，美鬓髯者，必剥其面皮，笼之于竹，及燥，号之曰‘鬼’，鼓舞祀之，以求福利。”④ 广州南越王墓东耳室出土的一件铜提筒，筒上刻有杀俘猎头的文饰图案⑤，反映南越人杀俘，作猎头献祭的情况。关于“啖人”，《墨子》云：“楚之南有啖人之国者，其国之长子生，则解而食之，谓之宜弟。”⑥ 岭南先民这种取人首级，以祭神祈福的做法和杀长子“解而食之”的风俗，与灵魂崇拜和灵魂转生观念有关。

又如禁咒，古代岭南多用禁咒禳鬼，禁咒分禁术和咒语两种，禁术是指具体的禁咒行动，咒语则是一种简单化的巫术形式，但它“永远是巫术行为的核心”⑦。越人往往将禁术和咒语结合起来使用，最常见且最灵验的是茅卜法，“南人茅卜法：卜人信手摘茅，取占者左手，自肘量至中指尖而断之，以授占者，使祷所求。即中

---

① 杨豪：《岭南民族源流考》，珠海出版社，1990，第38页。

② （唐）张鷟：《朝野佥载》卷五，《四库全书》本。

③ 骆伟等辑注《岭南古代方志辑佚》，广东人民出版社，2002，第50页。

④ （北齐）魏收：《魏书·氐僚列传》。

⑤ 广州市文物管理委员会等编《西汉南越王墓》（上册），文物出版社，1991，第51页。

⑥ 《墨子·鲁问》。

⑦ 〔英〕马林诺夫斯基：《巫术、科学、宗教与神话》，李安宅译，中国民间文艺出版社，1986，第56页。

折之，祝曰：‘奉请茅将军、茅小娘，上知天纲，下知地理’云云。遂祷所卜之事，口且祷，手且掐。……南人卜此最验”[①]。

岭南巫风作为岭南事象的一个重要方面，表现岭南先民的实际生活态度，也反映岭南先民的思维方式和价值取向，岭南巫俗表现出来的种种形式以及内蕴的文化特征，契合道教的文化精神。

首先，在思维方式上，岭南崇拜五羊，“五”字有崇巫倾向。广州别称五羊城，岭南有五岭、五指山等多个带“五”字头的古地名，皆因“五”是个神圣数字，它“往往是由手指和足趾的数来确定的。……5 这个数是神圣的数，它经常出现在俄勒冈各部族的口头传说、神话和风俗中”[②]。岭南有手掌崇拜习俗，“越与骆越都有崇拜手掌的习尚”[③]，手掌崇拜和五羊崇拜，体现岭南原始信仰中人的五指与图腾动物的五趾的神秘互渗，是古代“五指进位制”计数法和“仙掌（五）崇拜”的巫俗遗绪，带有原始思维特征。道教中加上“五”字节的说法很多，如说人的五脏有神，东南西北中五方也有神，人有五戒，天分五类；在道教的教理中有不少场合用上“五”这个数字，《周易参同契》以卦爻配阴阳五行，借以说明炼丹用药与火候，《黄庭经》以五脏配五行，以阴阳之气益身炼形；在道教的神祀中，也有五帝、五神、五祀和五方道君[④]。可见，两者的思维方式是一致的。

其次，在信仰上，岭南重淫祀，上自天神，下至百鬼，无不祭祀。道教也是多神崇拜，所祀之神，有包括元始天尊、灵宝天尊和

---

① （宋）周去非：《岭外代答》卷十，《志异门·茅卜》。

② 〔法〕列维－布留尔：《原始思维》，丁由译，商务印书馆，1981，第 198～211 页。

③ 石钟健：《试论越与骆越出自同源》，百越民族史研究会编《百越民族史研究·百越民族史论集》，中国社会科学出版社，1982，第 198 页。

④ 五帝指太皞、炎帝、黄帝、少皞、颛顼。五神指句芒、祝融、后土、蓐收、玄冥。五祀指祀户、祀灶、祀中霤、祀门、祀行。五方道君指东方青灵始老、南方丹灵真老、中央混元黄老、西方皓灵玄老、北方五灵玄老。参见葛兆光《道教与中国文化》，上海人民出版社，1987，第 38、75 页。

道德天尊三清以及青帝、赤帝、黄帝、白帝、黑帝五老君的尊神系统，也有包括天、地、山、川、日、月、星、辰、风、云、雷、雨的主神系统，还有包括灵官、太岁、功曹、城隍、土地、灶君、财神、祖先、圣贤、忠烈、仙人和行业保护神的杂神系统，诸神庞杂，有学者甚至考证出，葛洪晚年在罗浮山撰写的《枕中书》所创造的道教至尊神元始天王开天辟地的形象，就是直接源自岭南少数民族的盘古信仰①。可见，两者在祀神和信仰上有共通之处。

最后，在方法上，岭南有巫舞，道教有禹步，“禹届南海之滨，见鸟禁咒，能令大石翻动，此鸟禁时，常作是步。禹遂模写其行，令之入术。自兹以还，术无不验，因禹制作，故曰禹步。末世以来，好道者众，求者蜂起，推演百端”②，这是说，禹步是在南海之滨首先发展起来，是“见鸟禁咒”，“遂模写其行，令之入术”。这里的“鸟禁咒”，是指南越巫觋从事巫术作法时的装扮。岭南善禁咒，道教也有禁祝法，“天上有常神圣要语，时下授人以言，用使神吏应气而往来也。人民得之，谓为神祝”③。又“急急如律令”和“如律令”都是道教劾鬼的常用咒语。道教的咒术颇多，如《太上三洞神咒》卷二记“雷霆召役诸咒”，就有“三十六雷总辖咒”“七十二候都总咒”④ 等。有学者甚至指出：“南越、山越‘禁咒之法’，可禁虎、蛇，止血续骨亦出于‘越’，为南方民族之术。”⑤ 道教后来还将之发展为气禁，“天道毕，三五成，日月俱。出窈窈，入冥冥，气入真，通神气，布道气，行奸邪鬼贼皆消

① 王卡：《元始天王与盘古开天辟地》，《世界宗教研究》1989 年第 3 期。

② 《洞神八帝元变经》，《道藏》第 28 册，文物出版社、上海书店出版社、天津古籍出版社，1988，第 398 页。

③ 王明编《太平经合校》，中华书局，1960，第 181 页。

④ 《道藏》第 2 册，文物出版社、上海书店出版社、天津古籍出版社，1988，第 54 ~ 62 页。

⑤ 王家祐：《道教论稿》，巴蜀书社，1987，第 188 页。

亡。视我者盲，听我者聋。敢有图谋我者，反受其殃，我吉而彼凶”[①]，从“天道毕”到“气通神”，无论在形式上、内容上，或是在目的上都强调气的作用。可见，两者在方法上彼此难分。

据上可知，岭南巫俗与道教文化有许多相似或相通之处，有的甚至是道教某些内容的渊源，岭南庞杂的巫仪和巫俗表现出来的狂热，为道教南传发展提供了一些效法雏形。

岭南俗性率朴，这也与道教精神吻合。《庄子》云：“南越有邑焉，名为建德之国，其民愚而朴，少私而寡欲。知作而不知藏，与而不求其报。”[②]《广州图经》也云：“其俚人则质直尚信。”[③]据黄佐《广东通志》记载，乐昌“旧俗淳朴”；仁化“性真率俗近敦”；三水“简朴有余”；东莞“士尚淳厚”“民俗素厚”；增城“俗尚朴厚”；龙门“习尚纯朴”；韶州府“习尚简朴”；乐昌“旧俗淳朴，民不好讼”[④]。《博罗县志》也称，博罗“俗尚朴素，不事华靡。不乐淫哇，不好嚣讼”[⑤]。岭南人还乐道好修。《羊城古钞》云：“岭海炳灵，英俊挺生；炼金之晶，比玉之贞；乐道好修，晞古振缨。腾其实则为龙光，蜚其声则化鹤鸣。”[⑥]性朴乐道成为岭南古民的民族特征和民众心态，岭南古民的这一特征和心态，也契合道教的文化精神。

道教主张“见素抱朴，少私寡欲”[⑦]，“恬淡为上”[⑧]，认为

① （南朝梁）释僧祐：《弘明集》卷八，释玄光：《辩惑论》。
② 《庄子·山木》。
③ 骆伟等辑注《岭南古代方志辑佚》，广东人民出版社，2002，第286页。
④ （明）黄佐：《广东通志》卷第二十，《民物志一·风俗》明嘉靖四十年（1561）刻本。
⑤ （民国）《博罗县志》卷五，《文化三·风俗》，广东省文史研究馆、博罗县志办公室合编，民国版，1988年内部发行本。
⑥ （清）仇巨川：《羊城古钞》卷首，《舆图·粤会赋》。
⑦ 《老子》十九章。
⑧ 《老子》三十一章。

"我无欲，人自朴"①，提倡"依道而行"，归复"道"所显示的那种清净恬和的最高境界，主张"守清道而抱雌节，因循应变，常后而不先，柔弱以静，舒安以定"②。当初，五斗米道教首张陵率领徒众入蜀的原因就是"闻蜀人多纯厚，易可教化"③。道教大师葛洪也以老子的"见素抱朴"自号，"履道素而无欲，时虽移而不变者，朴人也"④，提倡"含醇守朴，无欲无忧"⑤，体现他乐天知命的性格特征和返璞归真的人生态度，进而追求长生成仙，"其事在于少思寡欲，其业在于全身久寿"⑥。岭南古民俗性率朴的民族性格，正是与道教精神相通的。

二 岭南图腾崇拜、神仙信仰与道教信仰一致

古代岭南气候炎热多雨，野兽出没山林，自然现象变幻莫测，促成人们对自然物由敬畏而生崇拜，从而产生图腾崇拜。岭南图腾崇拜有二种。

一种是以羊、狗、龙、蛇、虫、鸟等实物为图腾崇拜。

以羊为图腾崇拜，源自先秦五羊南下遗穗州人，自此，人们对给他们带来食物和祝福的羊顶礼膜拜，岭南先民以羊为图腾崇拜，不仅在传说中得到预示，在史书中得到佐证，更重要的是，"羊化为石"，变为五羊石，成为图腾崇拜的积淀。

以狗为图腾崇拜，在岭南也不少，有学者研究后认为是狗羊错

① 《老子》五十七章。

② 《淮南子·原道训》。

③ （晋）葛洪：《神仙传》卷四，《张道陵》，《丛书集成初编》本。

④ （晋）葛洪：《抱朴子外篇·行品》。

⑤ （晋）葛洪：《抱朴子内篇·畅玄》。

⑥ （晋）葛洪：《抱朴子内篇·释滞》。

位所致[①]。

以龙或蛇为图腾崇拜最为普遍。岭南多为水乡，先民主要以捕捞为生活来源，为了防止水上生物的侵害，他们期望得到神灵的保护，于是将龙、蛇附会为本族的始祖，从而产生了以龙、蛇为图腾的原始崇拜，最有代表性的是龙母崇拜，传说龙母是秦朝温姓渔民的养女，死后被尊为“龙母”。龙母传说起源甚古，有学者认为，它“反映了百越民族崇拜龙（蛇）图腾，由图腾崇拜转向民族始祖崇拜”[②]。

以虫为图腾崇拜，是因岭南自古有蛮夷之称，蛮为虫种，又称为五彩毛狗“槃瓠”之种，铜头铁额，号为蛮夷。因虫与蛇相类，所以以龙或蛇为图腾，也看作以虫为图腾。

以鸟为图腾崇拜，相当普遍，鸟被看作岭南先民之祖，“越地深山中有鸟，如鸠，青色，名曰‘冶鸟’。……此鸟白日见其形，鸟也；夜听其鸣，人也。越人谓此鸟为越祝之祖”[③]。考古也发现广西罗泊湾西汉墓出土的铜鼓，无论鼓面或鼓身都刻有鸟饰纹[④]，广州华侨新村西汉墓出土的陶熏炉上和沙河顶东汉墓出土的铜温酒樽盖顶上都有鸟图案[⑤]。有专家指出：“刻在铜鼓上的候鸟，正是铜鼓的主人即雒越人的图腾。……他们经常用雒鸟羽毛插在自己的头上和身上，化装为图腾鸟，同时把图腾的徽号挂遍和雕刻在船上的各个角落。所有这些行为其主要目的无非在于祈求图腾的保佑，使他们在海上得到安全。”[⑥]

---

① 参见吴之邨《“五羊”新诠》，《江西社会科学》1996 年第 3 期。

② 陈泽泓：《广东民间神祇（下）》，《羊城今古》1997 年第 5 期。

③（晋）张华：《博物志》卷三，《异鸟》。

④ 蒋廷瑜等：《广西贵县罗泊湾一号墓发掘简报》，《文物》1978 年第 9 期。

⑤ 麦英豪：《广州华侨新村西汉墓》，《考古学报》1958 年第 2 期；广州市文物委员会：《广州东郊沙河汉墓发掘简报》，《文物》1961 年第 2 期。

⑥〔越〕陶维英：《越南古代史》（上册），刘统文、子钺译，商务印书馆，1976，第 131～135 页。

另一种是以具体行动来表达抽象观念的崇拜，如岭南先民用断发、文身等行为，表达祈求避邪免灾观念。《淮南子·原道训》云："九嶷之南，陆事寡而水事众，于是，民人被发文身，以象鳞虫，短绻不绔，以便涉游。"其注云："文身，刻画其体，内墨其中，为蛟龙之状，以入水，蛟龙不害也，故曰'以像鳞虫'也。"民人刻刺文身或像鳞虫，或似蛟龙，目的是"避蛟龙之害"[①]，据闻，蛟龙不会伤害文身的人，因为这些人身上带了彩，在水中游动时活像龙子，"龙以为己类，不吞噬"[②]。1983 年考古发掘广州瑶台柳园岗 11 号墓中，木椁上面摆放着一个"断发文身"作箕踞而坐的木俑，为护卫墓主而设，有驱恶鬼、辟妖邪之功。正如精神分析学家佛洛伊德在《图腾与禁忌》中所说，落后民族"在自己身体上刻画上图腾的形态"，是"强调他们与图腾间的相似性"，他们"期望从图腾得到保护和照顾"[③]，以求得心理上的满足和人身的安全为目的。

图腾崇拜作为岭南土著文化的一个重要内容，是岭南早期民俗、生存环境的结合体，也是岭南先民文化心理的反映，其文化底蕴，契合道教的生成和发展。

古代岭南的图腾崇拜，把羊、狗、龙、蛇、鳄、虫、鸟等自然物当作本族保护神或标志物加以崇拜，实际上是自然崇拜和祖先崇拜的结合。道教也重视敬天崇祖，如葛洪的《抱朴子》就有"万物有灵"观念，认为："山川草木，井灶污池，犹皆有精气，人身之中，亦有魂魄，况天地为物至大者，于理当有精神，有精神，则宜赏善而罚恶。"[④] 又如在道教的神谱中，就有东王公、西王母和

① （汉）班固：《汉书·地理志下》。
② （清）屈大均：《广东新语》卷二十二，《鳞语·龙》。
③ 〔奥〕佛洛伊德：《图腾与禁忌》，杨庸一译，志文出版社，1985，第 135 页。
④ （晋）葛洪：《抱朴子内篇·微旨》。

黄帝、尧、舜、禹等华夏族祖先神。可见，岭南图腾崇拜与以万物有灵论信仰为基础的道教有共同语言，由岭南图腾崇拜直接派生出来的宗教信仰，为道教南传提供了适宜的社会氛围。

更为重要的是，岭南神仙信仰与道教信仰一致。古代岭南有“羽民国”“不死乡”之称，如《吕氏春秋》云：“南至交趾、孙朴、续樠之国，丹粟、漆树，沸水、漂漂、九阳之山，羽人、裸民之处，不死之乡。”① 丹粟为南国物产，当指丹砂，为仙人不死之药的材料，羽人就是仙人，张华《博物志》云：“驩兜国……人面鸟口。去南国万六千里，尽似仙人也。”② 岭南古民信仰神仙，衍生出许多瑰丽的神仙传说。主要如下。

一为五羊仙说。广州别称仙城、羊城、穗城，皆源自五仙南下，《续南越志》云：“旧说有五仙人骑五色羊执六穗秬而至，至今呼五羊城是也。”③ 五仙何时南下？传说有多个版本。一说是在周夷王八年，即公元前 887 年④；一说是在南海人高固为楚威王相之时⑤；一说是在晋朝吴修为广州刺史前夕⑥。无论何种版本，都是传诵五羊呈瑞，五仙降福。五仙南下，反映岭南人很早就有对美好的追求和对仙人的崇拜，似乎也凸显道教与岭南的情缘深远。

二为罗浮仙说，俯拾即是。如有周穆王在罗浮山度道士说，杜光庭《历代崇道记》：“穆王于昆仑山……罗浮山、崆峒山致王母观，前后度道士五千余人。”⑦ 周穆王为约公元前十世纪人，其时，道教尚未正式形成，于罗浮山度道士，只是道士杜光庭出于对道教

---

① 《吕氏春秋·求人》。

② （晋）张华：《博物志》卷二，《外国》。

③ （宋）乐史：《太平寰宇记》卷一百五十七，《岭南道一·广州》引。

④ （清）屈大均：《广东新语》卷五，《石语·五羊石》。

⑤ （晋）顾微：《广州记》，（清）梁廷枏等：《南越五主传及其它七种》，杨伟群校点，广东人民出版社，1982，第 48 页。

⑥ （清）屈大均：《广东新语》卷六，《神语·五谷神》。

⑦ 《道藏》第 11 册，文物出版社、上海书店出版社、天津古籍出版社，1988，第 1 页。

的一种信仰，但反映出当时岭南已有类似道教的活动。又如浮丘公得道罗浮说："周浮丘公，灵王时偕王子晋上嵩山。后适罗浮得道，因名其地。"[①] 再如安期生开罗浮祖庭说："安期生常与李少君南之罗浮，罗浮之有游者，自安期始。……安期固罗浮开山之祖也。"[②] 按此说，安期生成了岭南道教圣地——罗浮山的开山始祖。

岭南的仙话神话，虽说是传说，但传说之渊源甚古，流传极广，其说必有所本，它实际上是将岭南区域内人们的生活经历和企求，以一种美满又神奇的方式，用一种很自然的形式加以表述，是古代某些史实的反映，是文化积淀的产物，正如马林诺夫斯基指出的："神话的功能，乃在将传统溯到荒古发源事件更高、更美、更超自然的实体而使它更有力量，更有价值，更有声望。所以神话是一切文化的必要成分之一。"[③] 透过传说，可以看到史影，反映神仙信仰思潮在岭南社会有广泛传播和强烈反响。

岭南还存在服食成仙的现象。如岭南统治者炼服仙药，西汉南越王墓出土有雄黄、赭石、紫水晶、硫黄、孔雀石等五色药石和铜杵、铜臼、铁杵等配药用具，还有一只铜承露盘玉高足杯[④]，均被认为是墓主人南越王赵眜生前用来服食药石的特殊用器。五色药石是长生的灵药，葛洪在《肘后备急方》卷三云："凡服五石，护命延生。"同墓又出土了四件带有"长乐宫器"戳印的陶器，三件为陶瓮，一件为陶鼎，原是南越国长乐宫里所用之物，南越王赵眜死后，用来盛放食品随葬，以求继续长生长乐，表明秦汉时期岭南统

---

① （清）宋广业：《罗浮山志会编》卷四，《仙一·浮丘公》，海幢寺藏板，康熙五十五年（1716）刻本。

② （清）屈大均：《广东新语》卷三，《山语·罗浮》。

③ 〔英〕马林诺夫斯基：《巫术、科学、宗教与神话》，李安宅译，中国民间文艺出版社，1986，第127页。

④ 广州市文物管理委员会等编《西汉南越王墓》（上册），文物出版社，1991，第141页。

治者已经有学仙做仙的观念，且掌握炼制和服食仙药技术，以祈求长生不老。又如土著人士服食丹桂："桂父者，象林人也。色黑，而时白时黄时赤。南海人见而尊事之。常服桂及葵，以龟脑和之，千丸十斤桂。累世见之。今荆州之南尚有桂丸焉。伟哉桂父，挺直遐畿。灵葵内润，丹桂外绥。怡怡柔颜，代代同辉。道播东南，奕世莫违。"[①] 桂父为秦朝象林人，因服食桂丸而成仙，且道播东南，赢得南海人尊重，桂父因之成为岭南本土神仙代表。

上述种种神仙传说和炼食活动，反映秦汉时期岭南已经有了长生成仙的思想和实践活动，这就与道教的神仙理论有密切关系。

神仙传说是道教的思想基础，神仙信仰是道教的基本教义和信仰核心，岭南的仙话传说和炼服活动，与道教超越死亡病痛、炼服仙药、追求长生成仙的宗旨正好接轨。道教在其早期经典《太平经》中就强调重命贵生思想，"要当重生，生为第一"[②]，把生看作人生首要之事，《太平经》还以对话形式表露了早期道教徒对不老之方和不死之法特有的关注，经云："今天地实当有仙不死之法，不老之方，亦岂可得耶？善哉，真人问事也。然，可得也。天上积仙不死之药多少，比若太仓之积粟也；仙衣多少，比若太官之积布白（疑当作帛）也；众仙人之第舍多少，比若县官之室宅也。常当大道而居，故得入天。大道者，得居神灵之传舍室宅也。若人有道德，居县官传舍室宅也。"[③] 这是说世上有不死仙药，只要好学，人人都可不死成仙，"奴婢贤者得为善人，善人好学得成贤人；贤人好学不止，次圣人；圣人学不止，知天道门户，入道不止，成不死之事，更仙；仙不止入真，成真不止入神，神不止乃与皇天同

---

① （汉）刘向：《列仙传》卷上，《桂父》。

② 王明编《太平经合校》，中华书局，1960，第613页。

③ 王明编《太平经合校》，中华书局，1960，第138～139页。

形”[①]。道教的这些信条，成为岭南古民接受和信仰道教的最初动因。两晋之际，葛洪栖隐罗浮山，“在山积年，优游闲养，著述不辍”[②]，他著的《神仙传》，恐怕也是受到岭南神仙信仰的影响，关于这点，拟另文专述。

综上所述，岭南古朴的俗信有着丰富的想象力和抽象的思维方式，有着祈求自然力护佑的愿望和“征服”自然的法术，也有着对长生不死的希冀和研制仙药的实践，这与道教长生成仙信仰、斋醮科仪道术和“抱朴”精神是不谋而合的，有学者指出：“道教是中国土生土长的宗教，同时又是具有浓厚的巫觋色彩的宗教。神鬼观念使它建立了道家神祇谱系，原始崇拜和思维观念使它发展了道教理论系统中关于天地人鬼的理念，巫觋文化又使它发展了祈咒与符箓，以及医疗保健炼性等长生之道。在道教的完整体系中，继承和发展了中国民间巫术的巫技、巫法。巫觋的祀神仪式、巫术中的法器，均为道教所发展和运用。特别是驱鬼避邪、捉妖治蛊，呼风唤雨，招魂送亡，更成为道家极常见的活动。”[③] 道教的有些活动，与岭南民风习俗相近或相通，两者甚至有着相同或相似的基因和质子，实际上是“同源互感”，同类相生，由此反映出道教与岭南俗信之间有一种天然的亲缘关系。岭南俗信与道教的这种亲缘，在道教的南传发展中，有很大意义。汉晋之际，道教传入岭南，岭南成为中国道教的一个重镇，亲缘是一个重要因素。

---

① 王明编《太平经合校》，中华书局，1960，第222页。

② （唐）房玄龄：《晋书·葛洪传》。

③ 张紫晨：《中国巫术》，上海三联书店，1990，第269~270页。

道教传入岭南的缘由

道教是中国本土民族宗教，始创于东汉后期的岭北[①]，是不争的事实。但两晋之际，岭南已是道教传播和发展的重地，这也有了共识[②]。道教何以迅速传入岭南？近年来，学术界有过论及，但似嫌不够，仔细思考看来，道教所以迅速在岭南传播和发展，与古代岭南殊异的地理环境和独特的人文环境有密切关系。为此，本文试就道教与岭南之地缘、亲缘和人缘关系做一历史考察，以探究道教传入岭南的缘由。

一 地缘

古代岭南有自己奇异而独特的地方，它集山川之秀异和物产之瑰奇于一身，与道教有着一种天然的地缘关系。

1. 山川秀异的岭南，为长生成仙之乐园

自古以来，岭南地理有其独特之处，清代学者仇巨川在

---

① 此处采用习惯上的说法：以五岭为分界线，五岭以北称为岭北，五岭以南称为岭南。

② 参见胡守为《岭南古史》，广东人民出版社，1996，第311～345页；王承文《葛洪早年南隐罗浮考论》，《中山大学学报》1994年第2期；吴重庆《岭南地理与道教传播》，《学术研究》1998年第1期。

《羊城古钞》卷首中赞道：五岭“峙其北，大海环其东，众水汇于前，群峰拥于后。地总百粤，山连五岭，彝夏奥区，仙灵窟宅。”① 岭南民众的生存空间，为道教长生成仙提供了理想乐园。

第一，岭南多灵山。长生成仙是道教的主旨，何谓仙？刘熙《释名》云：“老而不死曰仙。仙，迁也，迁入山也。”② 道教崇山，认为高山胜岳乃天地灵气之所钟，采日月之精华，吸山水之神慧，是仙家的居所。“南方多佳山”③，广东罗浮山是岭南首选名山，早期《仙经》指出：“可以精思合作仙药者，有华山、泰山、霍山……罗浮山。”④ 罗浮山成为仙家渴慕之地和隐居之所，如《广东新语》说：“自安期始至罗浮，而后桂父至焉，秦代罗浮之仙，二人而已，安期固罗浮开山之祖也。其后朱灵芝继至，治朱明耀真洞天，华子期继至，治泉源福地，为汉代罗浮仙之宗，皆师乎安期者也。……考罗浮始游者安期生，始称之者陆贾、司马迁，始居者葛洪，始疏者袁宏，始赋之者谢灵运。”⑤ 广西也多灵山，柳子厚《訾家洲记》称：“桂州多灵山，发地峭竖，林立四野。”⑥ 按周去非《岭外代答》卷一所记，称得上洞天的就有三个：“西融州之老君洞天、容之句漏洞天、浔之白石洞天。”⑦ 胡邦用《真仙岩诗叙》称：“耆旧相传，老君南游至融岭，语人曰：‘此洞天之绝胜也’。”⑧《云笈七签》卷二十七也云：“第二十一白石山洞，周回七十里，名曰秀乐长真天，在郁林州，南海之南也。……第二十二

---

① （清）仇巨川：《羊城古钞》卷首，《舆图·粤会山川形胜说》。
② （汉）刘熙：《释名·释长幼》。
③ （宋）周去非：《岭外代答》卷一，《地理门·湖广诸山》。
④ （晋）葛洪：《抱朴子内篇·金丹》引。
⑤ （清）屈大均：《广东新语》卷三，《山语·罗浮》。
⑥ （宋）范成大：《桂海虞衡志》引，严沛校注，广西人民出版社，1986，第5－6页。
⑦ （宋）周去非：《岭外代答》卷一，《地理门·湖广诸山》。
⑧ （明）徐霞客：《徐霞客游记》卷三，《西南游日记》下引。

句漏山洞，周回四十里，名曰玉阙宝圭天，在容州。”[①] 岭南许多高山幽谷，成为道教的洞天福地。

第二，岭南多楼居。《史记》云：“仙人好楼居。”[②] 何谓楼居？沈莹《临海水土志》云：“悉依深山，架立屋舍于栈格上，似楼状。”[③] 楼居又叫山居，如葛洪所说：“道士山居，栖岩庇岫。”[④] 楼居成为仙道们进行炼丹修炼不可缺少的栖身之所。岭南各地均有仙人楼居记载，如罗浮山，《广东新语》卷三称“有大、小二石楼，仙人尝见其上”[⑤]；又如英德市碧落洞，南汉钟允章《盘龙御室记》誉之为“丹台之璇室，真为上帝之居；乳窦芝房，宛是长生之境”[⑥]。岭南天然的洞穴，正好满足仙人楼居、道士山居的需要。

第三，《道书》贵逆水。作为五岭之首的大庾岭，据《广东新语》卷三记载，其“脉凡二支，其一南行，自南雄至广州，其末干直走潮州，于潮州又分二支，其一西下惠州至罗浮，而水亦因之。或以为无水不流东，此水乃自龙川夹城十里西流，《道书》最贵逆水，此罗浮所以为仙源”[⑦]。

据上所述，岭南地理秀异，适宜道教生长和发展，岭南独特的地理环境为道教南传提供了得天独厚的自然条件。

2. 瑰奇的岭南物产，满足炼丹修道之需要

自然环境乃至因不同地域而形成的独特物产，都是文化形成和

---

① 《道藏》第 22 册，文物出版社、上海书店出版社、天津古籍出版社，1988，第 200 页。

② （汉）司马迁：《史记·封禅书》。

③ 刘纬毅辑注《汉唐方志辑佚》，北京图书馆出版社，1997，第 63 页。

④ （晋）葛洪：《抱朴子内篇·登涉》。

⑤ （清）屈大均：《广东新语》卷三，《山语·罗浮》。

⑥ （清）阮元：《广东通志·金石略》，梁中民点校，广东人民出版社，2001，第 119 页。

⑦ （清）屈大均：《广东新语》卷三，《山语·罗浮》。

发展的物质基础。岭南自古因受自然地理和气候环境的影响，物产明显与岭北不同，陆胤《广州先贤传》称："粤产素多奇瑰之货。"[①] 岭南这些稀有而贵重的矿产和海产品，是自然地理环境对岭南先民的赐予，也似乎是为仙人道士特设。

道教讲求长生不死，长生的一个重要手段是服食仙药。集神仙道教之大成的葛洪，继承和总结前代医学和各种仙经的理论，将仙药分成上中下三等，"上药令人身安命延。……中药养性，下药除病"[②]。三等仙药的作用不同，材料也不同，"朱砂为金，服之升仙者，上士也；茹芝导引，咽气长生者，中士也；餐食草木，千岁以还者，下士也"[③]，药品不同，仙阶也不同。

上药金丹类。《黄帝九鼎神丹经诀》卷十云："长生之道，原始要终，莫不皆以丹铅二物为主也。故真人歌九鼎，第一定外丹之华曰：父在神山母在河，本在南越亦在巴。"[④] 丹砂有长生之功，而且产地本在岭南。岭南居正南方，《丹论诀旨心鉴》云："自然之还丹，生太阳背阴向阳之山，丹砂皆生南方，不生北方之地。"[⑤] 岭南盛产勾漏砂，以出产地勾漏（即今广西容州）命名。岭南出产的丹砂不但量多，而且质好，《仙经》说："出广州、临漳者，此二处并好，惟须光明莹澈。"[⑥] 黄金也是上乘仙药，葛洪云："黄金入火，百炼不消，埋之，毕天不朽。服此二物，炼人身体，故能令人不老不死。"[⑦] 陶弘景在《登真隐诀》也说："汉晋之世，诸学

① 骆伟等辑注《岭南古代方志辑佚》，广东人民出版社，2002，第37页。

② （晋）葛洪：《抱朴子内篇·仙药》。

③ （晋）葛洪：《抱朴子内篇·黄白》。

④ 《道藏》第18册，文物出版社、上海书店出版社、天津古籍出版社，1988，第825页。

⑤ 《道藏》第19册，文物出版社、上海书店出版社、天津古籍出版社，1988，第344页。

⑥ （唐）慎微：《证类本草》卷三，《丹砂》引。

⑦ （晋）葛洪：《抱朴子内篇·金丹》。

道人各六合服金液升仙。"[①] 岭南多产黄金，《粤东闻见录》卷上云："岭南纯火之地，多产金石。"[②] 刘恂《岭表录异》卷上也称："五岭内富州、宾州、澄州江溪间，皆产金。"[③] 不少道人就是冲着岭南的金丹而来，如汉末衡山道人张礼正和始明期，"患丹砂难得，去广州为道士"[④]；葛洪"欲炼丹以祈遐寿，闻交趾出丹，求为勾漏令"[⑤]，苏东坡在《与王定国书》中也说："大抵道士非金丹不能羽化，而丹材多在南荒，故葛稚川求勾漏令，竟化于廉州，不可不留意也。"[⑥] 道士们选中盛产金丹的岭南，作为实践炼丹修道活动和实现宗教理想之所。

中药芝类。芝又叫灵芝，集川岳之灵气，《太上黄庭外景玉经》卷下云："问于仙道与奇功，服食灵芝与玉英。"[⑦]《抱朴子内篇·遐览》就著录有《木芝图》《菌芝图》《肉芝图》《石芝图》《大魄杂芝图》各一卷，专门论述诸芝的长生功效。葛洪上罗浮山采药时，采到的灵芝五颜六色，"赤者如珊瑚，白者如截肪，黑者如泽漆，青者如翠羽，黄者如紫金"[⑧]。《广东新语》卷二十七也载："芝生罗浮最多，有二十四种。"[⑨] 可见岭南芝类品种之多。

下药草木药物类。《羊城古钞》卷首载："卷柏，又名'长生不死草'。……青精，又名'南天烛'。道家以之蒸饭，谓之'青精饭'，谓食之可以延年。"[⑩] 服食琥珀也可以宁心魄而利小遗，服

---

① （宋）李昉：《太平御览》卷六百七十一，《道部十三·服饵下》注引。
② （清）张渠：《粤东闻见录》卷上，《温泉》。
③ 骆伟等辑注《岭南古代方志辑佚》，广东人民出版社，2002，第196页。
④ （宋）李昉：《太平御览》卷六百六十九，《道部十一·服饵上》引陶弘景：《真诰》。
⑤ （唐）房玄龄：《晋书·葛洪传》。
⑥ （宋）苏轼：《苏东坡全集》卷七十五，《书二十首·与王定国书》。
⑦ 《道藏》第5册，文物出版社、上海书店出版社、天津古籍出版社，1988，第914页。
⑧ （晋）葛洪：《抱朴子内篇·仙药》。
⑨ （清）屈大均：《广东新语》卷二十七，《草语·芝》。
⑩ （清）仇巨川：《羊城古钞》卷首，《舆图·粤会赋》注50，陈宪猷校注，广东人民出版社，1993，第27页。

食茯苓则可以安神魂而补脾胃，历世真仙无不服食，如《历世真仙体道通鉴》卷二十九和卷三十记载，田仕文“常饵服白术、茯苓，久而有益”；尹通“服黄精、雄黄、天门冬数十年，体渐清爽，性亦敏慧”；于章“饵黄精、茯苓、山地黄”[①]。此类草药在岭南不难觅到，《羊城古钞》卷首说：“卷柏、茯苓、青精、黄独、宜男、益母、有繁其属。”[②] 又如菖蒲，《风俗通》云：“菖蒲放花，人得食之长年。”[③] 《孝经援神契》也云：“菖蒲益聪，巨胜延年。”[④] 岭南出产菖蒲的地方不少，如裴渊《广州记》称：“熙安县东北有菖蒲，涧盘石上。”[⑤] 罗浮山出产的菖蒲还与他地不同，《南粤笔记》云：“石菖蒲，以小者为贵。……能益智、聪耳、明目。罗浮东涧石上所产，质甚坚，气味清芬。”[⑥] 桂，也是仙药之一种，裴渊《广州记》称桂父服桂得仙：“桂父，常食桂叶。……与乡曲别，飘然入云。”[⑦]《抱朴子内篇》云：“桂可以葱涕合蒸作水，可以竹沥合饵之。……长生不死也。”[⑧] 岭南产桂，《桂海虞衡志》称：“桂，南方奇木，上药也。”[⑨] 晋人郭义恭《广志》也云：“桂，出合浦。”[⑩]

据上可知，岭南盛产各种金丹灵药，如葛洪所说的“篱陌之间，顾眄皆药”[⑪]，它满足了仙道们炼丹修道的实践需要。

---

① 《道藏》第5册，文物出版社、上海书店出版社、天津古籍出版社，1988，第265～276页。
② （清）仇巨川：《羊城古钞》卷首，《舆图·粤会赋》。
③ （宋）李昉：《太平御览》卷九百九十九，《百卉部六·菖蒲》引。
④ （晋）葛洪：《抱朴子内篇·仙药》引。
⑤ 骆伟等辑注《岭南古代方志辑佚》，广东人民出版社，2002，第87页。
⑥ （清）李调元：《南越笔记》卷十四，《诸异草》。
⑦ 骆伟等辑注《岭南古代方志辑佚》，广东人民出版社，2002，第91页。
⑧ （晋）葛洪：《抱朴子内篇·仙药》。
⑨ （宋）范成大：《桂海虞衡志》，严沛校注，广西人民出版社，1986，第100页。
⑩ 骆伟等辑注《岭南古代方志辑佚》，广东人民出版社，2002，第122页。
⑪ （晋）葛洪：《抱朴子内篇·杂应》。

二 亲缘

岭南俗性率朴，其崇尚巫鬼和信仰神仙，与道教存有亲缘关系。

1. 岭南巫风民俗，契合道教文化精神

古代岭南巫术盛行，究其原因，主要有二。其一，物产瑰奇，刺激巫术兴盛。古代岭南出产许多内地没有的物产，如红飞鼠，刘恂《岭表录异》卷中云："多出交阯及广、管、泷州。……南中妇人，买而带之，以为媚药。"[①] 又如鹤草，嵇含《南方草木状》卷上云："出南海……女子藏之，谓之媚蝶，能致其夫怜爱。"[②] 岭南这些特产，均有激发情欲之药性，越巫用之发明"媚术"，通过感应致爱，属感致巫术[③]。岭南还盛产枫木，《南方草木状》卷中载："越巫取之作术，有通神之验。"[④] 越巫取枫人雕刻神鬼，用作厌胜物，有禳凶化吉之功效，属反抗巫术。其二，瘴气弥漫，致使巫术发达。《诸病源候论》卷十一云："（瘴气）此病生于岭南。"[⑤]《三国志》也载："苍梧、南海，岁有旧风瘴气之害。"[⑥] 瘴疠交侵，时人以为是鬼神作祟，于是求助于巫术，《岭外代答》卷四云："南方凡病皆谓之瘴……痛哉深广，不知医药，唯

---

① 骆伟等辑注《岭南古代方志辑佚》，广东人民出版社，2002，第217页。

② （清）梁廷枏等：《南越五主传及其它七种》，杨伟群校点，广东人民出版社，1982，第57页。

③ 按：周钊韬先生将巫术从内容和施行方式上分成三大种类：一为感致巫术；二为染触巫术；三为反抗巫术。参见周钊韬《中国古代巫术：宗教的起源和发展》，中山大学出版社，1989，第12～15页。

④ （清）梁廷枏等：《南越五主传及其它七种》，杨伟群校点，广东人民出版社，1982，第62页。

⑤ （隋）巢元方：《诸病源候论》卷十一，《山瘴疟候》。

⑥ （晋）陈寿：《三国志·吴书·陆凯传》。

知设鬼，而坐致殂殒。”[①]

岭南巫俗浓厚，巫术盛行，早在汉代已经传到中原，《史记》云：“是时既灭南越，越人勇之乃言：‘越人俗信鬼，而其祠皆见鬼，数有效。’……上信之，越祠鸡卜始用焉。”“越俗：有火灾，复起屋必以大，用胜服之”[②]。越俗巫术有三大特点，其一是“信巫鬼，重淫祀”[③]。其二是善用鸡卜和禁咒，“鸡卜法，用鸡一、狗一：生，祝愿讫，即杀鸡煮熟；又祭，独取鸡两眼，骨上自有孔裂，似人物形则吉，不足则凶。今岭南犹行此法”[④]。具体方法有鸡眼卜、鸡身卜、鸡骨卜[⑤]，还有鸡卵卜[⑥]等多种，用于沟通人神，判断吉凶，如《北户录》卷二载：“邕州之南有善行禁术者，取鸡卵墨画，祝而煮之，剖为二片，以验其黄，然后决嫌疑，定祸福，言如响答。据此乃古法也。”[⑦] 其三是厌胜，张鷟《朝野佥载》卷五云：“岭南风俗，家有人病，先杀鸡鹅等以祀之，将为修福。若不差，即次杀猪狗以祈之。不差，即次杀太牢以祷之。更不差，即是命，不复更祈。”[⑧] 厌胜治病成为岭南习俗。

岭南巫俗表现出来的种种形式以及内蕴的文化特征，契合道教的文化精神。首先，在思维方式上，岭南崇拜五羊，“五”字有崇巫倾向，它“往往是由手指和足趾的数来确定的。……5 这个数是神圣的数，它经常出现在俄勒冈各部族的口头传说、神话和风俗中”[⑨]。

---

① （宋）周去非：《岭外代答》卷四，《风土门·瘴》。
② （汉）司马迁：《史记·孝武帝本纪》。
③ （汉）班固：《汉书·地理志》。
④ （汉）司马迁：《史记·孝武帝本纪》，（唐）张守节：《正义》。
⑤ （汉）司马迁：《史记·孝武帝本纪》，（唐）张守节：《正义》。
⑥ （宋）周去非：《岭外代答》卷十，《志异门·鸡卜》。
⑦ （唐）段公路：《北户录》卷二，《鸡卵卜》。
⑧ （唐）张鷟：《朝野佥载》卷五，《四库全书》本。
⑨ 〔法〕列维－布留尔：《原始思维》，丁由译，商务印书馆，1981，第 198 ~211 页。

岭南又有手掌崇拜习俗，“越与骆越都有崇拜手掌的习尚”[①]。“五”字崇拜和手掌崇拜，体现岭南原始信仰中人的五指与图腾动物的五趾的神秘互渗，是古代“五指进位制”计数法和“仙掌（五）崇拜”的巫俗遗绪，带有原始思维特征。道教义理中有不少场合用上“五”字，如《周易参同契》以卦爻配阴阳五行，借以说明炼丹用药与火候；《黄庭经》以五脏配五行，以阴阳之气益身炼形，道教神祀中，也有五帝、五神、五祀和五方道君[②]，可见，两者的思维方式是一致的。其次，在信仰上，岭南重淫祀，上自天神，下至百鬼，无不祭祀。道教也是多神崇拜，所祀之神，有元始天尊、灵宝天尊和道德天尊三清以及青帝、赤帝、黄帝、白帝、黑帝五老君的尊神系统，也有天、地、山、川等主神系统和灵官、功曹、城隍、土地等杂神系统，诸神庞杂，有学者甚至考证出葛洪晚年在罗浮山撰写的《枕中书》所创造的道教至尊神元始天王开天辟地的形象，就是直接源自岭南少数民族的盘古信仰[③]。可见，两者在祀神和信仰上有共通之处。最后，在方法上，岭南有巫舞，道教有踏罡步斗，又称禹步，《洞神八帝元变经》云：“禹届南海之滨，见鸟禁咒，能令大石翻动，此鸟禁时，常作是步。禹遂模写其行，令之入术。自兹以还，术无不验，因禹制作，故曰‘禹步’。”[④] 反映禹步是在南海之滨首先发展起来。岭南善禁咒，道教也有禁祝法，“天上有常神圣要语，时下授人以言，用使神吏应气而往来也。人

---

① 石钟健：《试论越与骆越出自同源》，百越民族史研究会编《百越民族史研究·百越民族史论集》，中国社会科学出版社，1982，第198页。

② 五帝指太皞、炎帝、黄帝、少皞、颛顼。五神指句芒、祝融、后土、蓐收、玄冥。五祀指祀户、祀灶、祀中霤、祀门、祀行。五方道君指东方青灵始老、南方丹灵真老、中央混元黄老、西方皓灵玄老、北方五灵玄老。参见葛兆光《道教与中国文化》，上海人民出版社，1987，第38、75页。

③ 王卡：《元始天王与盘古开天辟地》，《世界宗教研究》1989年第3期。

④ 《道藏》第28册，文物出版社、上海书店出版社、天津古籍出版社，1988，第398页。

民得之，谓为神祝。”[①] 有学者指出：“南越、山越‘禁咒之法’，可禁虎、蛇，止血续骨亦出于‘越’，为南方民族之术。”[②]

据上可知，岭南巫俗与道教文化有许多相似或相通之处，有的甚至是道教某些内容的渊源，岭南庞杂的巫仪和巫俗表现出来的狂热，为道教南传发展提供了一些效法雏形。

2. 岭南图腾崇拜，与道教信仰一致

古代岭南气候炎热多雨，自然现象变幻莫测，野兽出没频繁，人们对自然物由敬畏而产生图腾崇拜。岭南图腾崇拜主要有两种，一种是以羊、狗、龙、蛇、鸟等实物类为图腾崇拜。以羊为图腾崇拜，源自先秦五羊南下遗穗州人，并且“羊化为石”，变为五羊石，成为图腾崇拜的积淀。以狗为图腾崇拜，在岭南也不少，有学者研究后认为是狗羊错位所致[③]。以龙或蛇为图腾崇拜相当普遍，有学者认为，它“反映了百越民族崇拜龙（蛇）图腾，由图腾崇拜转向民族始祖崇拜”[④]。以鸟为图腾崇拜也不少，鸟被看作岭南先民之祖，张华《博物志》卷三云：“越地深山中有鸟如鸠，青色，名曰‘冶鸟’。……越人谓此鸟为越祝之祖。”[⑤] 另一种是以具体行动来表达抽象观念的崇拜，如岭南先民用断发、文身等行为，表达祈求避邪免灾观念，《淮南子·原道训》云：“九嶷之南，陆事寡而水事众，于是，民人被发文身，以象鳞虫，短绻不绔，以便涉游。”其注云：“文身，刻画其体，内墨其中，为蛟龙之状，以入水，蛟龙不害也，故曰‘以像鳞虫’也。”古代岭南的图腾崇拜，把羊、狗、龙、蛇、鳄、虫、鸟等自然物当作本族保护神或标志物加以崇拜，实际上是自

---

① 王明编《太平经合校》，中华书局，1960，第181页。
② 王家祐：《道教论稿》，巴蜀书社，1987，第188页。
③ 参见吴之邨《“五羊”新诠》，《江西社会科学》1996年第3期。
④ 陈泽泓：《广东民间神祇（下）》，《羊城今古》1997年第5期。
⑤ （晋）张华：《博物志》卷三，《异鸟》。

然崇拜和祖先崇拜的结合。

图腾崇拜作为岭南土著文化的一个重要内容，其文化底蕴契合道教的生成和发展。道教重视敬天崇祖，如葛洪《抱朴子内篇·微旨》就有“万物有灵”观念；又如在道教的神谱中，就有东王公、西王母和黄帝、尧、舜、禹等华夏族祖先神。可见，岭南图腾崇拜与以万物有灵论信仰为基础的道教有共同语言，由岭南图腾崇拜直接派生出来的宗教信仰，为道教南传提供了适宜的社会氛围。

上述可见，岭南古朴的俗信与道教长生成仙信仰、斋醮科仪道术和“抱朴”精神不谋而合，可以说，两者有着相同或相似的基因和质子，实际上是“同源互感”，同类相生。岭南俗信与道教的这种亲缘关系，有利道教的南传发展。

三 人缘

“人缘”，是指人文社会之缘。古代岭南政治气候宽松，社会相对安定，与道教颇有人缘关系。

1. 宽松的岭南政治，符合道教逍遥自在品性

岭南位于我国的南端，“三代以前，是为荒服”[①]。由于地理位置的特殊性，岭南自三皇五帝时代起，就享受“南抚”优待。如尧“治天下，南抚交趾”[②]，甚至传说他亲自到过广东含洭（今英德市西北浛洸），“含洭县有尧山，尧巡狩至于此”[③]。舜继尧后也

① （唐）杜佑：《通典》卷一百八十八，《边防四·岭南序略》。

② 《墨子·节用中》。

③ （南朝宋）王韶之：《始兴记》，骆伟等辑注《岭南古代方志辑佚》，广东人民出版社，2002，第183页。

“南抚交趾”[①]，也传他亲自南巡，“践帝位三十九年，南巡狩”，因积劳成疾，最后“崩于苍梧之野”[②]。古籍的记载，反映了中原与岭南很早就有往来，甚至有经济和文化的交流。同时，岭南得到“南抚”的特殊照顾，政治气候较为缓和、宽松，有着相对独立和自由的发展空间。

更为重要的是，“南抚交趾”还有另一番意味，一般被看成儒家教化南暨的象征，但自汉代以后的有些史书，尤其是道教典籍却有截然不同的诠释，如对虞舜就非常明显。东汉蔡邕在其撰《汉九嶷山碑》碑文中称，虞舜是“解体而升，登此崔嵬，托灵神仙”[③]。汉末牟子也认为帝舜南至苍梧是“不死而仙”[④]。道典更有详尽的记载，如《洞真琼文帝章经》云：“北戎长胡大王献帝舜以白琅之霜，十转紫华服之，使之长生飞仙，与天地相倾，舜即服之而方死，葬苍梧之野。”[⑤] 作为儒家圣王虞舜的南抚交趾，被冠以一种不同于北方正统儒学而极具道教色彩的形象，似乎凸显了作为荒服的岭南，与道教具有某种不解之缘。

实际上，秦朝以前，岭南主要处于无君和无礼治状态，如《吕氏春秋》所说：“扬、汉之南，百越之际，敝凯诸、夫风、余靡之地，缚娄、阳禺、驩兜之国，多无君。”[⑥] 直到秦末，赵佗建立南越国，岭南仍是自成一体，“佗之自王，不以礼乐自治以治其民，仍然椎结箕倨为蛮中大长，与西瓯、骆、越之王为伍，使南越人九十余年不得被大汉教化”[⑦]。秦汉以降，岭南虽已被开辟为封

---

① 《大戴礼记·少闲》。
② （汉）司马迁：《史记·五帝本纪》。
③ （唐）欧阳询：《艺文类聚》卷七，《山部上·九疑山》引。
④ （南朝梁）释僧祐：《弘明集》卷一，牟融：《理惑论》。
⑤ （北周）宇文邕：《无上秘要》卷八十七引，《道藏》第25册，文物出版社、上海书店出版社、天津古籍出版社，1988，第245页。
⑥ 《吕氏春秋·恃君览》。
⑦ （清）仇巨川：《羊城古钞》卷八，《杂事·真粤人》。

建帝国的疆域，但封建王朝的统治长期局限在一些交通要道和郡县治所附近地区，其余大部分地区基本上仍处于无君主的部族状态，“越，方外之地，劗发文身之民也，不可以冠带之国法度理也”[①]，表明古代岭南，远离封建统治权力中心，是一块天高地远、皇帝鞭长莫及的逍遥乐土，这正好符合仙道的逍遥自在品性。

与儒学相比，道教无论其思想或其行为都带有异端成分。首先，就其思想而言，道教游离于政治，有学者指出：“中原文化更具现实国家政治色彩与人文（伦理）倾向，而南方则诚然还笼罩于人与自然不分的神秘的，同时又是浪漫、野性（无规范）的氛围之中。”[②] 岭南地处边陲，远离中原文化中心，是较难接受儒家思想体系的，倒是更多地接受了以道家思想为主导的荆楚文化，正如屈大均所说，岭南多有“屈宋流风”[③]，正因为受正统观念影响不多，岭南思想表现得较为开放和灵活，容易接纳和生成具有创新性和异端性的思想观念。其次，就其人员而言，大多数的道教中人都是疏离正统儒学的异端分子，他们都有奔赴岭南这块“化外之地”和“逍遥乐土”的欲望和行动，如桓玄为逃避权臣所忌，自求到广州任刺史[④]；又如会稽山阴人杨方，为着“闲居著述”，“求补远郡”，最后到了岭南任高梁太守[⑤]；再如葛洪也是为着“优游闲养，著述不辍”[⑥]，请求到交趾任句漏令，并最终在岭南罗浮山完成道教仙学理论体系，表明岭南这块“化外之地”与道教颇有人缘。

---

① （汉）班固：《汉书·严助传》。
② 李锦全等：《岭南思想史》，广东人民出版社，1993，第102页。
③ （清）屈大均：《广东新语》卷十二，《诗语·粤歌》。
④ （唐）房玄龄：《晋书·桓玄传》。
⑤ （唐）房玄龄：《晋书·杨方传》。
⑥ （唐）房玄龄：《晋书·葛洪传》。

2. 安定的岭南社会，为道教乐至的净土

秦汉以来，岭南社会稳定，与中原的政治动荡、战乱频繁形成鲜明对比。秦末，各地“诸侯起兵，独南海晏然”①。汉初，“立佗为南粤王，与剖符通使，使和辑百粤，毋为南边害”②，双方保持友好往来，“汉越无兵争流血之惨，而生灵得免于涂炭”③。两汉之际，中原经受王莽之乱，“民饥饿相食，死者数十万，长安为虚，城中无人行”④。反之，岭南平安无事，人们继续过着男耕女织的平稳生活，“男子耕农，种禾稻苎麻，女子蚕桑织绩。亡马与虎，民有五畜”⑤。及至魏晋南北朝，北方先后爆发黄巾起义、“八王之乱”和“永嘉之乱”，结果“中野何萧条，千里无人烟”⑥，但岭南依然相对安定，“开土列郡，爰建方州”⑦，在广州和韶关发现晋代石刻：“永嘉世天下荒，余广州皆平安。”⑧ 可见，岭南国泰民安，年丰物阜。

岭南社会稳定，既为百姓提供了一个安定的生存环境，也为仙道修炼提供了一块净土，牟子云：“灵帝崩后，天下扰乱，独交州差安，北方异人咸来在焉，多为神仙辟谷长生之术。”⑨ 能为神仙长生辟谷之术的人，无疑都是修道之人，他们看中岭南的安定，慕名而来，如出身著名天师道世家的许靖，《三国志·蜀书》本传记

① （清）仇巨川：《羊城古钞》卷五，《名宦·任嚣》。

② （汉）班固：《汉书·西南夷两粤朝鲜传》。

③ 张其昀：《中华五千年史》第九册，《西汉史》，中国文化大学出版部印行，民国七十一年（1982），第26页。

④ （汉）班固：《汉书·王莽传》。

⑤ （汉）班固：《汉书·地理志下》。

⑥ （魏）曹植：《送应氏诗二首》，逯钦立辑校《先秦汉魏·晋南北朝诗》卷七，《魏诗》，中华书局，1988。

⑦ （晋）常璩：《华阳国志·南中志附交趾》。

⑧ 麦英豪：《广州西郊晋墓清理报道》，《文物参考资料》1955年第3期。实物存广东省博物馆。

⑨ （南朝梁）释僧祐：《弘明集》卷一，牟融：《理惑论》。

他，“走交州以避其难”。又如葛洪，《抱朴子外篇·自叙》称他：“正遇上国大乱，北道不通，而陈敏又反于江东，归途隔塞。……遂停广州。”从事传道播道活动，并最终创立了岭南道教圣地。

综上所述，古代岭南殊异的地理环境和独特的人文环境，与道教有着不解之缘，地缘、亲缘和人缘，正是各种因缘际会，促成道教迅速传入岭南。

人物篇

鲍靓其人及其符箓道术

两晋时期，岭南成为道教传播和发展的重镇，鲍靓和葛洪功不可没。一直以来，对葛洪的研究较多，普遍认为他是丹鼎派的代表。然对鲍靓则鲜有专论，涉及其道派，有学者认为他是丹鼎派中有史可查最早进入岭南的人物[①]，对其道术则未有论及。对此，笔者认为有进一步讨论的必要。

一 以符箓道术见称

鲍靓（260～?）[②]，字太玄，祖籍琅琊（今山东胶南市）[③]。琅琊为天师道发源地，这与鲍靓的道教思想和符箓道术的形成不无关

① 参见李权时《岭南文化》，广东人民出版社，1993，第308页；冯沛祖《广州风物》，广东地图出版社，2000，第237页。

② 鲍靓生年史书无异义，但死年却有分歧。《晋书·鲍靓传》记其“百余岁卒”；《太平御览》卷六百六十四《尸解》引《神仙传》称其“年过七十而解去”。据《罗浮山志补篇》记载，鲍靓之女鲍姑先于鲍靓仙逝，鲍姑仙游是鲍靓用“沉香灵柩”从广州运往罗浮山，与葛洪合葬于飞云顶上。查《博罗县志》《惠州县志》等志书皆说“鲍姑与葛洪相继仙去”。以此推算，两位仙去相距不远，可能在同一年，葛洪仙去的时间目前较普遍的看法是363年，由此推测，鲍靓仙去应在363年以后，如此说来，《晋书·鲍靓传》说是。

③ 关于鲍靓的籍贯，史载不一，《晋书·鲍靓传》记其东海（今属江苏）人，（转下页注）

系。两晋之际，鲍靓出任南海太守长达七年，他精通和传播符箓道术，创建广州第一道场——越冈院（今著名道观三元宫的前身），实为迄今有史可考最早进入岭南的道教符箓派人物。

关于鲍靓的道学道术，《晋书·鲍靓传》载道："年五岁，语父母云：'本是曲阳李家儿，九岁坠井死。'其父母寻访得李氏，推问皆符验。靓学兼内外，明天文河洛书，稍迁南阳中部都尉，为南海太守。尝行部入海，遇风，饥甚，取白石煮食之以自济。王机时为广州刺史，入厕，忽见二人著乌衣，与机相捍，良久擒之，得二物似乌鸭。靓曰：'此物不祥。'"传文简洁，但颇能说明问题。首先，"靓学兼内外"。《后汉书·方术列传》李贤注云："内学，谓图谶之书也。其事秘密，故称内。"又引太史公《论六家之要旨》曰："观阴阳之术。"可知内学为谶纬、阴阳方术之学，也就是观天道自然之变化而预决吉凶之术，但在精神的深处，它与道家的关系十分密切，如有学者指出："阴阳家实即是道家，因为道是从本质言，阴阳是从历程言；道是玄学上所谓本体论，阴阳是玄学上所谓宇宙论。……所以，道离开阴阳，便无道之可言，不妨说阴阳就是道的魂魄。"① 因此，内学实际上是指道家（道教）方面的学问。其次，"明天文河洛书"。河洛书即《河图》和《洛书》，实际上是一种谶纬预言书，《文选·鹏鸟赋》李善注云："河洛所出之书曰谶。"刘师培指出："秦汉以降，术数家言与儒道二家相杂，入儒家者为谶纬，入道家者为符箓。"② 卿希泰先生也认为："这种

（接上页注③）《晋书·葛洪传》称其上党（今山西长治）人，《云笈七签》卷一百零六《鲍靓真人传》载其陈留人（今河南开封），《太平御览》卷六百六十四《尸解》引《神仙传》说他是琅琊人。此处从陈寅恪先生的观点，参见陈寅恪《天师道与滨海地域之关系》，陈寅恪：《金明馆丛稿初编》，上海古籍出版社，1980，第 33 页。

① 谢扶雅：《田骈和邹衍》，顾颉刚编《古史辨》第五册（下编），上海古籍出版社，1982，第 738 ~ 739 页。

② 刘师培：《周末学术史序》，刘师培：《刘申叔先生遗书》乙类十三种，中华民国二十三年（1934）宁武南氏校印二十五年版，第 30 页。

谶纬之学，与神仙方士的鬼神怪迂之说，本质上没有好多的区别。事实上纬书中与道教直接相关者甚多。”[①] 如《河图记命符》述说有能加减人寿的鬼神，又如《河图括地象》记载有三神山、昆仑山等灵境，都为道教所吸收。纬书中的图箓，更为道书所承袭，成为道教的符箓术，如五斗米道的始创者张陵，能“于天文地理图书谶纬之秘咸贯通焉”[②]。再次，“靓曰：‘此物不祥’”，表明鲍靓会占术。葛洪称他能“逆占将来”[③]，《后汉书·方术列传》释“占”曰：“占也者，先王所以定祸福，决嫌疑，幽赞于神明，遂知来物者也。”鲍靓善占，能预测生死、吉凶，且有灵验。最后，“推问皆符验”。符即道符，也称符箓，是道巫使用的一种神秘图形和文字，《道法会元》卷一称：“符者，阴阳契合也。唯天下至诚者，能用之诚，苟不至自然不灵矣。故曰，以我之精合天地万物之精，以我之神合天地万物之神，精精相附，神神相依，所以假尺寸之纸，号召鬼神，鬼神不得不对。”[④] 相传符箓源自西王母，《帝王世纪》云：“黄帝讨蚩尤，西王母以符授之。”[⑤] 自此，符成为道教流行的神秘法术，如张道陵“造作符书”[⑥]，琅琊道士于吉“制作符水”[⑦] 等。琅琊为天师道发源与流布的主要地区[⑧]，鲍靓身为琅琊人，能够推问皆“符验”，就是以符为验，他通晓符箓道术是不足为奇的。据上足见，鲍

---

① 卿希泰：《中国道教思想史纲（第一卷：汉魏两晋南北朝时期）》，四川人民出版社，1980，第47页。

② （明）张正常：《汉天师世家》卷二，《道藏》第34册，文物出版社、上海书店出版社、天津古籍出版社，1988，第820页。

③ （唐）房玄龄：《晋书·葛洪传》。

④ 《道藏》第28册，文物出版社、上海书店出版社、天津古籍出版社，1988，第674页。

⑤ （晋）皇甫谧：《帝王世纪》卷二，《记五帝》。

⑥ （南朝宋）范晔：《后汉书·刘焉传》。

⑦ （晋）陈寿：《三国志·吴书·孙策传》注引《江表传》。

⑧ 参见陈寅恪《天师道与滨海地域之关系》，陈寅恪：《金明馆丛稿初编》，上海古籍出版社，1980，第2～4页。

靓是一个以符箓道术见称之人。另外，传文中的“著乌衣”“似乌鸭”，也表明其时广州弥漫着浓厚的巫觋气氛，有着坚实的巫道基础，这正好为鲍靓符箓道术在岭南的传播提供了方便。

鲍靓的符箓道术，一说师从仙人阴君，《晋书·鲍靓传》云：“靓尝见仙人阴君，授道诀。”阴君即仙人阴长生，汉末人，《阴真君传》称他：“不好荣位，潜居隐身，专务道术。”[①] 他授鲍靓尸解法，《阴君传鲍靓尸解法》云：“晋大兴元年，靓暂往江东，于蒋山北道见一人，年可十六七许，好颜色，俱行数里，此人徐徐动足，靓奔马才及已渐远。因问曰：‘相观行步，似有道者。’此人曰：‘吾仙人阴长生，太上使到赤城，君有心故得见我尔。……君慕道久矣，吾相当得度世尔仙法。’老得仙者，尸解为上，上尸解用刀，下尸解用竹木，皆以神丹染笔书太上太玄阴生符于刀刃左右。须臾便灭所书者面目，死于床上矣，其真身遁去，勿复还家，家人谓刀是其人也。用竹木如刀之法，阴君乃传靓此道。”[②] 显然，尸解的关键是“以神丹染笔”，画“符于刀刃左右”。鲍靓得其真传，“靓还丹阳卒，葬于石子岗。后遇苏峻乱，发棺无尸，但有大刀而已”[③]。另一说师从左慈，《鲍靓真人传》曰：“（靓）师左元放，受《中部法》及《三皇》、《五岳》劾召之要，行之神验，能役使鬼神，封山制魔。”[④] 左元放即左慈，东汉末三国初期人，精通道术，“尤明六甲，能役使鬼神”[⑤]。阴长生和左慈都是汉末人，

---

① （宋）张君房：《云笈七签》卷一百零六，《道藏》第22册，文物出版社、上海书店出版社、天津古籍出版社，1988，第726页。

② （宋）张君房：《云笈七签》卷八十五，《道藏》第22册，文物出版社、上海书店出版社、天津古籍出版社，1988，第601页。

③ （宋）张君房：《云笈七签》卷一百一十五，《道藏》第22册，文物出版社、上海书店出版社、天津古籍出版社，1988，第797页。

④ （元）赵道一：《历世真仙体道通鉴》卷二十一，《道藏》第5册，文物出版社、上海书店出版社、天津古籍出版社，1988，第222页。

⑤ （宋）张君房：《云笈七签》卷八十五，《道藏》第22册，文物出版社、上海书店出版社、天津古籍出版社，1988，第602页。

与西晋末年的鲍靓相距一百多年，他们不可能面授师传，将他们说成有师承关系，无非是说明他们学脉相通，教派相同，当属道教符箓派。理由如下。

第一，从其所受的几部经书看，一部是《中部法》，即《洞玄灵宝》三部中之中部，属道教符箓类无疑。另一部是《三皇》，又称《三皇文》或《三皇内文》，近人陈国符认为即《三皇经》，犹《灵宝五符天文》之即为《灵宝五符经》[①]。三皇是指天皇、地皇和人皇，附会黄帝而来，"昔黄帝东到青丘，过风山，见紫府先生，受《三皇内文》，以劾召万神"[②]，其作用是驱邪却祸，《抱朴子内篇》云："家有《三皇文》，辟邪恶鬼，瘟疫气，横殃飞祸。若有困病垂死，其信道心至者，以此书与持之，必不死也。其乳妇难艰绝气者持之，儿即生矣。道士欲求长生，持此书入山，辟虎狼山精，五毒百邪，皆不敢近人。"[③] 显然，这是一部供道人随身携带，用作召引天神地祇、辟邪驱恶的符书，属道教符箓类。再一部是《五岳》，即《五岳真形图》，又名《五岳真形神仙图记》。五岳指东、南、西、北、中岳，也是附会黄帝而来，"此道始于黄帝耳"[④]。而关于此书的实际情况，《云笈七签》卷七十九载道："《五岳真形神仙图记》并出太玄真人。汉初有司马季主师事太玄仙女，委羽谘受五岳以奏孝文帝。……葛孝先为孙权修之，多诸效验。李方回为晋武修之，亦有休征。世尘难荡，善始少终。元帝过江，鲍太玄频奏，王丞相雅重之。"[⑤] 据此，《五岳真形图》由太玄

---

① 陈国符：《道藏源流考》（上册），中华书局，1963，第 71 页。

② （晋）葛洪：《抱朴子内篇 · 地真》。

③ （晋）葛洪：《抱朴子内篇 · 遐览》。

④ （宋）张君房：《云笈七签》卷七十九，《道藏》第 22 册，文物出版社、上海书店出版社、天津古籍出版社，1988，第 561 页。

⑤ 《道藏》第 22 册，文物出版社、上海书店出版社、天津古籍出版社，1988，第 563 页。

真人所造，在西汉时期已流传，及至三国吴时，葛孝先行之有效，两晋之际，鲍太玄即鲍靓大倡其道。这是一部用于召唤山川岳渎之神的图册，如其《序》所云："五岳真形者，山水之象也。盘曲回转，陵阜形势，高下参差，长短卷舒，波流似于旧笔，锋芒畅乎岭崿，云林玄黄，有书字之状，是以天真道君下观规矩，拟纵趣向，因如字之韵，而随形而名山焉。子有东岳真形，令人神安命延，存身长久，入山履川，百芝自聚。子有南岳真形，五瘟不加，辟除火光，谋恶我者，反还自伤。子有中岳真形，所向唯利，致财巨亿，愿愿克合，不劳身力。子有西岳真形，消辟五兵，入阵刀刃不伤，山川名神，尊奉伺迎。子有北岳真形，入水却灾，百毒灭伏，役使蛟龙，长享福禄。子尽有五岳真形，横天纵地，弥纶四方，见我欢悦，入神攸同。"[①]《抱朴子内篇·遐览》也指出："家有《五岳真形图》，能辟兵凶逆，人欲害之者，皆还反受其殃。"该书不仅可以召唤山川岳渎之神，免却祸殃，而且可以令人长生成仙，如它引用《老君中经》说："人欲长生神仙，务和阴阳之气，气中有神，神验有符，符次于神，神为符本。……始气荡涤，正之以符。"[②]"正之以符"是"人欲长生神仙"的关键，为此，《云笈七签》将《五岳真形图》列入符箓类，成为道教符箓派的重要典籍。

第二，更为重要的是，鲍靓还将自己的道学思想和符箓方法记录下来，写成《晋鲍靓施用法》，这是鲍靓遗留下来的唯一一部道教著作。其文曰："靓按黄帝九籥玉匮内真玄文，此书是三天太上撰次所出。曾闻之于先达也，言西王母紫兰宫室，通画此象，在诸宫墉玉女仙人服衣，皆以此形画之。昔遣中黄太一，以此图下授名

① （宋）张君房：《云笈七签》卷七十九，《道藏》第22册，文物出版社、上海书店出版社、天津古籍出版社，1988，第561页。

② （宋）张君房：《云笈七签》卷七十九，《道藏》第22册，文物出版社、上海书店出版社、天津古籍出版社，1988，第563页。

山隐逸有仙箓者，结约五八之年而传也。自无运命之遇，莫见其篇目矣，如鲁女生山中受之，皆此也。仙人玄道士佩此类文，入山林川泽，所经诸灵神，皆出郊境奉迎焉。然五岳各有所部，东方之山则属东岳，其西岳、南岳、北岳亦同，唯平地江河淮水及中央之山陵，皆统之中岳之部也。诸入山采八石，石象、石脑、留丹珠、飞节、黄子、石髓、桂英、芝草诸神药，自无五岳佩之，此仙物终不可得也。欲佩之法，以青为缯，或用白为缯，或盛以紫囊，或带之头上，或带之心前，或肘后。山无大小，皆有灵神，神来见形，自称某山某甲来迎拜也。是太上真人以为竹使策文，五岳卫此图书，如今世人二监司之章节状，所以丘山之神而来拜谒也。受付之法，限之四十年一传，歃血委誓而约。人有此文在家者，五岳君各遣五神来奉卫图文，所居山川源泽，诸灵各遣侍人营护子耳，他人憎嫉，谋议口舌，凶逆贼害，及官系子者，五岳所卫二十五神及山川侍官即白所居之部岳君，岳君即使鬼物反害彼人自中也，奉之者不可不净身清神，若行邪乱，慢不尊所受，忽贱灵信轻侮宗末者，祸至灭家，不可不慎。入山无其真形，则众精坏人，采药不得真形，则群灵蔽之，为道士不得真形，则魄炁不定，三尸乱干，术士不得此文，皆不成。但就有此文以佩身，乃是弥纶众神，横行天地，在家则神人奉卫，入山则群灵奉迎，采药服芝草则真仙营护，结疫涉害则妖灾自灭尔。乃虚往实来，真验祸福，将有道者其秘而尊焉。”① 文中涉及道论符箓术。首先，它明确造符的原因。修道炼仙，莫不入山，然“山无大小，皆有灵神”，故想得到神灵的保护，必须造符。其次，它教授佩符的方法。必须做一锦囊，将符放在里面，佩挂在人的身上，可以是头上、心前或肘后，让符直接作

① （宋）张君房：《云笈七签》卷七十九，《道藏》第22册，文物出版社、上海书店出版社、天津古籍出版社，1988，第568页。

用于人体。最后，它指出佩符的作用。具有令“群灵奉迎”“真仙营护”“妖灾自灭”功效。可见，《晋鲍靓施用法》讲的正是召神劾鬼符箓之法，该文与《五岳真形图》同载一卷，且放在《五岳真形图法》之后，同属符箓类，可知鲍靓之行道，与《五岳真形图》有着密切关系。因此，我们说鲍靓应是以造作符书、传授经箓为己任的道教符箓派代表人物，而不应作为丹鼎派的代表[①]。

岭南本是丹鼎派流行之地[②]。然随着鲍靓的到来，符箓道术和符箓派也传入岭南。

二 授徒符箓道术

鲍靓曾为南阳中部都尉，累征至黄门侍郎，永嘉元年（307），他“求出为南海太守”[③]，直至晋愍帝建兴二年（314）[④]。其间，他一方面勤于民政，袁宏《罗浮山记》云：“（鲍靓）博究仙道，为南海太守，昼临民政，夜来罗浮山，腾空往还。”[⑤] 另一方面，他授徒传道，《老君中经》云：“鲍（靓）为广州长史、南海太守，化行丹天，传授葛洪，洪传滕叔，叔传乐玄真，条流稍广，约在至诚，修行唯密也。”[⑥] 鲍靓以《三皇文》授葛洪，道书有多处记载，如《道教义枢》卷二曰：“晋时鲍靓学道于嵩高。以惠帝永康年

---

① 早期道教以修行方法来划分，有“符箓”和“丹鼎”两大派。“符箓”派主要以符箓咒术作为传播道法的工具，与“丹鼎”派以炼丹求长生为目的不同。

② （明）陈梿：《罗浮志》卷八，（宋）留元长：《金丹世系记》。

③ （宋）张君房：《云笈七签》卷一百一十五，《道藏》第22册，文物出版社、上海书店出版社、天津古籍出版社，1988，第797页。

④ 参见胡守为《岭南古史》，广东人民出版社，1999，第318~319页；王承文《葛洪早年南隐罗考论》，《中山大学学报》1994年第2期。

⑤ （宋）李昉：《太平御览》卷四十一，《地部六·罗浮山》引。

⑥ （宋）张君房：《云笈七签》卷七十九引，《道藏》第22册，文物出版社、上海书店出版社、天津古籍出版社，1988，第563页。

中，于刘君石室，清斋思道，忽有三皇文，刊成字。仍依经以四百尺绢告玄而受。后亦授葛法（洪）子孙。”① 《三皇经说》也称，鲍靓官至南海太守，见古《三皇文》，“自盟而受，后传葛稚川，枝孕相传”②。鲍靓所传的《三皇文》，与郑隐所传的不同，据陈国符先生考证，鲍靓所传为《大有三皇文》，又称《大有经》；郑隐所传于葛洪者，为帛和所得《三皇内文》，为《小有三皇文》，又称《小有经》③。葛洪应该是两者兼得，诚如《三洞经教部》所云：“鲍君所得石室之文，与世不同，洪或兼受也。”④

关于鲍靓授葛洪之事，史书也有记载，《晋书·葛洪传》云：“（葛洪）后师事南海太守上党鲍玄，玄亦内学，逆占将来，见洪深重之，以女妻洪，洪传玄业。”鲍玄是鲍靓字太玄之单称，他器重葛洪，一方面将爱女鲍姑嫁给葛洪，另一方面传授葛洪内学符箓术，让自己的道业后继有人。鲍靓传播道学，可谓不辞劳苦，《罗浮图志》云：“稚川居罗浮时，靓为南海太守，以道术见称。……与稚川善，常往来山中，或语论达旦，乃去。人见其来，门无车马，独双燕往还，或怪而问之，则双履也。”⑤《罗浮志》更明确指出遗履的地方：“遗履轩在蓬莱阁后，鲍仙、葛仙夜谈之所。”⑥“履”，又称舄，或叫屩，释为跷，亦为疾行之状，引申为用以飞行之鞋，如安期生“采服仙去，但留玉舄焉”⑦，可见，“履”与成

① 《道藏》第24册，文物出版社、上海书店出版社、天津古籍出版社，1988，第814页。

② （宋）张君房：《云笈七签》卷四，《道藏》第22册，文物出版社、上海书店出版社、天津古籍出版社，1988，第21页。

③ 陈国符：《道藏源流考》（上册），中华书局，1963，第71~74页。

④ （宋）张君房：《云笈七签》卷六，《道藏》第22册，文物出版社、上海书店出版社、天津古籍出版社，1988，第35页。

⑤ （元）赵道一：《历世真仙体道通鉴》卷二十一引，《道藏》第5册，文物出版社、上海书店出版社、天津古籍出版社，1988，第222页。

⑥ （明）陈梿：《罗浮志》卷二，《轩》。

⑦ （晋）嵇含：《南方草木状》，（清）梁廷枏等：《南越五主传及其它七种》，杨伟群校点，广东人民出版社，1982，第58页。

仙道术有关。葛洪《抱朴子内篇·杂应》也曾提及乘屛（履）道法："若能乘屛者，可以周流天下，不拘山河。凡乘屛道者有三法：一曰龙屛，二曰虎屛，三曰鹿卢屛。或服符精思，若欲行千里，则以一时思之；若昼夜十二时思之，则可以一日一夕行万二千里。"看来鲍靓和葛洪都是颇为通晓这种"服符精思"、日夕行万里的乘屛道法的。鲍靓身为南海太守，尽管政务繁忙，但他仍以广州和罗浮山为中心，积极传道授徒，故史称"人多从受业，扬道化物"[①]。鲍靓所授之徒，除葛洪外，还有不少知名人士，如下。

徐宁，东海人，顾恺之《嵇康赞》云："南海太守鲍靓，通灵士也，东海徐宁师之。"[②] 鲍靓授他符箓秘籍——兵解法："初，吴兴徐宁师事靓，夜闻靓室有琴声，问焉，靓曰：'嵇叔夜昔示迹东市，其实兵解尔。'宁欲受秘术，谓宜有誓约。宁誓不仕，于是受箓。常见八大神在侧，遂能前知，才识日异。乡县举为主簿，宁喜就之。八神一朝去其七，惟余一人，倨傲不为用，宁问故，答云：'君违誓，吾留卫箓耳。'宁还箓，遂不见。靓之神通类此。"[③] 兵解为符箓术尸解之一种。尸解乃道家语，其意是成仙之人遗下形骸升仙而去，兵解则意为学仙之人死于兵刃，谓借此解脱躯壳而登仙也，如《宝剑上经》云："尸解之法，有死而更生者，有头断从一旁出者，有形存而无骨者。……以丸药和水而饮之，又并抱草而卧，则伤死于空室中，谓之兵解。"[④] 葛洪和鲍姑（鲍靓之女）都得传鲍靓的尸解法，最后尸解得仙，《晋中兴书》云："葛洪，字稚川，亡时年八十一，视其貌如平生，体亦软弱，举尸入棺，其轻如空衣，时咸以为尸解得仙。"[⑤]《历世真仙体道通鉴后集》卷四也

---

① （清）仇巨川：《羊城古钞》卷六，《仙释·鲍靓》。
② （南朝梁）萧统：《文选》卷二十一，（南朝宋）颜延年：《嵇中散》注引。
③ （清）仇巨川：《羊城古钞》卷六，《仙释·鲍靓》。
④ （宋）李昉：《太平御览》卷六百六十四，《道部六·尸解》引。
⑤ （唐）欧阳询：《艺文类聚》卷七十八，《仙道》引。

云："（鲍姑）无病暴卒，太玄（鲍靓）时对宾客略无悲悼，葬于罗浮山，容色若生人，皆谓为尸解。"① 鲍靓自己最终也是"年过七十而解去"②。

许迈，字叔玄，小名映，丹阳句容人，东晋名士。他师事鲍靓，正史和道书均有记载，《晋书》本传云："时南海太守鲍靓，隐迹潜遁，人莫之知，迈乃往候之，探其至要。"《历世真仙体道通鉴》卷二十一称，他"世为胄族，冠冕相承。映总角好道，潜志幽契。……初鲍靓授以《中部之法》及《三皇内文》"③。许迈师从鲍靓学道，得传道教符箓派的两部重要典籍《中部之法》及《三皇内文》。道成，"莫测所终，好道者皆谓之羽化矣"④。

吴猛，字世云，豫章人，晚年师从鲍靓，《历世真仙体道通鉴》卷二十七载："年四十，得至人丁义神方，继师南海太守鲍靓，复得秘法。"⑤ 他运用鲍靓符箓秘术，以符水为人治病，《道学传》云："属大疫疠，竞造吴猛乞水。猛患其烦，乃纂江水方百步，随意取之，病者得水皆愈也。又云：道士舒道云病疟三年，治不差。吴猛授以三皇诗，使讽之上口，所疾顿愈也。"⑥ 能"纂江水"治疫疠、以"三皇诗"愈疟疾，足见吴猛符法道术之高明。相传他还"神游"岭南潮汕，据明隆庆《潮阳县志》记载，他"自晋时已神游于邑之西乡，往往托医药救人，所全活甚众，或投饵水中，饮之疾愈，乡人因号其地曰：'仙陂'。仙陂盖缘公得

① 《道藏》第5册，文物出版社、上海书店出版社、天津古籍出版社，1988，第471页。

② （宋）李昉：《太平御览》卷六百六十四，《道部六·尸解》引《神仙传》。

③ 《道藏》第5册，文物出版社、上海书店出版社、天津古籍出版社，1988，第222～223页。

④ （唐）房玄龄：《晋书·许迈传》。

⑤ 《道藏》第5册，文物出版社、上海书店出版社、天津古籍出版社，1988，第254页。

⑥ （唐）王悬河：《三洞珠囊》卷一，《救道品》引，《道藏》第25册，文物出版社、上海书店出版社、天津古籍出版社，1988，第300页。

名"[①]。他或托医药，或投饵水，救人无数，其住地由是得称"仙陂"。

据上，我们认为符箓道术是鲍靓的重要法术，也是他授徒的主要内容。鲍靓在岭南积极传播符箓道术，成为迄今有史可考最早进入岭南的道教符箓派人物。

三 后论

关于符箓派和丹鼎派问题，由于早期两派道术互见，有些甚至是搅混了的，如葛洪倡行金丹大术，这是读史者共知的。然在其著作中，符箓的内容也不少，如《抱朴子内篇》的《登涉》《杂应》《地真》诸篇以及《葛洪枕中书》[②] 均反复强调《三皇文》和《五岳真形图》的重要性，仅《登涉》记载的神符就有"天水符""上皇竹使符""七十二精镇符""老君入山符""入山辟虎狼符""入山佩戴符"等多种。同样的，鲍靓传授的符箓道术，也有丹术成分，如留元长《金丹世系记》称他："遂得阴君相传丹法。"[③] 可见两者是不可截然分开的，既然可以肯定葛洪是丹鼎派代表，也就不难得出鲍靓为符箓派代表的论断。鲍靓所代表的符箓派和葛洪所代表的丹鼎派成为岭南早期道教的两个重要派系，对岭南道教的发展有着同样重要的作用。

作为岭南早期道教的重要人物和主要支派，鲍靓传播的符箓术及其符箓派，对历史上岭南人的思想意识、民风习俗乃至宗教信仰

① （隆庆）《潮阳县志》卷十，《坛庙志·真君庙》。

② 详见《道藏》第3册，文物出版社、上海书店出版社、天津古籍出版社，1988，第269页。

③ （明）陈梿：《罗浮志》卷八，（宋）留元长：《金丹世系记》。

均产生深远影响。宋魏泰《东轩笔录》卷七云："蛮人多行南法，畏符箓。"① 明李时珍《本草纲目》卷四十九亦称："今闽、广、蜀人、巫家收其符字，以收惊、疗疮毒也。"② 清张渠《粤东闻见录》卷上也说："书符咒水，日夕不休。"③ 符箓术在岭南广为流行，如粤北地区的瑶族道公，姚柬之《连山绥瑶厅志》卷四称，虽有科仪，但"其文不可晓，学优者则延诸道为受箓"④，也就是说，学优者也不过是行符箓术之人。又如广西地区的壮族师公，在法事中使用的多是符箓咒语和符箓法术⑤。再如广府地区的"喃呒先生"，实际上就是符箓派道徒，他们往往散居市内，外挂"正一道"招牌，内置"百解午时符""安胎灵符""发冷灵符""镇宅驱犯灵符"等灵符，从事念咒书符、符水治病等符箓法术，如有学者指出，岭南人选择正一道，因为"正一道以行符箓为主，其道士以为民众做斋醮祈禳为业，迎合了岭南人崇尚神的心理"⑥。也就是说，它符合岭南人求实的民情。可见，岭南人的思想意识、民风习俗乃至宗教信仰，无论是内容还是形式，都深深打上道教符箓派的烙印。

综言之，鲍靓在岭南传播符箓道术，有力推动了岭南道教乃至中国道教的发展，也深刻影响了岭南人的思想意识、民风习俗乃至宗教信仰，他实为岭南道教符箓派第一人。因此，弄清楚鲍靓的道派及其道术，对认识中国道教尤其是岭南道教的发展大有裨益，对我们解读现今岭南民风习俗和宗教信仰亦有很大帮助作用。

---

① （宋）魏泰：《东轩笔录》卷七，明嘉靖楚山书屋本。

② （明）李时珍：《本草纲目》卷四十九，《禽之三·啄木鸟》。

③ （清）张渠：《粤东闻见录》卷上，《好巫》。

④ （清）姚柬之：《连山绥瑶厅志》卷四，《风俗》。

⑤ 参阅杨树喆《壮族民间师公教：巫傩道释儒的交融与整合》，《中央民族大学学报》2001年第4期。

⑥ 张磊：《岭南文化志》，上海人民出版社，1998，第251页。

葛洪的罗浮情结与神仙道教的形成

葛洪（282～363）[①]，字稚川，丹阳句容人。他是中国道教史上一个重要人物，也是道教南传的关键人物。他前后两次到岭南，栖隐罗浮山，"于罗浮山俱得道"[②]及终老，他在罗浮山的经历，是他一生宗教活动的重要组成部分，对其神仙道教的形成具有关键性的作用和意义。然综观已有研究，有关葛洪在罗浮山上的道教活动及其神仙道教的形成，鲜有论及，未能彰显葛洪的历史地位和重大贡献。本文试就葛洪的罗浮情结与神仙道教的形成作一浅论。

一 初适罗浮，从师学道

葛洪第一次到岭南罗浮山，是在光熙元年（306）。《抱朴子

① 王明先生案：葛洪年寿，约有三说，即六十一、八十一和不出六十三说。王明先生认为："当以八十一说为可信。"参见王明《抱朴子内篇校释》，中华书局，1985，第382～383页。胡孚琛先生亦持此说，参见胡孚琛《魏晋神仙道教》，人民出版社，1989，第77页。本文从王明、胡孚琛先生说。

② （宋）王松年：《仙苑编珠》卷下，《道藏》第11册，文物出版社、上海书店出版社、天津古籍出版社，1988，第43页。

外篇·自叙》云："昔大（太）安（302～303）中，石冰作乱。……事平，洪投戈释甲，径诣洛阳，欲广寻异书，了不论战功。……正遇上国大乱，北道不通，而陈敏又反于江东，归途隔塞。会有故人谯国嵇君道，见用为广州刺史，乃表请洪为参军，虽非所乐，然利可避地于南，故黾勉就焉。见遣先行催兵，而君道于后遇害，遂停广州。"因为北道不通，东路造反，葛洪只好南下避难。其实，葛洪少"以儒学知名"[①]，在儒学思想支配下，他曾参加镇压石冰叛乱，任将兵都尉，后迁伏波将军、关内侯。但时局的变幻，尤其是嵇含（君道）的遇害，对他影响很大。他到广州后，思想发生了变化，他深感："荣位势利，譬如寄客，既非常物，又其去不可得留也。隆隆者绝，赫赫者灭，有若春华，须臾凋落。得之不喜，失之安悲？悔吝百端，忧惧兢战，不可胜言，不足为也。"[②] 他带着一种绝望感舍儒入道，从此，绝弃世务，"礼辟皆不赴"[③]，转而热衷仙道，他认为自己未"修松乔之道"[④]，于是，选择了岭南罗浮山栖隐学道，《罗浮记》云："谯国人嵇含尝为广州，乃请洪参广州事军事，洪求先行到广州。而含于此遇害，洪还留广州，乃憩于此山。"[⑤] 这是最早记载葛洪栖隐罗浮的史籍，其著者袁宏是东晋时人，兴宁元年（363），袁宏出任南海太守，亲身上过罗浮山，与葛洪相距不远，因而，他的著述较为可信。

罗浮山，位于广东省中南部的惠州市博罗县西北，为我国十大名山之一，堪称"百粤群山之祖"和"岭南第一山"，素有蓬莱仙

① （唐）房玄龄：《晋书·葛洪传》。
② （晋）葛洪：《抱朴子外篇·自叙》。
③ （唐）房玄龄：《晋书·葛洪传》。
④ （晋）葛洪：《抱朴子外篇·自叙》。
⑤ （宋）乐史：《太平寰宇记》卷一百六十，《岭南道四·惠州》引。

境之美誉，“罗浮山，此山本名蓬莱山”①，蓬莱乃仙境，罗浮景观犹如仙境般美丽，素有洞天福地之美誉：“罗浮为洞天福地之所，以故历代葆熙亶醇超然遐举之士恒居之。”② 为此，葛洪在罗浮山上得以从师学道。

葛洪在罗浮山学道，师事鲍靓。《罗浮图志》载：“稚川居罗浮时，靓为南海太守，以道术见称。……与稚川善，常往来山中，或语论达旦，乃去。”③《老君中经》也云：“鲍靓为广州长史、南海太守，化行丹天，传授葛洪，洪传滕叔，叔传乐玄真，条流稍广，约在至诚，修行唯密也。”④ 鲍靓以《三皇文》授葛洪，道书有多处记载，《道教义枢》卷二《三洞义》曰：“晋时鲍靓学道于嵩高。以惠帝永康年中，于刘君石室，清斋思道，忽有三皇文，刊成字。仍依经以四百尺绢告玄而受。后亦授葛洪子孙。”⑤《云笈七签》卷四《三皇经说》也云：“（鲍靓）见古《三皇文》……自盟而受，后传葛稚川，枝孕相传。”⑥ 鲍靓所传的《三皇文》，与郑隐所传的不同，据陈国符先生考证，鲍靓所传为《大有三皇文》，又称《大有经》。郑隐所传于葛洪者，为帛和所得《三皇内文》，为《小有三皇文》，又称《小有经》⑦。葛洪应该是两者兼得，诚如《云笈七签》卷六《三洞经教部》所云：“鲍君所得石室之文，与

① （南朝宋）沈怀远：《南越志》，骆伟等辑注《岭南古代方志辑佚》，广东人民出版社，2002，第160页。

② （明）陈梿：《罗浮志》卷四，《神仙》。

③ （元）赵道一：《历世真仙体道通鉴》卷二十一引，《道藏》第5册，文物出版社、上海书店出版社、天津古籍出版社，1988，第222页。

④ 《道藏》第22册，文物出版社、上海书店出版社、天津古籍出版社，1988，第563页。

⑤ 《道藏》第24册，文物出版社、上海书店出版社、天津古籍出版社，1988，第814页。

⑥ 《道藏》第22册，文物出版社、上海书店出版社、天津古籍出版社，1988，第21页。

⑦ 陈国符：《道藏源流考》（上册），中华书局，1963，第71~74页。

世不同，洪或兼受也。”[①]

关于葛洪师事鲍靓之事，正史也有记载，《晋书》云：“（葛洪）后师事南海太守上党鲍玄。玄亦内学，逆占将来，见洪深重之，以女妻洪，洪传玄业。”[②] 鲍玄是鲍靓字太玄之单称，他器重葛洪，一方面将爱女鲍姑嫁给葛洪，另一方面传授葛洪内学符箓术，让自己的道业后继有人。

葛洪还师从郑隐，郑隐是葛洪从祖葛玄的学生，葛洪从隐学，《晋书》葛洪本传有记载：“从祖玄，吴时学道得仙，号曰‘葛仙公’，以其炼丹秘术授弟子郑隐。洪就隐学，悉得其法焉。”《抱朴子内篇》更有详细记录：“余从祖仙公，又从元放受之。凡受《太清丹经》三卷及《九鼎丹经》一卷、《金液丹经》一卷。余师郑君者，则余从祖仙公之弟子也，又于从祖受之，而家贫无用买药。余亲事之，洒扫积久，乃于马迹山中立坛盟受之，并诸口诀诀之不书者。江东先无此书，书出于左元放，元放以授余从祖，从祖以授郑君，郑君以授余，故他道士了无知者也。”[③] 《历世真仙体道通鉴》卷二十三也云：“（葛洪）就仙公弟子郑思远传受上清三洞灵宝中盟诸阶秘箓、九丹指要。”[④]《云笈七签》卷三还明确其学师是在罗浮山，“抱朴从郑君盟，郑君授抱朴于罗浮山”[⑤]。立坛盟授是道教建立正式师承关系的仪式，“抱朴从郑君盟”，表明葛洪确曾师从郑君，得传《太清丹经》《九鼎丹经》《金液丹经》等丹经，“悉得其法”，主要是九丹要诀和炼丹秘术。

据上可知，葛洪在岭南罗浮山师事鲍靓符箓派系，又师从郑隐金丹派系，可见葛洪的学脉，一脉两承，都与罗浮山有关。

---

① 《道藏》第 22 册，文物出版社、上海书店出版社、天津古籍出版社，1988，第35 页。
② （唐）房玄龄：《晋书·葛洪传》。
③ （晋）葛洪：《抱朴子内篇·金丹》。
④ 《道藏》第 5 册，文物出版社、上海书店出版社、天津古籍出版社，1988，第234 页。
⑤ 《道藏》第 22 册，文物出版社、上海书店出版社、天津古籍出版社，1988，第15 页。

二 广结道教中人，切磋教理道术

葛洪“尤好神仙导养之法”[①]，在广寻“异书”的同时，他还广结道教中人，《抱朴子内篇》云：“往者上国丧乱，莫不奔播四出，余周旋徐、豫、荆、襄、江、广数州之间，阅见流移俗道士数百人矣。”[②] 这数百名道士，大多数是他不以为然的“俗道士”，但是，也有一些道士是他的故友和新交，如下。

鲍靓，葛洪的新交，他俩不约而同，来到罗浮山，一起研讨道教义理道术，一道整理道教典籍——《罗浮山石壁记》。《崇文总目》曰：“《罗浮山石壁记》一卷，太乙仙师撰。”[③]《宋史》云：“《太乙真君固命歌》一卷。晋葛洪译。”[④] 然据《浮山志》说两书实为一书，“据马氏《文献通考》云：《太乙真君固命歌》一卷。《中兴艺文志》题：‘真人勒于罗浮山朱明洞阴谷壁，古文篆字，东晋葛洪译，鲍靓行于世，言房中术。按云：此当即《石壁记》’。”[⑤]《罗浮志补》也云：“葛洪所译《固命歌》，亦班孟坚所谓房中者，情性之极，至道之际，乐而有节，则和平寿考，及迷者弗顾，以生疾而陨性命也。书今已佚，其大旨当不外此。”[⑥]“古文篆字”表明是先代遗迹，蒙文通先生在考究晚周仙道三个派系时指出：“谅玄素一派，早行于晚周，至汉而著录已

① （唐）房玄龄：《晋书·葛洪传》。
② （晋）葛洪：《抱朴子内篇·金丹》。
③ （宋）王尧臣：《崇文总目》卷九，《道书类四》。
④ （元）脱脱：《宋史·艺文志》。
⑤ （民国）《博罗县志》卷六，《艺文三·罗浮文征》，广东省文史研究馆、博罗县志办公室合编，民国版，1988 年内部发行本。
⑥ （清）陈伯陶：《罗浮志补》卷四，《杂志上》。

多。”[①] 可见，道教玄素容成学说在罗浮山有着悠久历史，葛洪和鲍靓共同整理《罗浮山石壁记》，总结玄素容成房中术，有助道教的传播和发展，共同的理想和志向使他们结成忘年之交和翁婿关系，咸和元年（326），鲍靓将独生女儿潜光（世称鲍姑）嫁与葛洪。

鲍姑，原名潜光，鲍靓的独生女儿，葛洪之妻子，也是道教中人，葛洪和她志同道合，一起炼丹制药，一同研讨道义医术，《肘后救卒方》就是葛洪夫妇共同研讨的结晶。该书对灸法做了重点的论述，全书针灸医方一百零九条，其中灸法占九十九条，对灸法功效、操作方法都有较为全面的论述，大大丰富了灸法的内容。然葛洪的特长和精力都不是灸法，考前人留下的医书，如《内经》《难经》《伤寒论》等皆详于针而略于灸，号称现存最早、全面记述针灸的专著《针灸甲乙经》，对灸法的记载也是寥寥无几，有“灸经”之称的出土于长沙马王堆汉墓的《帛书·经脉篇》，其对灸法的记载也不多，葛洪的《肘后救卒方》何以收入丰富的灸方？看来与他擅长灸法的妻子——鲍姑不无关系。

嵇含，葛洪的故友，早在襄阳时葛洪就任嵇含参军，后晋惠帝永兴元年（304）嵇含出任广州刺史，葛洪再次为其参军，交情至深。嵇含也是道教中人，他是嵇康从孙，嵇康崇尚清谈，常修养性服食之事，著《养生篇》，是“竹林七贤”之一。嵇含自少耳濡目染，受其影响，取字君道，又字悦道，性通敏，好老庄。他曾为弘农王粹撰写吊文，阐发老庄思想[②]。嵇含还崇道传道，《抱朴子内篇》云：“昔有古强者，服草木之方，又颇行容成玄素之法，年八

---

① 蒙文通：《晚周仙道分三派考》，蒙文通：《古学甄微》，巴蜀书社，1987，第337页。
② （唐）房玄龄：《晋书·嵇绍附嵇含传》。

十许，尚聪明不大羸老，时人便谓之为仙人，或谓之千载翁者。扬州稽使君闻而试迎之于宜都。……稽使君曾以一玉卮与强，后忽语稽曰，昔安期先生以此物相遗。强后病于寿春黄整家而死。整疑其化去。一年许，试凿其棺视之，其尸宛在矣。"① 据清嘉庆孙星衍校勘本载，扬当作广，稽当作嵇，谓嵇含也，嵇含崇尚古强的道术，便请其讲学传道。古强又是何人呢？据《太平御览》卷七百三十六引《抱朴子内篇》佚文云："李阿有弟子古强。"李阿是孙吴时期流行的李家道首领，其道术"亦以祷祝和以符水为人治病为主"②，古强作为李家道弟子，"能祝水治病颇愈，于是远近翕然"③，表明他的道术与天师道相似，他的道法"虽栾李之见重于往汉，不足加也"。鉴于葛洪与嵇含有过直接交往，关于古强的这些记载，或许是葛洪本人的耳闻，又或许是来自嵇含幕府中的人们的传闻，比较真实可信。嵇含得到古强的传授，道术想必也不差，《博罗县志》在追述金丹派在岭南的传播活动时，特别提到以广州刺史嵇含著名，"道教托始于老聃，在县中罗浮，则以嵇含修炼之金丹派著名"④。嵇含还撰写《南方草木状》，内容与道教的服食有关，据清人王谟在该文末识道："此书乃含为广州刺史时目睹南越、交趾植物珍奇，中州之人或昧厥状，故为诠叙成书。"⑤ 全书共 3 卷，卷上为草类，卷中为木类，卷下为果、竹类，全部都是岭南的奇异花果草木，其中不乏仙果神草，如桂，嵇含说："桂出合

① （晋）葛洪：《抱朴子内篇·祛惑》。

② 卿希泰：《中国道教思想史纲（第一卷：汉魏两晋南北朝时期）》，四川人民出版社，1980，第 163 页。

③ （晋）葛洪：《抱朴子内篇·道意》。

④ （民国）《博罗县志》卷五，《文化二·宗教》，广东省文史研究馆、博罗县志办公室合编，民国版，1988 年内部发行本。

⑤ （清）梁廷枏等：《南越五主传及其它七种》，杨伟群校点，广东人民出版社，1982，第 71 页。

浦……交趾置桂园。”[①] 葛洪认为“桂可以葱涕合蒸作水，可以竹沥合饵之，亦可以先知君脑，或云龟，和服之，七年，能步行水上，长生不死也”[②]。又如菊花，嵇含曾就岭南的菊花作铭，《艺文类聚》卷八十一《菊》记：“煌煌丹菊，翠叶紫茎，诜诜仙神，徒餐落英。”同传又记：“抱朴子曰：‘刘生丹法：用白菊花汁莲汁樗汁，和丹蒸之，服一年，寿五百岁。’”嵇含和葛洪对服食成仙的深刻看法，如出一辙，应该是有过研讨之后得出的结论，不然，亦是心有灵犀，故有学者指出，嵇含好道行道，“恐怕也是葛洪与他交好的一个主要因素”[③]。

邓岳，葛洪的挚友，字伯山，陈郡（今河南淮阳）人，本名岳，因避康帝讳，改为嶽，后竟改名为岱。他“志气平厚，识经邪正”[④]，好结交同道之人，如南海人黄恭，“自少恬淡，履尚清洁。刺史邓岱一见器之，录为记室参军”[⑤]。咸和五年至建元二年（330～344）出任广州刺史，其间，他除“大开鼓铸，诸夷因此知造兵器”[⑥] 外，主要从事炼丹修道，与葛洪结成亲密朋友，“（葛洪）至广州，刺史邓岳留不听去，洪乃止罗浮山炼丹。岳表补东官太守，又辞不就。岳乃以洪兄子望为记室参军。……后忽与岳疏云：‘当远行寻师，克期便发。’岳得疏，狼狈往别。而洪坐至日中，兀然若睡而卒，岳至，遂不及见”[⑦]。葛洪南下广州，他热情接待，一再挽留，相邀共事，又起用葛洪侄子葛望，最后还为葛洪

① （晋）嵇含：《南方草木状》，（清）梁廷枏等：《南越五主传及其它七种》，杨伟群校点，广东人民出版社，1982，第63页。

② （晋）葛洪：《抱朴子内篇·仙药》。

③ 林丽雪：《葛洪事迹与著述考——葛洪研究之一》，《“台湾国立编译馆”馆刊》1977年第6卷第2期。

④ （唐）房玄龄：《晋书·王敦传》。

⑤ （清）仇巨川：《羊城古钞》卷六，《人物·黄恭》。

⑥ （唐）房玄龄：《晋书·庾亮传》。

⑦ （唐）房玄龄：《晋书·葛洪传》。

送终，这些都表明他们有着共同的爱好和信仰。

据上，葛洪在岭南罗浮山有不少真正道友，他们的思想和信仰相互影响，有助于葛洪神仙道教的形成。

三 再适罗浮，炼丹修道

葛洪第二次到岭南罗浮山，是在咸和（326～334）初，《晋书·葛洪传》载："以年老，欲炼丹以祈遐寿，闻交阯出丹，求为句漏令。帝以洪资高，不许。洪曰：'非欲为荣，以有丹耳。'帝从之。洪遂将子侄俱行。至广州，刺史邓岳留不听去，洪乃止罗浮山炼丹。"传中内容，明确表明葛洪再适岭南罗浮山的目的，是炼丹修道。葛洪何以选择罗浮山作炼丹修道之所？这显然与罗浮山盛产仙药丹砂有关。

葛洪至广州，上罗浮山，旨在炼服丹药，"昔葛稚川为丹砂求为勾漏令，以为仙药在是故也"[①]，山上留下多处葛洪的炼丹遗迹，一个是"长生井"，一个是"洗药池"，一个是"丹灶"，都是葛洪当年炼制丹药之用，现今仍有乾隆皇帝的御笔"稚川丹灶"。还有"洗药池"诗一首，诗云："阴洞泠泠，风佩清清。仙居永劫，花木长荣。"[②] 据说是葛洪的遗作。

葛洪为了炼丹传道，还建置了"四庵"，《博罗县志》云："晋咸和中，葛洪至此炼丹，从观者众，乃置东西南北四庵。"[③] 霍晖《冲虚观记》也载："（葛洪）登罗浮，创都虚、孤青、白鹤、酥醪

① （宋）周去非：《岭外代答》卷七，《金石门·丹砂水银》。

② 赖保荣：《罗浮道教史略》，花城出版社，2010，第180～181页。

③ （民国）《博罗县志》卷八，《古迹五·庵祠》，广东省文史研究馆、博罗县志办公室合编，民国版，1988年内部发行本。

东西南北四庵，为往来偃息之地，采灵芝神药以养异丹。”[①] 四庵中，尤以都虚观著名，陈伯陶《罗浮志补》有载，晋安帝义熙初（405）改为葛洪祠，唐玄宗天宝年间（742～756）扩建为“葛仙祠”，宋哲宗元祐二年（1087）赐额为“冲虚观”[②]，取“元始天尊生于太元之先，禀自然之气，冲虚凝远莫知其极”之意，从此，冲虚观之名相沿至今不改，成为道教第七洞天、三十一福地，从真正意义上开创了岭南道教圣地。

上述多处遗迹，不一定全部真实，但至少可以说明葛洪与罗浮山有深厚的情结，葛洪选择盛产丹砂的罗浮山，从事炼丹修道活动，为其神仙道教的形成积累了实践经验。

四 著书立说，创立仙论

葛洪在罗浮山多年，“优游闲养，著述不辍”[③]，最有代表性的作品是《抱朴子内篇》、《抱朴子外篇》、《神仙传》和《枕中书》。关于这些书的成书时间和地点，已有不少学者进行过论述，有认为完成于建武中的句容[④]。但再深入考察葛洪的事迹和著述，“建武中”可能性不大，句容地也不成立。理由如下。

首先，从时间上看，据葛洪的《抱朴子外篇·自叙》云：“洪年二十余，乃计作细碎小文，妨弃功日，未若立一家之言，乃草创子书。会遇兵乱，流离播越，有所亡失，连在道路，不复投笔十余年。”葛洪自二十几岁开始决心草创子书，到建武中葛洪三十五

① （明）陈梿：《罗浮志》卷八，（宋）霍晖：《冲虚观记》。
② （清）陈伯陶：《罗浮志补》卷三，《观》。
③ （唐）房玄龄：《晋书·葛洪传》。
④ 陈飞龙：《葛洪年谱》，《台湾政治大学学报》1980年第41期。

岁，在这十几年间，兵乱不断，葛洪或是忙于征战，或是忙于搜求异书，应该是无暇顾及著书立说的。

其次，从部头上看，《抱朴子内外篇》合共七十卷、《神仙传》十卷，内容庞杂，非短时间或动荡年间可以写成。那么，在何时和何地才较为合适呢?《晋书·葛洪传》曰："洪乃止罗浮山炼丹。……在山积年，优游闲养，著书不辍。……自号'抱朴子'，因以名书。"《四库全书总目提要》根据有关记载，认为《抱朴子内外篇》"乃其乞为句漏令后，退居罗浮山时所作"。又说《神仙传》"于《抱朴子内篇》既成之后，因其弟子滕升问仙人有无而作"[①]。葛洪退居罗浮山的时间，学界普遍认为是在332年，他在山多年，优游闲养，正是写书的最佳时机。

最后，从内容上看，《抱朴子内篇》和《神仙传》分别以设问的方式和实证的方式，对葛洪神仙实有、仙人可学、长生能致的神仙思想进行了形象生动的演绎，其"神仙实有，可学可致"观点，应该是受岭南传说神仙出没的影响。古代岭南，由于地缘的影响和族属的差异，其民间文化具有鲜明的地域特色，形成有别于岭北的岭南俗信，岭南先民崇拜神仙，神仙传说由来已久，丰姿多采，如五羊仙说，尤其是罗浮仙说，神仙长生不老，神出鬼没，自由自在，葛洪晚年栖息岭南，耳闻目睹，不能不受到感染，如有学者指出，《神仙传》的内容，"和佛经故事一样，也是常常吸取民间故事的母题和手法来构造具有吸引力的故事"[②]。岭南的神话仙话传说，实际上是当时岭南普遍存在的社会思潮的反映，它为葛洪神仙道教提供了理论依据和思想源泉。

据上，可以推断，葛洪完成《抱朴子内外篇》和《神仙传》

① 《钦定四库全书总目》(整理本)卷一百四十六，中华书局，1997，第1946页。

② 刘守华：《中国民间故事史》，商务印书馆，2012，第552页。

以及《枕中书》的写作当是332年退隐罗浮山后的事。

《抱朴子外篇》“言人间得失，世事臧否，属儒家”[①]，与本文关系不大，不做专论。

《神仙传》“集古之仙者”和“仙经服食方及百家之书”，主要论述了古代九十二位神仙及其事迹[②]，向世人表明神仙确有，神仙可学可致。其中有些神仙的事迹与岭南有关，甚至是发生在岭南罗浮山，如李少君“于安期先生得神丹炉火之方”[③]，“于是求随安期，奉给奴役使任，师事之。安期将少君东至赤城，南至罗浮，北至大洹，西游玉门，周游五岳，观看江山，如此数十年”[④]。又如王远“弃官入山修道。……往来罗浮、括苍等山，山上皆有宫室”[⑤]。他们都有特异的功能，“或竦身入云，无翅而飞；或驾龙乘云，上造天阶；或化为鸟兽，游浮青云；或潜行江海，翱翔名山；或食元气，或茹芝草；或出入人间而人不识；或隐其身而莫之见，面生异骨，体有奇毛，率好深僻，不交俗流”[⑥]，体现出神仙的特征，像李少君、王远之类“游于名山”之间，以道术救苦救难，为人治病降魔为己任的神仙，普遍存在于岭南社会各阶层之间，他们的可贵之处，在于他们能自由地“出入人间”，“常在世间”，却又能“延年久视”。书中所记神仙，或真或假，但有一点是共同的，就是他们活灵活现，与人们贴近，他们或是士人，或是官宦，而非神灵，亦非怪物。故《钦定四库全书总目》说《神仙传》“流

---

① （晋）葛洪：《抱朴子外篇·自叙》。

② 按：葛洪《神仙传》版本主要有两种，人数略有出入，一种是《丛书集成初编》本，记载的神仙九十二位；一种是《四库全书》本，记载的神仙仅八十四位。两个版本不仅人数不同，个别传记所记的神仙事迹也略有差异。

③ （晋）葛洪：《神仙传》卷六，《李少君》，《丛书集成初编》本。

④ （晋）葛洪：《神仙传》卷六，《李少君》，《四库全书》本。

⑤ （晋）葛洪：《神仙传》卷二，《王远》，《丛书集成初编》本。

⑥ （晋）葛洪：《神仙传》卷一，《彭祖》，《丛书集成初编》本。

传既久，遂为故实，历代词人，转相沿用，固不必一一核其真伪也”[①]。葛洪将岭南的一些著名人物，或得道高人奉为神仙，极力宣传他们的神力，不仅丰富了中国道教的神灵系统，而且为其神仙道教的形成提供了活生生的个案。

《枕中书》讲述一个从盘古开天辟地神话演变而成的关于道教元始天王创世开劫度人的故事。葛洪所以能够造作“元始天王”，与他“静斋于罗浮山”有直接关系。盘古传说和盘古崇拜广泛流传在岭南罗浮山一带，葛洪“以去月乙丑夜半，静斋于罗浮山”，“忽见一真人……自号‘元始天王’”，葛洪赋予他“能召诸天上大圣及地下神灵，无所不制”的神威[②]，成为继天师道神化老子之后又一至尊神，自此，元始天王成为魏晋以来中国南方神仙道教徒所奉之神灵。为此，有学者指出：“作为从汉魏天师道向六朝南方神仙道教演变中承前启后的关键人物，葛洪的贡献不仅在于金丹大药及诸多神仙方术的总结，而且对道教神学的发展也起了重要作用。”[③] 南北朝后，北方道教依然保持以老子为道教教主的传统，而在南方道教则逐渐集合在元始天王（尊）的名义下，后世更由此演变出三清尊神，道教神仙体系的最后定型，葛洪可谓功不可没。

《抱朴子内篇》“言神仙方药鬼怪变化养生延年禳邪却祸之事”[④]，“举长生之理”[⑤]，其内容与炼丹修道、长生成仙有关，它总结神仙方术理论和早期五斗米道、太平道的理论体系，将儒家忠孝仁爱精神纳入道教体系，又继承左慈、葛玄、郑隐的炼丹理论，倡导炼服金丹之术和神仙导养之法。该书把长生成仙作为道教修炼的

---

① 《钦定四库全书总目》（整理本）卷一百四十六，中华书局，1997，第 1946 页。

② 《道藏》第 3 册，文物出版社、上海书店出版社、天津古籍出版社，1988，第269 页。

③ 王卡：《元始天王与盘古氏开天辟地》，《世界宗教研究》1989 年第 3 期。

④ （晋）葛洪：《抱朴子外篇·自叙》。

⑤ （晋）葛洪：《抱朴子内篇·序》。

最高目标和思想核心，全面论证成仙的可能和必要、修仙的途径、道法的灵奇、玄道的精深，可以说，它集战国秦汉神仙思想和方术大成，体现岭南神仙信仰特色，是中国道教史上第一部仙学理论专著，标志葛洪神仙道教的正式形成。

综上所述，葛洪与罗浮山确有深厚情结，他长期以罗浮山为据点，作为实践其宗教活动和实现其宗教理想之所。他创立的神仙道教，对岭南道教乃至整个中国道教的发展都有巨大影响，罗浮山也因此成为中国道教的一个重镇。

葛洪的神仙道教略论

葛洪是中国道教史上第一个整理道教理论并使之成为完整体系的人，也是最早变革道教性质的人，由他整合和改造而成的神仙道教，明确提出了一整套仙道理论，对道教的最终成熟和发展有着极其重要的影响，开启了道教变革和发展的新机。究竟葛洪的神仙道教提出了怎样的仙道理论？进行了哪些变革？对后来道教的发展又有何等影响？本文试作一略论。

一 仙人实有可致——仙道理论的前提

神仙信仰是道教信仰的核心和宗旨，肯定神仙实有，可学可致，成为葛洪仙道理论确立的前提。

1. 葛洪肯定神仙实有

神仙思想由来已久，无仙论思想也早已有之，无仙论的重要依据是“仙人无验”、无人见过和儒家经典没有记载，葛洪针对世人的疑问，为仙人实有辩护。他说：“虽有至明，而有形者不可毕见焉。虽禀极聪，而有声音不可尽闻焉。虽有大章竖亥之足，而所常履者，未若所不履之多。虽有禹、益、齐谐之智，而所尝识者未若所不识之众也。万物云云，何所不有，况列仙之人，盈乎竹素矣。不死之道，曷为无之？……夫目之所曾见，当何足言哉？天地之间，无外之大，其中殊奇，岂遽有限？诣老戴天，而无知其上，终身履地，而莫识其下。形骸已所自有也，而莫知其心志之所以然焉。寿命在我者也，而莫知其修短之能至焉。况乎神仙之远理，道德之幽玄，仗其短浅之耳目，以断微妙之有无，岂不悲哉？……故不见鬼神，不见仙人，不可谓世间无仙人也。”① 文中集中论证神仙实有和仙人可学，说明世界未尽可知，神仙之事已见诸史实。儒家经典不记载神仙之事，主要是儒家贤哲不谈神仙，葛洪认为是各人爱好所致，“人所好恶，各各不同”，“诚合其意，虽小必为也；不合其神，虽大不学也”，况且“日月有所不照，圣人有所不知”②，因此，即便儒人不言，儒经不记，也不能证明“仙人无验”、仙人不存在。

事实上，有不少史书，是有记载仙人事迹的，如刘向《列仙传》录有七十多位仙人，葛洪认为：“刘向博学则究微极妙，经深涉远，思理则清澄真伪，研核有无，其所撰《列仙传》，仙人七十有余，诚无其事，妄造何为乎？”③ 如果没有这些仙人仙迹，作为一代名儒的刘向是不会捏造妄说的，古代的东西，后人不可能亲眼看见，就只能依靠书籍的记载了，刘向《列仙传》记载得周详具体，可以肯定神仙必有无疑了。他感叹世人以刘向作金丹不成为由，怀疑《列仙传》的真实性和可靠性，指出这完全是以分寸之瑕，弃尺玉之夜光珠所为。他还指出：“若谓世无仙人乎，然前哲所记，近将千人，皆有姓字，及有施为本末，非虚言也。”④ “万物

① （晋）葛洪：《抱朴子内篇·论仙》。
② （晋）葛洪：《抱朴子内篇·辨问》。
③ （晋）葛洪：《抱朴子内篇·论仙》。
④ （晋）葛洪：《抱朴子内篇·对俗》。

云云，何所不有，况列仙之人，盈乎竹素矣。不死之道，曷为无之。”[1] 他有憾于刘向《列仙传》“多所遗弃”，于是“抄集古之仙者见于仙经、服食方及百家之书、先师所说、耆儒所论，以为十卷”[2]，撰成《神仙传》，论证神仙之实有，书中所载的神仙，有不少是史书上有记载的，也是人们所熟悉的，成分比较复杂，有道教中人，如河上公、张道陵；有古代贤哲如老子、墨子；有朝廷命官，如栾巴、刘凭；有高门弟子，如魏伯阳、阴长生；有贫民奴仆，如王兴、陈安世；有病夫弱女，如赵翟、程伟妻。《神仙传》用实例向世人昭示：神仙实有。葛洪成为第一个系统论述神仙实有的人。

2. 葛洪明确神仙可学致

在葛洪看来，神仙不仅存在，而且可学可致。首先，葛洪将神仙推向人性化，强调神仙的人情味。葛洪说：“古之得仙者，或身生羽翼，变化飞行，失人之本，更受异形，有似雀之为蛤，雉之为蜃，非人道也。人道当食甘旨，服轻暖，通阴阳，处官秩，耳目聪明，骨节坚强，颜色悦怿，老而不衰，延年久视，出处任意，寒温风湿不能伤，鬼神众精不能犯，五兵百毒不能中，忧喜毁誉不为累，乃为贵耳。若委弃妻子，独处山泽，邈然断绝人理，块然与木石为邻，不足多也。”[3] 在葛洪看来，神仙不过就是食甘旨、穿轻暖、通阴阳、能做官、有妻子、知人情冷暖的人，这就为人们特别是士族子弟学道成仙树起了既可行又容易达到的目标。其次，他将神仙推向现实化。在《神仙传》中，他列举了几十位神仙，既有帝王妃嫔、贤哲官宦、道士隐者、高门子弟、技师艺人，也有贫民奴仆、乞儿荡汉，各行各业，几乎无所不包，他告诉人们，神仙世

① （晋）葛洪：《抱朴子内篇·论仙》。
② （晋）葛洪：《神仙传·序》，《丛书集成初编》本。
③ （晋）葛洪：《抱朴子内篇·对俗》。

界的大门对任何人都是敞开着的，为此，葛洪强调“仙之可学致”[①]，神仙可学可致。

显然，葛洪把神仙人性化和现实化的目的，就是要说明：神仙可学致，人人可成仙。

二 金丹仙经道术——仙道理论的来源

葛洪的仙道理论来源较广，主要有三方面。

第一，承袭金丹仙术。“假求于外物以自坚固”[②] 是葛洪的著名论断，他的这一思想直接源自丹经道学。葛洪的学脉可谓一脉二传，一脉传自郑隐、葛玄、左慈（元放），另一脉传自鲍靓、安期生、马明生、阴长生。他们奉行《太清丹经》《九鼎丹经》《太清金液神丹经》等金丹仙经，讲述的都是炼服金丹诸术，如《黄帝九鼎神丹经》言：“虽呼吸导引，及服草木之药，可得延年，不免于死也；服神丹令人寿无穷已，与天地相毕，乘云驾龙，上下太清。”[③] 又如《太清金液神丹经》说：“金液丹华是天经……六一合和相须成。黄金鲜光入华池，名曰‘金液生羽衣’。”[④] 这些都为葛洪所承传。

第二，承继符箓法术。葛洪无论是从老师郑隐，抑或是从岳父鲍靓处所受的都是《三皇内文》和《五岳真形图》，尽管内容不全同，传承也相异，但都是有关辟恶鬼、降瘟疫的符书，如葛洪说：“家有《三

① （晋）葛洪：《抱朴子内篇·勤求》。
② （晋）葛洪：《抱朴子内篇·金丹》。
③ （晋）葛洪：《抱朴子内篇·金丹》引。
④ （宋）张君房：《云笈七签》卷六十五，《道藏》第22册，文物出版社、上海书店出版社、天津古籍出版社，1988，第455页。

皇文》，辟邪恶鬼。”“家有《五岳真形图》，能辟兵凶逆。”①

第三，借鉴早期道经和墨论。早期道教经典《道德经》提过“长生久视”，提出以“深根固蒂”为“长生久视之道”的治身之法，但没有具体地阐述以何种方式可以实现；墨子外儒内道，据葛洪《神仙传》载，墨子“外治经典，内修道术”，在他82岁那年，“入周狄山，精思道法，想像神仙。……神人授以《素书》《朱英丸方》《道灵教戒》《五行变化》凡二十五篇”②，墨子撮其要义，以为《五行记》，故葛洪把他列入《神仙传》，说他遇神人授书“乃得地仙”，这些都表明墨子与道教关系密切，道教的许多神仙方技和变化方术，都依托墨子，体现道教思想“本诸墨氏，源远流长”③。

到了葛洪时代，随着社会的发展，人们认识的提高，长生成仙成为社会的共识，葛洪明确把炼服长生、修道成仙作为终极目标提出来，指出：“道家之所至秘而重者，莫过乎长生之方也。”“仙之可学致，如黍稷之可播种得，甚炳然耳。然未有不耕而获嘉禾，未有不勤而获长生度世也。”④ 可见，葛洪的目的是要度人成仙，属于“度世”道教。

据上，葛洪的仙道论，实际上吸收了战国以来的神仙思想，又承传了汉魏的金丹道术和符箓道术，具有总结集成的性质，从而最终确立了以金丹为主的神仙道教理论体系。

三 以玄为本——仙道理论的基础

葛洪继承了《老子》的道哲学和扬雄的太玄思想，提出了以

---

① （晋）葛洪：《抱朴子内篇·遐览》。

② （晋）葛洪：《神仙传》卷八，《墨子》，《丛书集成初编》本。

③ 章炳麟：《检论》，刘凌等编《章太炎学术论著》卷三，浙江人民出版社，1998。

④ （晋）葛洪：《抱朴子内篇·勤求》。

"玄"为本的理论体系，从哲学理论的高度论证修道成仙的思想和方法，要求人们修仙要体认"玄""道""一"。

葛洪首先指出"玄"的哲学本体意义，"玄者，自然之始祖，而万殊之大宗也"①，是产生万事万物的总根源。又"玄之所在，其乐不穷；玄之所去，器弊神逝"②，决定万物的生死存亡，这个"玄"实际上就是《老子》的"道"。而且，葛洪亦常常将"玄"和"道"合起来使用，"夫玄道者，得之乎内，守之者外；用之者神，忘之者器，此思玄道之要言也"③，在葛洪看来，玄不仅可以捉摸，而且可以体道，人若能体得了玄道，便能成仙，还可以"乘流光，策飞景，凌六虚，贯涵溶，出乎无上，入乎无下，经乎汗漫之门，游乎窈眇之野。逍遥恍惚之中，倘佯仿佛之表。咽九华于云端，咀六气于丹霞"④，进入五光十色的仙境。

"一"与"玄"和"道"具有同等本体意义，是一个哲学范畴，《抱朴子内篇》云："道起于一，其贵无偶，各居一处，以象天地人，故曰三一也。天得一以清，地得一以宁，人得一以生，神得一以灵。金沉羽浮，山峙川流。视之不见，听之不闻，存之则在，忽之则亡，向之则吉，背之则凶，保之则遐祚罔极，失之则命凋气穷。"⑤ 葛洪试图通过"玄"这一超自然的神秘主义宇宙本体，从宇宙观、本体论的高度论证神仙长生思想，他认为"一""玄""道"这些哲学范畴看似玄妙，只要与个体的神仙修炼结合起来，便可成为一种实在的长生成仙术，"其唯玄道，可与为永"⑥，如通过个体的存思体得玄道，就可以却祸强生，内外两忘，达到长生成

① （晋）葛洪：《抱朴子内篇·畅玄》。
② （晋）葛洪：《抱朴子内篇·畅玄》。
③ （晋）葛洪：《抱朴子内篇·畅玄》。
④ （晋）葛洪：《抱朴子内篇·畅玄》。
⑤ （晋）葛洪：《抱朴子内篇·地真》。
⑥ （晋）葛洪：《抱朴子内篇·畅玄》。

仙，又如体玄与服丹相配合，修炼者就能过上逍遥自在的神仙生活，这就为其仙学找到了理论根据。

四 积德行善——仙道理论的准则

葛洪极力调和儒道两家的思想，认为两家的思想都源自道，“道也者，所以陶冶百氏，范铸二仪，胞胎万类，酝酿彝伦者也”[①]，这是说，道不仅有胞胎万类的作用，而且有酝酿彝伦的功效，他将儒家的纲常伦理融摄入他的仙学理论，强调修仙必须积善，并以忠孝为本，积德行善成为长生成仙的首要任务。

1. 求仙以忠孝为本

葛洪说：“欲求仙者，要当以忠孝和顺仁信为本。若德行不修，而但务方术，皆不得长生也。”[②]“忠孝”“仁信”为儒家伦理的核心范畴，把遵守封建伦理道德当作修仙求道的先决条件，这就缓解了仙与圣之间的冲突，仙与圣融为一体，这种仙圣两位一体对后世道教影响深远，后来很多道徒对此做了模式化认同。如陆修静《陆先生道门科略》称：“上德神仙，中德倍寿，下德延年。”并称：“若救治天下百姓，扶危济弱，能度三命。”[③]将济世美德与生命问题的解决联系起来，儒道兼修，长生可成。

2. 修仙必须积善

葛洪说：“欲求长生者，必欲积善立功，慈心于物，恕己及人，仁逮昆虫，乐人之吉，愍人之苦，赒人之急，救人之穷，手不

① （晋）葛洪：《抱朴子内篇·明本》。

② （晋）葛洪：《抱朴子内篇·对俗》。

③ 《道藏》第24册，文物出版社、上海书店出版社、天津古籍出版社，1988，第780页。

伤生，口不劝祸，见人之得如己之得，见人之失如己之失，不自贵，不自誉，不嫉妒胜己，不佞谄阴贼，如此乃为有德，受福于天，所作必成，求仙可冀也。”[①] 又“为道者以救人危使免祸，护人疾病，令不枉死，为上功也。……人欲地仙，当立三百善；欲天仙，立千二百善。若有千一百九十九善，而忽复中行一恶，则尽失前善，乃当复更起善数耳。故善不在大，恶不在小也。虽不作恶事，而口及所行之事，及责求布施之报，便复失此一事之善，但不尽失耳。又云：积善事未满，虽服仙药，亦无益也。若不服仙药，并行好事，虽未便得仙，亦可无卒死之祸矣”[②]。行善是成仙之因，成仙是行善之果，只有积累善行，建立功德，慈善为怀，助人为乐，才能升仙。否则，多行不义，罪过深重，不但成不了仙，而且会被天地司过之神“夺算”，减去阳寿，葛洪认为：“天地有司过之神，随人所犯轻重，以夺其算，算减则人贫耗疾病，屡逢忧患，算尽则人死，诸应夺算者有数百事，不可具论。又言身中有三尸，三尸之为物，虽无形而实魂灵鬼神之属也。欲使人早死，此尸当得作鬼，自放纵游行，享人祭酹，是以每到庚申之日，辄上天白司命，道人所为过失。又月晦之夜，灶神亦上天白人罪状，大者夺纪。纪者，三百日也。小者夺算。算者，三日也。……况天地为物之至大者，于理当有精神，有精神则宜赏善而罚恶，但其体大而网疏，不必机发而响应耳。”[③] 就是说，积善长生成仙，积恶寿命减损。葛洪的这个行善修仙论与《西升经》的“积善成德而神明自得”[④] 和《八素真经》的“凡学得道，皆由积善。……上士高才，

---

① （晋）葛洪：《抱朴子内篇·微旨》。

② （晋）葛洪：《抱朴子内篇·对俗》。

③ （晋）葛洪：《抱朴子内篇·微旨》。

④ 《道藏》第 11 册，文物出版社、上海书店出版社、天津古籍出版社，1988，第 508 页。

先立善行，然后方术"[①] 思想是一致的，是道儒结合的产物，体现神仙道教道儒合一的特点，为神仙道教改造为官方道教奠定了基础。

3. 学仙要明师择术

由于道界良莠不齐，既有伪道，也有伪书，还有伪术，为防他人在学道修仙过程中受骗，浪费钱财，耗尽精力，有必要提醒注意，修仙学道要择师择术，广知众术。首先，要从明师勤学。葛洪认为："得仙者，皆其受命偶值神仙之气，自然所禀。故胞胎之中，已含信道之性，及其有识，则心好其事，必遭明师而得其法，不然，则不信不求，求亦不得也。"[②] 不从明师，不得其法。"不值明师，无由闻天下之有斯妙事也"[③]，不从明师，不闻世事。"欲求神仙，唯当得其至要，至要者在于宝精行炁，服一大药便足，亦不用多也。然此三事，复有浅深，不值明师，不经勤苦，亦不可仓卒而尽知也"[④]，只有通晓金丹术的人才是明师，欲求成仙，无论是采取宝精，抑或是行炁，又或是服药，都必须有明师的指点，还要勤学苦练。其次，要广知众术。葛洪认为，方术繁多，需要"多闻而体要，博见而善择"[⑤]，不可独偏一味，葛洪指出："知玄素之术者，则曰唯房中之术，可以度世矣；明吐纳之道者，则曰唯行气可以延年矣；知屈伸之法者，则曰唯导引可以难老矣；知草木之方者，则曰唯药饵可以无穷矣。学道之不成就，由乎偏枯之若此也。浅见之家，偶知一事，便言已足，而不识真者，虽得善方，犹更求

---

① 《洞真太上八素真经三五行化妙诀》，《道藏》第 33 册，文物出版社、上海书店出版社、天津古籍出版社，1988，第 473 页。

② （晋）葛洪：《抱朴子内篇·辨问》。

③ （晋）葛洪：《抱朴子内篇·金丹》。

④ （晋）葛洪：《抱朴子内篇·释滞》。

⑤ （晋）葛洪：《抱朴子内篇·微旨》。

无已，以消工弃日，而所施用，意无一定，此皆两有所失者也。”①

由上可见，善择真书明师、广知众术，是学道成仙的关键。

五 服丹守一——仙道理论的保证

在肯定仙人确有，可学可致后，葛洪明确提出“服丹守一”的思想方法，以“服丹守一，与天相毕；还精胎息，延寿无极”②作为其仙道理论的保证。“服丹守一”实际上包括了外服金丹大药的外丹仙论和内炼精气神的内养仙说。

1. 炼服金丹大药——外丹仙论

第一，明确道与术的根本区别。葛洪认为，道的功能是化生万物，使万物生生不已，即“体道以匠物，宝德以长生”③。术的功能是修内与禳外、养正与驱邪，即“所为术者，内修形神，使延年愈疾；外攘邪恶，使祸害不干”④，这样，道与术的关系概括来说就是以道御术，以术显道，为此，葛洪要求学道之人要“藉众术之共成长生也”⑤，在众术中，他“以还丹金液为大要”⑥，表明葛洪特别关注炼服金丹大药。

第二，论证炼服金丹大药成仙的可能性和必要性。在葛洪之前，道教的长生说缺乏理论性，葛洪首次做出系统的论证，他说：“夫五谷犹能活人，人得之则生，绝之则死，又况于上品之神药，其益人岂不万倍于五谷耶？……长生之道，不在祭祀事鬼神也，不

① （晋）葛洪：《抱朴子内篇·微旨》。
② （晋）葛洪：《抱朴子内篇·对俗》。
③ （晋）葛洪：《抱朴子内篇·明本》。
④ （晋）葛洪：《抱朴子内篇·微旨》。
⑤ （晋）葛洪：《抱朴子内篇·微旨》。
⑥ （晋）葛洪：《抱朴子内篇·金丹》。

在道引与屈伸也，升仙之要，在神丹也。”[①] 他从五谷能养活人类推论到上品神药能使人长生成仙。

第三，指出具体的金丹神方。葛洪在《抱朴子内篇·金丹》一书中记载丹方有四五十种之多，归纳起来，主要有九种：第一种称“丹华”，服之七日成仙；第二种叫“神丹”，也称“神符”，服之百日成仙，还可以丹涂脚下行渡水火，三尸九虫随即消灭，体内百病皆除；第三种也叫“神丹”，服之百日能成仙，还能“辟五兵”，六畜服了这种药，也可不死；第四种叫“还丹”，服之百日成仙；第五种叫“饵丹”，服之三十日可成仙；第六种叫“炼丹”，服之十日皆能成仙；第七种叫“柔丹”，服之百日成仙，用此丹和缺盆汁服之，九十岁的老人也能生子；第八种叫“伏丹”，服之即日就能成仙；第九种叫“寒丹”，服之百日成仙，飞行轻举。以上九种金丹，葛洪以为得任何一丹都能成仙。

第四，指出药物只能延年不可成仙。葛洪指出：“不得金丹，但服草木之药及修小术者，可以延年迟死耳，不得仙也。或但知服草药，而不知还年之要术，则终无久生之理也。”[②] 葛洪以阴长生为例子，说明升仙的关键在神丹，他说：“阴长生者，新野人也。汉皇后之亲属。少生富贵之门，而不好荣贵，唯专务道术。……予受仙君神丹要诀，道成去世，付之名山。如有得者，列为真人，行乎去来，何为俗闻。不死之要，道在神丹，行气导引，俯仰屈伸，服食草木，可得延年，不能度世，以至乎仙。”[③] 明确药物只可延年，只有服食金丹，才可成仙。

第五，指出炼制金丹的条件和禁忌。葛洪认为炼制金丹是很严肃神秘的事情，在传授经法上戒律甚多。其一，要择人、择地。葛

---

① （晋）葛洪：《抱朴子内篇·金丹》。

② （晋）葛洪：《抱朴子内篇·极言》。

③ （晋）葛洪：《神仙传》卷四，《阴长生》，《丛书集成初编》本。

洪说："此道至重，必以授贤，苟非其人，虽积玉如山，勿以此道告之也。受之者以金人金鱼投于东流水中以为约，歃血为盟，无神仙之骨，亦不可得见此道也。"他又说："合丹当于名山之中，无人之地。……是以古之道士，合作神药，必入名山。"[①] 为此，葛洪胪举了《仙经》所载的一批适宜修道合丹的名山，有华山、泰山、恒山、嵩山、青城山、峨眉山、括苍山、罗浮山等，"此皆是正神在其山中，其中或有地仙之人。上皆生芝草，可以避大兵大难。不但于中以合药也。若有道者登之，则此山神必助之为福，药必成"[②]。葛洪所列举的这些名山，本来就是上古隐士的修仙圣地，如今成为仙人道士传授道书和炼丹修仙的好地方，也成为后世神仙道教洞天福地的蓝本。其二，要口授、避俗。仙法道术属于秘诀，只能靠"真人"口耳相传，不可公之于世，即便写在书上，也要言语晦涩，隐语连篇。还要注意避俗，葛洪认为："结伴不过三人，先斋百日，沐浴五香，致加精洁，勿近秽污，及与俗人往来，又不令不信道者知之，谤毁神药，药不成矣。"[③] 其三，要有钱。葛洪认为："合此金液九丹，既当用钱。"[④] 他慨叹自己家贫，无钱买药，难以炼制丹方，但有钱人就不同了，既可以买药，又可以炼丹，只有他们才有可能炼服成仙。

据上，葛洪仙道论的终极目标是度人成仙。仙境是一种至真、至善、至美、最能体现生命价值的人生最高境界，而葛洪的外丹学则可以说是通向这一仙境的捷径。作为一位杰出的道教学者，葛洪对道教神仙理论的阐发是全面而系统的，故他在阐明外丹理论的同时，也涉及内养仙说，阐释内养法诀。

---

① （晋）葛洪：《抱朴子内篇·金丹》。
② （晋）葛洪：《抱朴子内篇·金丹》。
③ （晋）葛洪：《抱朴子内篇·金丹》。
④ （晋）葛洪：《抱朴子内篇·金丹》。

2. 内炼精气神——内养仙说

葛洪的内养仙说，蕴含后世内丹学说的思想。内丹，是指以己身为炉灶，以己身中之精气为药物，以神为运用，在己身中修炼，使精气神聚凝不散而成仙丹，即为内丹。内丹道兴起于隋唐五代，但作为一种学说，文化渊源十分久远，据胡孚琛先生的看法，内丹学源于原始宗教的巫仙文化，是神仙家将自古流传的王乔、赤松子的行气术，彭祖、容成公、玄女、素女的房中术，羡门高、安期生的服食术相互融汇升华而成。《楚辞·远游篇》可看作早期的内丹学文献，其中透露了王乔功法可以激发人体先天真气的信息。《老子》和《庄子》可视为内丹学的理论和功法奠定基础的著作，老庄学派的思想体系和“道”“虚”“静”“无”等范畴以及精气神等概念，不仅为内丹学所沿用，而且其中“致虚极，守静笃”，凝神、守一、坐忘、心斋等修持工夫也被汲取为内丹法诀，老庄倡导的圣人、真人、仙人的境界更是成了内丹家遵循的行为模式和理想的目标，老庄书中有关炼养的名句一直是内丹法诀的纲要。另外，据学者考证，“著名的《黄帝内经》和《黄帝阴符经》，其中也隐含有内丹法诀”[①]。东汉魏伯阳著的《周易参同契》，是第一部专门论述丹道法诀的仙学著作，该书以周易象数的卦爻为符号，以日月运行的规律为理论框架，以外丹炉火的铅汞反应为模型，来论述阴阳交感、男女合炁的秘术，全书贯通清修丹法和外丹炉火，被后世丹家尊为“万古丹经王”，为道教丹鼎派奠定了理论基础。由于该书既讲外丹又讲内丹，魏氏本人又未明言是外丹或是内丹，后来的道教学者根据需要分别以明之，如隋唐主要视之为外丹经典，宋以后则视之为内丹经典。魏晋时期的《黄庭经》第一次将道教特有

① 胡孚琛等:《道学通论——道家·道教·丹道》（修订版），社会科学文献出版社，1999，第532页。

的炼养学和中医的内脏经络理论结合起来，阐明道教内炼成仙的理论和要诀，算得上是道教内养学的问世。然而，最早真正抓住精、气、神三大要素进行论述的当是葛洪。葛洪明确提出“宝精行炁修神”的内养仙说，他说：“欲求神仙，唯当得其至要，至要者在于宝精行炁，服一大药便足，亦不用多也。”[①]“服药虽为长生之本，若能兼行气者，其益甚速。若不能得药，但行气而尽其理者，亦得数百岁。”[②] 这是说，要想成仙，关键的是宝精、行气、修神与服药相结合。如何外服内炼相结合呢？

首先，葛洪提出先后顺序。葛洪认为：“先将服草木以救亏缺，后服金丹以定无穷，长生之理，尽于此矣。”[③]“夫长生得道者，莫不皆由服药吞气，而达之者不妄也。夫服药断谷者，略无不先极也。”[④] 即先服草木，后服金丹，再将服气存思与服金丹大药配合起来。

其次，葛洪列举了多种内炼法诀，诸如“守一之法”、“三丹田”法、“内视反听”法、“真人守身炼形之术”、“二山求生之道”、“立之命门形不卒”、“服阴丹以补脑”法和“闭息行气”法[⑤]，等等。葛洪提出的这些宝精行气修神思想、主张和法诀，实际上可视为内丹学的滥觞。道教以精、气、神为“三宝”，即生命的三大要素，三宝旺盛则康健，三宝衰退则病亡。精为元精、真精，能激发人的生命活力的自然功能，“炁”为先天的元气、真气，由炼精化炁而来，是精、气凝炼为一的符号，神为元神，由炼炁化神而来，是炁神凝炼的结果，精、气、神成为内丹修炼的药物，属人体三宝丹法。

---

① （晋）葛洪：《抱朴子内篇·释滞》。

② （晋）葛洪：《抱朴子内篇·至理》。

③ （晋）葛洪：《抱朴子内篇·极言》。

④ （晋）葛洪：《抱朴子内篇·杂应》。

⑤ 散见于葛洪《抱朴子内篇》之《杂应》《地真》诸篇。

很显然，葛洪创立的仙道论，与早期道教主要讲符箓、咒语为人们祛祸祈福不同。早期道教产生时，社会充满忧患，衣食无着，疾病横流，道徒们关心的是如何消灾祛病，如五斗米道主张镇妖祛邪，天师道提出救人疾苦，太平道要致天下太平，他们都是社会危难的产物，其共同点是治病、免灾、却祸，使人得生，故属于“救世”道教。到了葛洪时代，随着社会的发展，人类认识的提高，长生成仙成为众人所望。更为重要的是，葛洪本人长期隐居岭南罗浮山，耳闻目睹岭南浓厚的神仙信仰，又他在罗浮山从事了多年的金丹实验，有炼服金丹的亲身经验和深刻体会，因此，他对仙人实有、炼丹长生、修道成仙深信不疑，并作为终极目标提出来，“道家之所至秘而重者，莫过乎长生之方也”[①]。可见，葛洪的神仙道教属于“度世”道教，它吸收了战国以来的神仙思想，承传了汉魏的金丹道术和符箓道术，又综合了葛洪本人在岭南多年从事金丹实践的经验，以度人成仙为终极目标，具有总结集成的性质，如有学者指出的：“这个体系以金丹服食为中心、关键，以行气、房中术为配合，以导引、医药等养生术为辅助，并广泛搜集掌握各种镇邪去鬼召劾神灵的法术为保证。这样的体系葛洪之前尚没有人全面总结和阐发过。”[②] 他开启了道教变革和发展的新机。

---

① （晋）葛洪：《抱朴子内篇·勤求》。

② 牟钟鉴等：《道教通论——兼论道家学说》，齐鲁书社，1991，第423页。

粤地龙母崇拜的道教色彩

龙母崇拜是岭南民间一种俗信，在西江流域和珠江流域以及港澳东南亚等地，龙母传说流传广泛，不管是水上人家，还是陆上人户，大都信奉龙母，龙母崇拜颇为盛行，成为南中国地区一大文化现象，极具历史意义和当代价值。近年来，学术界论及龙母崇拜，主要对悦城龙母传说的起源、流变和母题归类等问题进行了探讨，开拓了龙母传说研究的范围。随着研究的深入，不难发现龙母崇拜作为岭南民间俗信，明显带有道教色彩和意蕴，它所以长盛不衰，与民众膜拜、官方倡导以及道界推动不无关系。本文尝试从宗教学的角度，就粤地龙母崇拜再做一历史和现状剖析，以探究其道教色彩及其在岭南长盛不衰的因由，以就正于方家。

一 民间神女

关于龙母的传说，最早见载于南朝宋沈怀远《南越志》，云："昔有温氏媪者，端溪人也。居常涧中，捕鱼以资日给。忽于水侧遇一卵，大如斗，乃将归置器中。经十许日，有一物如守宫，长尺余，穿卵而出，因任其去留。稍长五尺，便能入水捕鱼，日得十余头，稍长二尺许，得鱼渐多，常游波中，萦回媪侧。后媪治鱼误断其尾，遂逡巡而去，数年乃还。媪见其辉色炳耀，谓曰：‘龙子今复来也。’因蟠旋游戏，亲驯如初。秦始皇闻之，曰：‘此龙子也，朕德之。’所致诏使者，以元珪之礼聘媪，媪恋土不以为乐。至始安江，去端溪千余里，龙辄乡船还，不逾夕，事本所如此数四，使者惧而止，卒不能召媪。媪殒瘗于江阴，龙子常为大波，至墓侧，萦浪转沙以成坟，土人谓之‘掘尾龙’。今南人以船为龙掘尾，即此也。”① 该志用了近三百个字详细记载了龙母的生平和事迹。端溪，在今德庆城东，今称涌河。汉朝因端溪之名而设端溪县，这是德庆设县之始。唐朝刘恂《岭表录异》也载道：“温媪者，即康州悦城县孀妇也。织布为业。尝于野岸拾菜，见沙草中有五卵，遂收归，置绩筐中。不数日，忽见五小蛇壳，一斑四青，遂送于江次，固无意望报也。媪常濯浣于江边。忽一日，见鱼出水跳跃，戏于媪前，自尔为常。渐有知者，乡里咸谓之‘龙母’，敬而事之。或询以灾福，亦言多征应。自是媪亦渐丰足。朝廷知之，遣使征入京师。至全义岭有疾，却返悦城而卒。乡里共葬之江东岸。忽一夕，天地冥晦，风雨随作。及明，已移其冢，并四面草木，悉移之西岸矣。”② 该篇也用了二百多字专述龙母史事。康州即德庆的古称，州治在端溪县。清人程鸣《孝通祖庙旧志》对龙母的祖籍和生平也有记载：“温氏，晋康郡程溪人也。其先广西藤县人，父天瑞，宦游南海，娶悦城程溪梁氏，遂家焉。生三女，龙母，其仲也，生于楚怀王辛未之五月初八。……常于稠人中望空，似有与之应答，间有以出入询者，辄中祸福，时人目为神女。”③ 这是说龙母生于

① （南朝宋）沈怀远：《南越志》，骆伟等辑注《岭南古代方志辑佚》，广东人民出版社，2002，第156～157页。

② （唐）刘恂：《岭表录异》，骆伟等辑注《岭南古代方志辑佚》，广东人民出版社，2002，第204页。

③ 欧清煜编《古坛仅存——悦城龙母祖母》，中国文史出版社，2002，第43页。

楚怀王辛未年，即公元前290年，祖籍广西藤县，其父官宦南海娶悦城程溪梁氏而成了康郡程溪人，即今肇庆市德庆县悦城镇人。清王士瀚在《重修〈悦城孝通龙母庙志〉·序》也载："忆肇郡以西，由苍梧直达滇黔，峨舸大艑，络绎不绝。于迅流飞湍中，澎湃瀚漫，夹以峰根石嘴，分布屏列，隐见出没其间，使人可见而不可见。当夫飓风怒号，两山挟闼来，又绝少迂湾港可以避其汹涌者，一叶相争，将何所恃而不恐乎？唯龙母神之灵，呼之即应，绵绵延延亘数千里，凡水宿风餐者，无不有龙母之神以呵护之也。"①

从上述史载不难看出，第一，龙母为康州人，即今广东省肇庆市德庆县人，姓温，周秦时人，是岭南地道土著民妇。第二，龙母以织布为业，或以捕鱼为生，因哺育龙儿有功而享有龙母之称。第三，龙母有特异功能，能平息水患、预知祸福和趋利避害，受世人敬仰而成为神女。第四，龙母事迹和影响始自秦代，遍及整个西江和珠江流域，乃至港澳东南亚地区，成为岭南万众景仰的地方神灵。

二　历代敕封

从秦始皇开始，历代皇帝对龙母均有敕封，据（光绪）《悦城龙母庙志》记载，龙母最早被封建国家敕封是在汉高祖十二年（前195），即在龙母死后（龙母卒于前210年）16年，被汉高祖刘邦敕封"程溪夫人"，加赐御葬；唐天祐元年（904），唐昭宗李晔敕封"永安夫人"，次年改封"永宁夫人"；南汉大宝九年

① （清）王士瀚：《重修〈悦城孝通龙母庙志〉·序》，欧清煜编《古坛仅存——悦城龙母祖庙》，中国文史出版社，2002，第47页。

(966)，南汉后主刘鋹敕封“龙母夫人”；宋太宗年间（976～997)，赵炅敕封“永济夫人”；宋熙宁十年（1077)，宋神宗赵顼加封“灵济崇福圣妃”；宋元丰元年（1078)，宋神宗赵顼又赠“永济夫人”；明洪武八年（1375)，明太祖朱元璋敕封“程溪龙母崇福圣妃”，九年（1376）又敕封“护国通天惠济显德龙母娘娘”；清康熙二十八年（1689)，清圣祖玄烨敕封“水府元君”；清咸丰三年（1853)，清文宗奕詝朱笔圈出龙母封号为“昭显”；同治七年（1868)，清穆宗载淳朱笔圈出“溥佑”为龙母封号；光绪八年(1882)，清德宗载湉朱笔圈出“广荫”为龙母封号[①]，将历代皇帝敕封加在一起，龙母的头衔全称是“程溪永安永宁永济夫人灵济崇福圣妃护国通天惠济显德昭显溥佑广荫龙母娘娘水府元君”，封典神符多达38个字，为历代神灵封号最丰者，有“膺封十数朝，享祀二千载”[②] 之誉，为此，龙母由民间传说神女，上升为朝廷祀神。龙母何以得到统治者的敕封呢?

首先，龙母有功于国和有德于民。宋张维《永济行宫记》曰：“大宋宋熙宁丙辰岁（1076)，交贼犯顺，皇师致讨，兵甲粮馈之运舟，首尾相继，未尝有风波之虞，使者具言夫人有功于国。”[③] 明朝《洪武诏书》也云：“荣名丰祀，惟圣与神，故有德于民者，允受太宇之祀，有功于国者，永膺之美之名字。……圣妃辅国安民，用是封为护国通天惠济显德龙母娘娘。掌握风云雷雨，岳渎山川，考较人间功过，福善祸淫。上奠神京之带砺，下佑普天之苍生。”[④] 清朝卢崇兴《悦城龙母庙碑记》也载：“嘉靖二十四年，两广都御使张公岳征封川‘僮贼’，见一朱衣妇人执钺以助，俄而擒

---

① （光绪）《悦城龙母庙志》，光绪十三年（1887）东裕堂藏板，第1页。
② （光绪）《悦城龙母庙志》，光绪十三年（1887）东裕堂藏板，第33页。
③ （光绪）《悦城龙母庙志》，光绪十三年（1887）东裕堂藏板，第29页。
④ 谭棣华等编《广东碑刻集》，广东高等教育出版社，2001，第758页。

获‘贼’首，此皆龙母默佑之灵所致。”从宋、明到清，龙母事迹显赫，既有德于民，也有功于国，所以得享荣名丰祀。

其次，致祭龙母有助神化统治。从历代封号可以看出，龙母自汉高祖刘邦十二年（前 195）被敕封为程溪夫人始，在唐、宋、明、清四个朝代都被封建统治者加封，分别为永安夫人、永宁夫人、灵济崇福圣妃、永济夫人、护国通天惠济显德龙母娘娘、水府元君等，先后九次受到皇帝的敕封，并且被纳入国家祀典。《宋史》云：“自今诸神祠无爵号者赐庙额，已赐额者加封爵，初封侯，再封公，次封王，生有爵位者从其本封。妇人之神封夫人，再封妃。”① 这些封号反映了统治阶级的一个共同心声，就是希望借助龙母娘娘的神灵护佑百姓的平安，国家的安宁和民族的统一，旨在神化统治，如明朝《奉天承运碑》所言：“汉初封为程溪夫人，历朝征讨不廷，则阵显长蛇，风送转运以奏凯。……锡福四民，勿届东西南朔，威压万波，往古来今，世世遣官致祭，亿万斯年与国无疆。”② 很清楚，世世遣官致祭就是要亿万斯年与国无疆。

官方的介入，无疑有利于龙母崇拜的扩展，推动了龙母祭祀地区的形成和发展。为此，龙母崇拜不仅在民间流行，成为民间俗信，而且官方也利用民间这种俗信，笼络人心，以期统治长久。

三 道教吸纳

道教从岭北南传岭南后，为了笼络南粤人心，加强本教在民众中的影响，同时受岭南文化的熏染和影响，很自然就将岭南民

① （元）脱脱：《宋史》卷一百零五，《礼仪志》。

② 谭棣华等编《广东碑刻集》，广东高等教育出版社，2001，第 758 页。碑存德庆悦城龙母庙。

间崇拜的龙母纳入道教信仰的神祇，成为道教神仙体系中的女仙，《悦城龙母庙志》“续附”收录了“玉皇大天尊玄穹高上帝”、“万发教主玄天上帝”和“水府元君”[①] 等头衔，这些都是道教的神号。“玉皇大天尊玄穹高上帝”，简称玉皇大帝，是道教总管三界（天上、地下、空间），十方（四方、四维、上下），四生（胎生、卵生、湿生、化生），六道（天、人、魔、地狱、饿鬼、畜生）的一切阴阳祸福之神祇，地位仅次于道教三清（玉清、上清、太清），为众神之皇。“万发教主玄天上帝”，是道教对真武玄天上帝的尊称，为司水之神，其神威赫濯，灵验无比，是道教敬奉的无量祖师，即道教守护神。“水府元君”由道教“三天上帝”加封而成，元君为修道得道之女子，《男女丹工异同辩》曰：“男子道成为真人，女子道成为元君。”[②] 水府是道教三界（天上、地下、水府）之一，为水神居住之所，将龙母冠以“水府元君”，即赋予龙母司水之职，龙母成为道教委任管治三江五渎之女神，也是南中国最灵验的水神，诚如广东德庆悦城龙母祖庙山门的对联所写道：“百粤洞天开水府；五灵初地起神龙。”百粤，古称南方人或南方人居住之地方。洞天，出自道书，《稽神枢第一》云：“大天之内，有地中之洞天三十六所。”[③] 为仙人居住的地方，“处大地名山之间，是上天遣群仙统治之所”[④]；水府，乃水神或龙所居的地方；五灵，即龙、麟、龟、凤、虎；初地，就是发祥之地；神龙，即龙母豢养之龙。对联实际上道出了其中奥妙：这里是初地，是龙腾之地，所以是龙

① （光绪）《悦城龙母庙志》，光绪十三年（1887）东裕堂藏板，第 90 页。

② （清）颜泽寰《男女丹工异同辩》，陈撄宁重校订，光绪癸卯岁（1903）刻本。

③ （南朝梁）陶弘景：《真诰》卷十一，《道藏》第 20 册，文物出版社、上海书店出版社、天津古籍出版社，1988，第 555 页。

④ （宋）张君房：《云笈七签》卷二十七，《洞天福地》，《道藏》第 22 册，文物出版社、上海书店出版社、天津古籍出版社，1988，第 199 页。

母祖庙；这里是洞天，神仙居所，所以又是道教圣地。诚然，龙母诞生之地广东德庆县悦城早有神仙之宅之称，《明一统志》云：悦城，“据三江口，居广东上防，当五州要路，阻山濒海，山麓胜境控江带山，延袤数千里”[①]，又“山河之固，犹有大府之风焉。……江南虽割，境内以宁；若香山后拥，灵严东开，固名胜之区而神仙之宅也”[②]，德庆悦城山川秀异，仙灵窟宅，自然孕育出女仙神灵龙母。

岭南龙母崇拜深深打上道教烙印，主要表现如下。

第一，龙母会道教辟谷术。清程鸣《孝通祖庙旧志》云：“（龙母）常于稠人中望空，似有与之应答，间有以出入询者，辄中祸福，时人目为神女。……旬日不食不改色。”[③] 旬日不食而面不改色，这是道教的辟谷之术，《庄子·逍遥游》云：“不食五谷，吸风饮露。”此术在秦汉时期方术中颇为流行，如汉武帝时李少君就修炼此术，《神仙传》云：“李少君……少好道，入泰山采药，修绝谷遁世全身之术。”[④]《汉书·郊祀志》也载：“（李少君）以祠灶、谷道、却老方见上。”颜师古注引李奇曰：“谷道，辟谷不食之道也。”凡服食、吐纳，都要辟谷，就是不吃五谷。道教认为谷气太浊，“食谷者知慧而夭，不食者不死而神”[⑤]，如果“既食百谷，则邪魔生，三虫聚”[⑥]，所以，要使智慧不夭，三虫不聚，就要断除谷气，人才能不死长寿。

第二，龙母神威灵验。历代史书不绝，唐人刘恂《岭表录异》

---

① （明）李贤等：《明一统志》卷八十一，《肇庆府·形胜》。

② （崇祯）《肇庆府志》卷八，《地理志》，《日本藏中国罕见地方志丛刊续编》，影印崇祯六年刻本。

③ 欧清煜编《古坛仅存——悦城龙母祖庙》，中国文史出版社，2002，第43页。

④ 葛洪：《神仙传》卷六，《李少君》，《四库全书》本。

⑤ 《淮南子·坠形训》。

⑥ （宋）张君房：《云笈七签》卷六十，《诸家气法》，《道藏》第22册，文物出版社、上海书店出版社、天津古籍出版社，1988，第417页。

载："或询以灾福，亦言多征应。"[①] 宋人吴揆《赐额记》云："每以水旱疾疫祈禳者，随叩随应。"[②] 清朝《咸丰三年礼部牒文》也曰："既仗威灵，而陆匪扫除，复叨呵护，而水魔远窜，凡有祈祷，莫不显灵。"[③]《悦城龙母庙志》还记载了一件具体事例："光绪戊申，羊城梁某妻患抱腰蛇疮，沉痛焦灼，莫可言状，药亦罔效。时龙母驻其家，长年供奉。梁遂日夜虔祷，梦一老妪谓曰：'盍往某处请某先生疗乎。'醒，异之，迹求医理，果瘳。"[④] 足见龙母具有兴云作雨、平息水患、祛病除患和预测未来的神能。如今，在岭南依然流传这样的民谣："道道圣旨封龙母，帝皇江山保得牢，官员拜奠认契母，官场顺利步步高，经商过往拜龙母，三年回头变富豪，平民百姓拜龙母，风调雨顺时年好。"就连前全国政协副主席、杰出的社会活动家、著名的爱国人士、澳门工商界知名人士马万祺先生亦有感龙母圣灵，特题《国泰民安感圣灵》诗一首，诗云："久仰悦城龙母显，有求必应鉴公平。天机奥妙诚难测，国泰民安感圣灵。"[⑤] 表达他对龙母神威灵验的景仰。

第三，龙母符带有道符功能。在岭南民间有戴"龙母符"的习俗，龙母符有龙母神像护身符、水府元君护身符、十二生肖金箔龙母护身符、龙母护身卡、龙母平安符和龙母符匙扣等，形式多样，做工精细。据说，龙母符经道士开光以后，便有神秘的法力，可以使人免祸消灾、平安无祸，这明显是受道教符箓派的影响。符是道教法术之一种，又称道符、符文、符书、符术、符图等，是将

① （唐）刘恂：《岭表录异》，骆伟等辑注《岭南古代方志辑佚》，广东人民出版社，2002，第204页。

② （宋）吴揆：《赐额记》，（清）阮元：《广东通志》卷二百一十，《金石略十二·宋六》，清道光二年（1822）刻本。

③ 欧清煜编《古坛仅存——悦城龙母祖庙》，中国文史出版社，2002，第27页。

④ 欧清煜编《古坛仅存——悦城龙母祖庙》，中国文史出版社，2002，第97页。

⑤ 欧清煜编《古坛仅存——悦城龙母祖庙》，中国文史出版社，2002，第89页。

神力以“符号”的形式，附着在规定的“文字”或图形，并书写在纸、绢、木、石等特定的物品上，作为天神的旨令，这是道士们所使用的法术。道教声称，符是天神的文字，是传达天神意旨的符信，用它可以召神劾鬼，降妖镇魔，治病除灾，如《三洞神符记》称：“以却邪伪，辅助正真，召会群灵，制御生死，保持劫运，安镇五方。”[①] 道教创教初张道陵即“造作符书”[②]，张角“为符祝”[③]，到了东晋著名道士葛洪著《抱朴子内篇》，其中收录的“诸符”[④] 多达五十多种，可见符的功能之大。岭南“龙母符”，不管是龙母神像护身符，或是水府元君护身符、十二生肖金箔龙母护身符、龙母护身卡，还是龙母平安符，均具有驱邪降魔、治病禳灾、娱神乐鬼的功效，渗透着道教斋醮科仪。

第四，龙母诞会成为道教节庆。龙母诞日主要有龙母生辰诞和龙母得道诞。岭南民间把农历五月初八龙母生日视为龙母生辰诞，把龙母忌日农历八月初一说成“得道日”，即得道飞升，也就是得道诞，“得道”是道教的一种说法，是成仙的条件之一，也是道教修炼的主要目的。龙母诞期间，举行隆重的龙母贺诞仪式活动，其中有一项是恭请“天上的仙姑女”下凡，为龙母宝诞献礼。此外，还有正月初四为龙母开金印，正月二十二为龙母开金库，五月初一晚为龙母沐浴和为龙母圣物开光，十二月十五为龙母水灯节，等等。各个诞日活动均由道士巫祝主持，如“圣物开光”定在当晚12时，开光时，将庙内所有要出售的物品盛于一个个小木盆内，再搬到正殿，由道士在鼓乐齐奏声中，念咒语、施法术，据说经过开光的物品不同于普通物品，而是具有某种特殊的法力。又如

---

① 《道藏》第2册，文物出版社、上海书店出版社、天津古籍出版社，1988，第143页。

② （南朝宋）范晔：《后汉书·刘焉传》。

③ （晋）陈寿：《三国志·魏书·张鲁传》注引《典略》。

④ （晋）葛洪：《抱朴子内篇·遐览》。

“服香灰”，即饮服拜祭过的龙母香灰，据说，龙母香案上的香灰是“圣丹灵药”，内服可治肚痛，外用可医跌打刀伤。再如“盖龙母金印”，即将准备好的新毛巾，拿到“种福金盖龙母印”活动处，盖上龙母金印，名曰“金印”，实则用铁块制成，上刻“历朝敕封护国惠济显德龙母娘娘之宝”。金印本是皇帝的专利，盖龙母金印，显示了龙母的至高无上和法力无边，民间以为有了它可以辟邪。盖龙母印者多为妇女，与早期妇女用毛巾祭龙母有关，后演变为用毛巾盖龙母金印的习俗，明显带有道教意味，是一种道教化的民间俗信，如有学者指出：“它与龙母符一样，是受了道教符箓镇邪思想的影响。”① 在诞期，各方善信游人会集于庙内，争先恐后朝拜龙母，上香、摸龙床、照龙母镜、用龙母梳、洗龙母水、喝龙母茶、服香灰、盖龙母金印，等等，祈求好运，场面盛大，热闹非常，带有道教色彩的龙母诞日习俗引起社会广泛关注，已被列入广东首批申报国家非物质文化遗产代表作，被列为濒危民间绝艺。

四 南粤景仰

岭南民间崇拜和感恩龙母，很早就建起龙母庙。据《悦城龙母庙志》载：“龙母祖庙始建于秦汉之世。”② 宋人张维《永济行宫记》云：“唐太和中，李景休、会昌赵令则刻文于碑，详矣。”③ 可惜赵、李二石刻已不存。据光绪《德庆州志》载，《新修龙母庙楼碑》是“李景休撰，郭齐正书，太和六年正月一日记”④。太和六

① 蒋明智：《悦城“龙母诞”的历史与现状》，《民间文化论坛》2005年第3期。

② （光绪）《悦城龙母庙志》，光绪十三年（1887）东裕堂藏板，第1页。

③ （光绪）《悦城龙母庙志》，光绪十三年（1887）东裕堂藏板，第28页。

④ 曹秉仁编纂（光绪）《德庆州志》卷十四，《艺文志第三·金石》，清光绪二十五年（1899）刊本。

年为公元 832 年，这是龙母祖庙史有明确文字的维修记载。龙母祖庙位于德庆县悦城镇中心，前为西江，一川东流，气势磅礴，后为五龙山，山色葱茏，为古庙天然屏障。

龙母祖庙作为岭南民间信仰的场所，也是一所宏大的道场，其规模与格局非同一般庙宇，为岭南地区所仅见。除供奉龙母的大殿外，还设有处理庙务的“行宫公所”和专门接待香客信士的“西客厅”。行宫之设，不会迟于宋代，据宋人邓桓显《孝通庙记》载，各地“多据形势以建其庙，则血食之奉，益广而无穷者，自兹庙始”[①]。清康熙间程鸣所撰《孝通祖庙旧志》也载：“康州四乡三百余寨，皆设行祠。别郡所设，难以枚举。”[②] 龙母行宫遍及村村寨寨。明、清两代曾多次扫荡所谓“淫祠”，龙母祖庙却不断扩建，愈加堂皇。光绪《悦城龙母庙志》云：“世之祠庙所立而崇奉者岂少哉，而母之庙貌巍然，独长存于天壤。”[③] 西江中下游的德庆，崇龙风俗非其他地可比，亦证明瓯骆文身断发以像龙子之滥觞，非德庆为中心莫属。德庆带龙字的地名有上百处，龙姓是县内十大姓之一，县内以舞龙、赛龙舟、跑旱龙、趁龙船圩为风尚，这一切显然都与龙母崇拜有关。

此外，岭南还有多处龙母庙。一是德庆龙母庙，据光绪《德庆县志》载，仅德庆县内有三百多座[④]。二是梧州龙母太庙，据同治《苍梧县志》载，梧州城东西江畔、城北桂江畔、长洲岛浔江畔，各有一座龙母庙[⑤]。现仅存城北桂江畔的龙母庙，始建于北宋初年，明万历、清康熙和雍正年间均曾重修，20 世纪 80 年代重

---

① 欧清煜编《古坛仅存——悦城龙母祖庙》，中国文史出版社，2002，第 23 页。

② 欧清煜编《古坛仅存——悦城龙母祖庙》，中国文史出版社，2002，第 44 页。

③ （光绪）《悦城龙母庙志》，光绪十三年（1887）东裕堂藏板，第 42 页。

④ 朱一新编纂（光绪）《德庆州志》卷五，《营建志第四·坛庙》清光绪二十五年（1899）刊本。

⑤ （同治）《苍梧县志》卷七，《建置上·坛庙》。

修，并改名为“龙母太庙”，成为粤港澳乃至东南亚的祈福圣地，堪称中国龙母第一庙，每年农历五月初八为“龙母诞”，成千上万的两广以及港澳台游客前来梧州龙母庙观光朝拜，还有派生出来的龙母民俗活动，如划龙舟、龙母戏等。三是藤县[①]龙母庙，据清光绪《藤县志》卷五载：“龙神庙在石人岭下知县邱堂祈雨率众创建龙母庙，在水东街胜概坊。”[②] 四是大明山[③]龙母庙，据清代编撰的《武缘县图经》卷三记载：“龙母庙，县境乡村多有之。”据不完全估计，环大明山有龙母庙约二十多座，均供奉龙母。五是岑溪市[④]龙母庙，现有两座，一座是大竹村龙母庙，位于岑溪市糯垌镇大竹村龙母盎的父老河与糯垌河交汇处，建于何年不详，遗址已毁，1990 年重建。另一座在三堡镇糯垌河与义昌江交汇点的三堡街上，建于清代乾隆十六年（1751），主要供奉龙母、关公及道教神灵。五是扶溪[⑤]龙母庙，据《仁化县志》等史料记载，此庙又名南台庙，建于唐高宗仪凤元年（676），是当地为纪念龙母的恩德所建，与肇庆市德庆县悦城龙母祖庙同源齐名。各地龙母庙在南粤民众心中都负盛名，历经千年岁月的洗礼，如今更加神圣和开放，成为南粤子孙和海内外龙的传人寻根问祖、四海朝宗、祈福观光的宗教旅游胜地。

综上所述，龙母崇拜有着浓厚的道教色彩，其所以在岭南长盛不衰，民间固然是主力，亦有赖于官方的倡导，道界的推动作用更不容忽视，它体现岭南民俗文化与道教文化的融合，是岭南文化与道教文化互动的必然结果。

---

① 按：藤县位于广西北流河与西江连接的地方。

② （光绪）《藤县志》卷五，《建置志·坛庙》。

③ 按：大明山位于广西南宁市。

④ 按：岑溪市是广西壮族自治区梧州市的辖市，位于广西东南部。

⑤ 按：扶溪位于广东省北部，隶属韶关市。

妈祖俗信入粤及其道教意蕴

妈祖信仰源自北宋时期的闽地，已成为学界共识。之后，妈祖信仰南传北播，妈祖宫庙几乎遍建全国南北海疆，尤其在广东地区，妈祖信仰成为民间重要俗信，历经千年不衰，迄今仍焕发勃勃生机，引人注目和耐人寻味。随着研究的深入，我们发现妈祖俗信明显带有道教色彩和意蕴，它所以入粤和长盛不衰，与民众膜拜、官方倡导以及道界推动有密切关系。本文尝试从宗教学和文化传播学的角度，就妈祖俗信入粤的原因及其道教意蕴作一探究。

一　妈祖俗信入粤的时间及其分布

妈祖俗信初兴于北宋时期的福建莆田，这是不争之事实。但何时传入广东各地，学界未有定论。然根据目前所接触的材料，妈祖俗信传入粤地的时间应在南宋初年。

1. 从加封妈祖的诏令看妈祖俗信入粤的时间

元佚名《崇福夫人神兵》载："广州城南五里，有崇福无极夫人庙，碧瓦朱甍，庙貌雄壮。"[①] 这座庙的位置，据嘉靖《广东通

① 蒋维锬、郑丽航辑纂《妈祖文献史料汇编》第一辑，散文卷，中国档案出版社，2007，第 9 页。

志》的记载："天妃庙，在归德门外，五羊驿之东。"[①] 但具体建于何年，却没有文献详记，当今学者有不同说法，有学者指出建于"理宗嘉熙四年（1240）前"[②]，也有学者认为"妈祖于宋乾道三年（1167）加'崇福'封号。故广州庙应建于此时"[③]，更有学者肯定说"宋乾道二年（1166）已有崇福夫人庙"[④]，以上说法前后相差100多年，何者为准？据《天妃显圣录》载，妈祖是在宋高宗绍兴二十五年（1155）诏封"崇福夫人"，到光宗绍熙元年（1190）晋封"灵惠妃"，之后都是"妃"，甚至"天妃"和"天后"格，如"助顺妃""显卫妃""英烈妃""善庆妃""慈济妃""显济妃""明著天妃""仁慈天后"，等等[⑤]。借此推论，建庙年代应在1155~1190年，这是粤中地区迄今可考较早的妈庙。另外，宋宁宗《加封"助顺"诏》称："灵惠妃宅于白湖，福此闽粤，雨旸稍愆，靡所不应。"[⑥] 宋宁宗颁发这个诏令的时间为南宋庆元四年（1198），位于福建白湖的顺济庙已福荫闽粤两地，显然妈祖已广为闽粤两地民众所奉祀，足见妈祖俗信在南宋初年已经传入了粤地，并为粤人接受。

2. 从建立妈祖宫庙的时间看妈祖俗信入粤的端倪

汕尾市有甲子顺济宫，建于宋孝宗乾道五年（1169），由甲子

---

① （明）黄佐：《广东通志》卷三十，《政事志三·坛庙》明嘉靖四十年（1561）刻本。

② 陈佳荣：《万里海疆崇圣妃——两宋妈祖封祀辨识》，澳门海事博物馆、澳门文化研究会编《1995·澳门妈祖信俗历史文化研讨会论文集》，澳门海事博物馆、澳门文化研究会联合出版，1998，第17~26页。

③ 蒋维锬：《〈崇福夫人神兵〉校记》，蒋维锬、郑丽航辑纂《妈祖文献史料汇编》第一辑，散文卷，中国档案出版社，2007，第9页。

④ 张大任：《从广东省妈祖宫资料看历史上闽粤关系——〈妈祖宫集成〉广东省部分》，《福建论坛》1996年第5期。

⑤ 不著撰人：《天妃显圣录·历朝显圣褒封共二十四命》，《台湾文献史料丛刊》第九辑，《台湾文献丛刊第七七种》，台湾大通书局，2000。

⑥ （宋）潜说友：《咸淳临安志》卷七十三，《祠祀三·古神祠》。

名绅范有仁捐巨资修建[①]，宫名取自妈祖所得的第一个褒封，即宋徽宗宣和五年（1123）的赐额“顺济”二字[②]，它与宋代妈祖信仰肇始地福建莆田地区四大顺济庙的建立时间接近[③]，这是粤东地区迄今可考最早建立的一座妈祖宫庙。另外，粤西恩平市仕峒村亦有岡头天后庙，“相传宋莆田吴光集知南恩州军事时，随带偶像在任，解任后，家于仕峒，遂建庙奉祀于村旁，以时瞻拜”[④]，吴光集原籍福建莆田，宋朝进士，南宋乾道元年（1165）出任第20任南恩州（现阳江地区、恩平全境及开平部分区域）知军州事，乾道六年（1170）卸任后定居牛江仕洞村，创建天后庙。可见，妈祖俗信在福建兴起不久，便传入了粤地，其入粤时间，大致在宋高宗绍兴年间至宋孝宗乾道年间，即在南宋初年。其间，粤东和粤中以及粤西等地都建立妈祖宫庙，如粤东有深奥天后宫，“宋时番舶建”[⑤]；南澳古天妃庙，“在南澳山，宋代建”[⑥]。粤中亦有几处，如东莞天妃庙，“在官厅头旧演武亭后，建自宋代，明万历十一年廓而大之”[⑦]；顺德天后庙，“在众涌，宋博士卢爱澜建，卢仕莆田，祷于神而得子，遂迎像归其乡，庙祀之，伪永历三年修”[⑧]；南海

① 叶良方：《汕尾市民俗民风》第六节，《信仰习俗·神佛崇拜》，汕尾市地情网。

② （宋）廖鹏飞：《圣墩祖庙重建顺济庙记》，蒋维锬、郑丽航辑纂《妈祖文献史料汇编》第一辑，碑记卷，中国档案出版社，2007，第1页。

③ 湄洲、圣墩、江口、白湖为莆田地区四大顺济庙，分别建于宋太宗雍熙四年（987）（见学界较普遍观点）、宋哲宗元祐元年（1086）（见廖鹏飞《圣墩祖庙重建顺济庙记》）、宋高宗绍兴二十七年（1157）［见（弘治）《八闽通志》卷六十，《祠庙·兴化府》］、宋高宗绍兴三十年（1160）［见（弘治）《八闽通志》卷六十，《祠庙·兴化府》］。

④ （道光）《恩平县志》卷九，《秩祀一·坛庙祠》。

⑤ （明）陈天资：《东里志》卷一，《疆域·祠庙》，汕头市地方志、饶平县地方志编纂委员会办公室印行，1990。

⑥ 朱庆澜：《广东通志稿》，《中国公共图书馆古籍文献珍本汇刊·史部》第三册，全国图书馆文献缩微复印中心，2001，第1150页。

⑦ （宣统）《东莞县志》卷十八，《建置略三·坛庙祠》。

⑧ （咸丰）《顺德县志》卷十六，《胜迹略·祠庙》。

天后庙，“在大沥堡莅庄乡，宋季建”[①]。粤西有阳江崇善坊天后宫，“天后宫在崇善坊，曰‘祖创宫’，传自宋创建”[②]。广东诸多宫庙明确建于宋代，表明妈祖俗信传入粤地与其发源地福建莆田的流播时间相距不远。

妈祖俗信自南宋初年传入粤地后，便广为粤人接受和追捧，福建莆田人刘克庄于嘉熙四年（1240）初赴任广东提举，就到过广州妈祖庙祈福，“南使粤，见□楚、番禺之人祀妃尤谨”[③]，他不无感慨地说：“广人事妃，无异于莆（田），盖妃之威灵远矣。”[④] 可见此时粤人信仰妈祖已经达到炽盛。及至元朝，妈祖被视为南海女神，敕封天妃，“南海女神灵惠夫人，至元中，以护海运有奇应，加封天妃神号”[⑤]，与南海神同等待遇，同日接受朝廷致祭。明清以降，粤地俗信妈祖更加盛行，祭祀妈祖的庙宇众多，从粤东到粤中、粤西，妈祖信仰蔚为大观。粤东的揭阳“揭人家尸里祝祠，貌遍红尘绿亩间”[⑥]。粤中的新安（今深圳宝安）“凡渡海者必祷”[⑦]，佛山“天妃司水乡，人事之甚谨，以居泽国也。其演剧以报，肃筵以迓者，次于事北帝”[⑧]，东莞“衣文衣，跨宝马，结彩棚，陈设焕丽，鼓吹阗咽，岁费不赀”[⑨]。粤西的海康“天妃庙在郡城外南亭坊，庙有银器，祀用，监庙者沿主之”，徐闻“天妃庙，海安所南门外渡头，各官往

---

① （道光）《南海县志》卷十二，《建置略四·坛庙》。

② （民国）《阳江县志》卷九，《建置二·坛庙》。

③ （宋）刘克庄：《后村先生大全集》卷九十一，《记·风亭新建妃庙》，四川大学古籍研究所编《宋集珍本丛刊》第八十册，线装书局，2004。引文中“□”为脱字。

④ （宋）刘克庄：《后村居士集》卷三十六，《祝文·圣妃庙》，四川大学古籍研究所编《宋集珍本丛刊》第八十册，线装书局，2004。

⑤ （明）宋濂：《元史》卷七十六，《祭祀志五》。

⑥ （清）刘业勤：《天后庙重建碑记》，（清）刘业勤：《揭阳县志》卷八上，《艺文志·记》，民国二十六年（1937）重印本。

⑦ （清）范端昂：《粤中见闻》卷五，《地部二·天妃庙》。

⑧ （乾隆）《佛山忠义乡志》卷六，《乡俗志·岁时》。

⑨ 陈伯陶：《东莞县志》卷九，《舆地略八·风俗》，养和书局，民国十六年（1927）版。

来皆具牲礼祭之”[①]。足见广东地区奉祀之盛况。

据上，妈祖俗信入粤的时间无疑处于南宋初年，范围遍布广东各地，据笔者不完全统计，自南宋以来，仅见于方志记载的广东妈祖宫庙多达400多处。从粤地妈祖宫庙创建的时间及其分布，可以看出妈祖俗信在广东的传播路线与闽人的徙粤和海上航线基本相符，即妈祖俗信从其发源地福建莆田湄洲屿由其信徒从海路首先传入粤东潮汕地区，然后向粤中、粤西各港口城市和岛屿传播，其传播的轨迹大致是由粤东向粤中、粤西纵深发展。

二 妈祖俗信入粤的原因

妈祖俗信何以迅速传入粤地？究其原因，主要有如下几点。

1. 广地位置殊异

粤地多水乡，“吾粤固水国也，民生于咸潮，长于淡汐”[②]，粤中广州位于珠江三角洲北缘、西北东三江交汇处，自古是我国岭南地区一个重要的河港和海港，自唐以来，尤其是宋代设置市舶司之后，成为对外贸易的主要港口城市，海上贸易络绎不绝。粤西一带港湾众多，自汉代开始，粤西沿海就是“海上丝绸之路”的必经之处，有的是始发港，如湛江，原称广州湾，三面临海，港湾罗布，海岸线长达1600多公里，海上交通发达；又如徐闻，海上丝绸之路著名始发港之一，三面环海，港湾密布，盛行海上作业。有的是转运港，如阳江，南临南海，海岸线长，岛屿众多，舟楫往来，商贸频繁。粤东濒海，“民多居水乡”[③]，宋代渐成渔

① （万历）《雷州府志》卷十一，《秩祀志·坛庙祠》。

② （清）屈大均：《广东新语》卷六，《神语·真武》。

③ （同治）《番禺县志》卷五十四，《杂记二》。

村，至清乾隆、嘉庆年间开发为埠市，“有淤泥浮出作沙汕数道，乃商船停泊之总汇。……为海防要隘”[①]。可见，粤人整日与“水”打交道，“民多以舟楫为食”[②]，终年浮家泛宅，“风汛叵测，往往多漂没”[③]，江水无情，危及性命。由于科学知识的贫乏，人们对海上自然现象无法解释，难免产生恐惧和依赖，唯有寄望一种超人的力量能够控制水域，如恩格斯所说，“人间的力量采取了超人间的力量的形式”[④]，于是海神妈祖在广东各地受到特别崇拜，《广东新语》云：“粤人事海神甚谨。……凡渡海自番禺者，率祀祝融、天妃。”[⑤] 海康《夏江天后宫碑刻》亦云：“东南海国，民多走舟楫。风涛震荡，□拜□天妃，遂有祥光。”[⑥] “我雷三面潮海，母之神灵，随潮变化，吾侪之沾巨泽者，尤深也。故建庙于郡之南亭关以祀之。”[⑦] “我雷僻处海隅，为南滨之地。虽鲲鹏变化，不无奇观，而风潮不测，每以为患。于是群奉天妃圣娘，建庙于城南祀之，为合群之馨香，作海邦之舟楫，由来旧矣。”[⑧] 粤地殊异的自然地理环境，造就妈祖信仰的勃兴和发展。

2. 广人崇巫信俗浓厚

粤地自古以来即为巫风炽盛、巫术盛行之地。《史记》载：“（汉武帝）是时既灭南越，越人勇之乃言：‘越人俗信鬼，而其祠

---

① （嘉庆）《澄海县志》卷七，《山川》。

② （清）阮元：《广东通志》卷九十二，《舆地略十·风俗一》清道光二年（1822）刻本。

③ （清）周天成：《东莞县志》卷九之三，《祠庙》。

④ 中共中央马克思恩格斯列宁斯大林著作编译局编译《马克思恩格斯选集》第三卷，人民出版社，1972，第 354 页。

⑤ （清）屈大均：《广东新语》卷六，《神语·海神》。

⑥ 《重修天妃庙碑记》，谭棣华等编《广东碑刻集》，广东高等教育出版社，2001，第 537 页。引文中“□”为脱字。

⑦ 《天后宫港澧碑》，谭棣华等编《广东碑刻集》，广东高等教育出版社，2001，第 542 页。

⑧ 《天后宫蓎草港碑》，谭棣华等编《广东碑刻集》，广东高等教育出版社，2001，第 541 页。

皆见鬼，数有效。昔东瓯王敬鬼，寿至百六十岁。后世谩怠，故衰耗。’乃令越巫立越祝祠，安台无坛，亦祠天神上帝百鬼，而以鸡卜。上信之，越祠鸡卜始用焉。”① 粤人之崇巫信鬼早在西汉武帝时期已经出名，闻名京城。及至唐末五代，战乱不断，灾难频仍，迷信巫鬼更加盛行。特别是南汉刘氏治粤期间，统治者崇信巫道，如南汉高祖刘龑凡有大事，即问卦占卜，“龑初名‘岩’，又更曰‘陟’。九年，白龙见南宫三清殿，改元曰‘白龙’，又更名‘龑’，以应龙见之祥。有胡僧言：谶书：‘灭刘氏者龑也。’龑乃采《周易》‘飞龙在天’之义为‘龑’字，音俨以名焉”②。于941年改名为“刘龑”。又统治者宠信巫道，如南汉后主刘鋹事无大小，必听巫师，“内官陈延受引女巫樊胡入宫，言玉皇遣樊胡命鋹为太子皇帝，乃于宫中施帷幄，罗列珍玩，设玉皇坐。樊胡远游冠、紫衣、紫霞裙，坐宣祸福，令鋹再拜听命。尝云琼仙、澄枢、延受皆玉皇遣辅太子皇帝，有过不得治”③，女巫樊胡等巫师相继得幸用事，政务、军务、家国大事无不委以巫师以巫术方式处理。

上行下效，民间巫师活动更是触及社会的方方面面，据《续资治通鉴》载，971年，“知邕州范旻奏刘鋹时白配民物十数事，辛巳，悉命除之。邕州俗尚淫祀，被病者不敢治疗，但益杀鸡豚，徼福于淫昏之鬼”④。邕州为今广西南宁，其俗尚淫祀，广东亦然，“习尚俗素尚鬼，三家之里必有淫祠庵观，每有所事，辄求珓祈签，以卜休咎，信之惟谨。……自宋已然”⑤。可知其时整个广东巫风炽盛，这就为妈祖俗信入粤奠定了社会基础和提供了契机。妈

① （汉）司马迁：《史记·孝武帝本纪》。

② （宋）欧阳修：《新五代史》卷六十五，《南汉世家第五》。

③ （元）脱脱：《宋史》卷四百八十一，列传第二百四十，世家四《南汉刘氏》。

④ （清）毕沅：《续资治通鉴》卷七，《宋纪七》。

⑤ （明）黄佐：《广东通志》卷第二十，《民物志一·风俗》明嘉靖四十年（1561）刻本。

祖“生而灵异，少而颖慧，长而神化”[①]，她“初，以巫祝为事，能预知人祸福”[②]，“符咒径可辟邪，法力日见玄通。常身在室中，神游方外，谈吉凶祸福，靡不奇中”[③]，又“自宋兴以来，威灵昭赫，有祷必应”[④]，其巫术和灵应与粤地民间“俗尚巫鬼”[⑤]一拍即合，可以说，两者在祈祷的方式、崇拜的动机和结果上是一致的，因而容易为粤人所接受，在粤地颇有人缘，大有市场。

3. 广地官商大力推崇

广地官商多信仰妈祖，他们或是主持修建妈祖宫庙，或是捐金修建妈祖宫庙。如高要圣妃顺济庙，“在城东擢英坊，宋太守朱显之建”[⑥]，朱显之是接替包拯出任端州知军事的，他在任职期间创建了该庙。又如海南海口的天后宫，建于元代，明洪武间屡葺，历次主持修建的多是地方官员和商人，“商人谭海清等建后寝三间及观音堂，并塑诸神像。国朝雍正七年监生陈国安、生员杨凤翔等募建大门三间，十二年，知县鲍启泌详准在海口关税内支担规银四两四钱半，春秋二祭。乾隆十一年（1746），陈国安复募建庙前铺尾十间，岁收租银以供香火。迄今官民渡海来往，必告庙虔祀之，灵异甚著”[⑦]。海南陵水县北门外的天后庙是由知县沈应礼于明万历三十五年（1607）创建，并于“康熙三十六年（1697）知县李聘

---

① 不著撰人：《天妃显圣录·序一》，《台湾文献史料丛刊》第九辑，《台湾文献丛刊第七七种》，台湾大通书局，2000。

② （宋）廖鹏飞：《圣墩祖庙重建顺济庙记》，蒋维锬、郑丽航辑纂《妈祖文献史料汇编》第一辑，碑记卷，中国档案出版社，2007，第1页。

③ 不著撰人：《天妃显圣录·窥井得符》，《台湾文献史料丛刊》第九辑，《台湾文献丛刊第七七种》，台湾大通书局，2000。

④ 不著撰人：《天妃显圣录·序一》，《台湾文献史料丛刊》第九辑，《台湾文献丛刊第七七种》，台湾大通书局，2000。

⑤ （道光）《南海县志》卷八，《舆地略·风俗》。

⑥ （清）陈梦雷：《古今图书集成·方舆汇编职方典》卷一千三百九十五，《肇庆府部汇考八·肇庆府祠庙考之一》，海图书集成铅板印书局，清光绪十年（1884）铅印本。

⑦ （道光）《琼州府志》卷八，《建置·庙一》。

率邑人重修”[①]；广东吴川县（今吴川市）黄坡墟兴隆街的天后宫则是明朝时由“李、郑、黄、吴十甲倡建”[②]。不少宫庙更是由官商出资修建，如揭阳县（今揭阳市）南关外天后庙，乃乾隆二年（1737）“各洋商呈明知县张薰，建庙三栋”[③]；澄海县（今澄海区）南门外火神庙旧址的天后宫，建于乾隆三十四年（1769），“费皆出自邑商”[④]。官商对妈祖宫庙的大力兴建和对妈祖的大加祭祀，带动了民众对妈祖信仰的蓬勃发展，造成妈祖信仰活动的活跃和妈祖俗信的普及。

4. 广地海运业发达

秦汉时期，广东已有海运，“所至国皆禀食为耦，蛮夷贾船，转送致之”[⑤]。唐宋以来，广州是最重要的对外贸易中心，“地当要会，俗号殷繁，交易之徒，素所奔凑”[⑥]。唐时，广东海运发达，“涨海奥区，番禺巨屏，雄蕃夷之宝货，冠吴越之繁华”[⑦]。南汉立国，倚南海商利为收入之大宗，“凡岭北商贾至南海者，多召之”[⑧]，经营海上通商事业，增辟良港，尤为海上贸易创造有利条件，至宋时海上贸易大盛，“海舶贸易，商贾交凑”[⑨]。自明初以来，广州海运业有更大发展，据《西庵集》载，当时的广州已是“岢峨大舶映云日，贾客千家万家室”[⑩] 的对外贸易港口。海运业需

---

① （道光）《琼州府志》卷八，《建置·庙一》。
② （光绪）《吴川县志》卷三，《建置·坛庙》。
③ （清）刘业勒：《揭阳县志》卷二，《建置志·庙宇》，民国二十六年（1937）重印本。
④ （嘉庆）《澄海县志》卷十六，《祀典》。
⑤ （汉）班固：《汉书》卷二十八，《地理志第八下》。
⑥ （唐）陆贽：《论岭南请于安南置市舶中使状》，（清）董诰等辑《全唐文》卷四百七十三。
⑦ （唐）陆扆：《授陈佩广州节度使制》，（清）董诰等辑《全唐文》卷八百二十七。
⑧ （清）吴任臣：《十国春秋》卷五十八，《南汉高祖纪》。
⑨ （明）黄佐：《广东通志》卷第二十，《民物志一·风俗》，明嘉靖四十年（1561）刻本。
⑩ （明）孙蕡：《西庵集》卷三，《歌行·广州歌》。

要长途跋涉，海上作业险象环生，人身安危不可预知，加之商业竞争带有冒险性，如何确保人身安全和经济利益，在科学文化仍不怎么发达的情况下，粤人只能寄望神灵保护，海神天妃能“救厄而平波息浪，扶危而起死回生，大慈大悲，救苦救难”①，于是天妃信仰大有市场。如粤中广州城南崇福无极夫人庙，“南船往来，无不乞灵于此”②；粤东潮州，“凡乡人有祷辄应，航海者奉之尤虔”③，不但渔民祀奉，官商也敬奉，如潮阳达濠埠天后庙，“埠众渔船共祀之”，招都河渡天后宫，则是专供“商船祀之”④。又如粤西雷州半岛，“天妃于海神最灵。诸渡者必走谒祠问吉凶，或中流难起，则舟人匍匐叩神，望赤光荧薄帆樯则神来也，舟人无恐也，以故濒海在在置祠”⑤。正是渔业和商业等航海业的发展，启动和推进了妈祖信仰在粤地的传播。

5. 闽人入籍粤地

唐末五代是中国古史上又一次北人南移高潮时期，“唐自安、史之乱，藩镇专制，百有余年，浸成割据。及巢贼蹂躏，郡邑丘墟。降臻五季，豪杰蜂午，各挟智力，擅为封疆，自制位号，以争长雄”⑥。天下大乱，唯粤地稍安，“唐末，南海最后乱，僖宗以后，大臣出镇者，天下皆乱无所之，惟除南海而已”⑦，粤地的安定，吸引北人南迁，其中不少是从江南闽浙一带迁入，如粤东潮汕地区是闽人入粤的第一站，唐末五代以来，不断有闽人入粤，到南宋时，由闽迁粤的人数很多，祝穆《方舆胜览》云：“虽境土有

---

① 《太上老君说天妃救苦灵验经》，《道藏》第11册，文物出版社、上海书店出版社、天津古籍出版社，1988，第408页。

② （元）佚名：《崇福夫人神兵》，蒋维锬、郑丽航辑纂《妈祖文献史料汇编》第一辑，散文卷，中国档案出版社，2007，第9页。

③ （乾隆）《潮州府志》卷二十五，《祀典》。

④ （光绪）《潮阳县志》卷七，《坛庙》。

⑤ （万历）《雷州府志》卷十一，《秩祀志·坛庙祠》引《检讨邓宗龄记》。

⑥ （元）脱脱：《宋史》卷四百七十八，列传第二百三十七，世家一《南唐李氏》。

⑦ （宋）欧阳修：《新五代史》卷六十五，《南汉世家第五》。

闽、广之异。……而风俗无潮、漳之分。”[①] 据说潮州大姓陈氏就是宋时从莆田移入的。粤中广州地区，亦有不少闽人，刘克庄任职广东提举时就见到很多在广州城南经商的闽人，“濒江多海物，比屋尽闽人，四野方多垒，三间欲卜邻”[②]。海南岛也有不少闽人，《陈氏十一世迁定始祖暨十一世祖墓志铭》云：“公姓陈氏，讳清，字慎斋。先世福建泉州晋江人。宋建炎间，……公变姓名游琼，家于首邑苍原都，是为入琼始祖。”[③] 可见陈氏自南宋建炎入琼便定居下来了。粤西湛江地区的沿海居民，也多为福建移民，据《吴川县志》载：“吴川巨族，吴林陈李几家而已。……自闽入粤。”[④] 宋绍圣四年（1097），大文豪苏辙被贬雷州时，发现“予居海康……其耕者多闽人”[⑤]，如今流行于湛江地区，包括遂溪、海康、徐闻等地的雷州话，就是属于闽南语系的一种方言，甚至有学者研究后指出：“雷州话的祖宗话是古代闽语的莆田话。”[⑥] 在赤坎，至今仍有福建街、福建村、福建河等地名，见证当年闽人入粤的历史。这些入粤闽人，有的是妈祖的同乡，有的甚至是妈祖的同宗或是同姓，与妈祖有着地缘和亲缘的关系，高明人林宜煊记云：“吾祖自始迁以来，家有其衔，曰‘天后祖姑’。……吾始祖来自莆田。”[⑦] 他们入粤，自然将妈祖信仰带入，“每逢诞辰，设祭于祠之中堂亦有年，后议建庙”[⑧]，位于湛江赤坎文章湾的天后宫，就是

---

① （宋）祝穆：《方舆胜览》卷三十六，《潮州》。

② （宋）刘克庄：《后村集》卷十二，《诗·城南》，四川大学古籍研究所编《宋集珍本丛刊》第八十册，线装书局，2004。

③ 《陈氏十一世迁定始祖暨十一世祖墓志铭》，谭棣华等编《广东碑刻集》，广东高等教育出版社，2001，第944～945页。

④ （光绪）《吴川县志》卷十，《杂录》。

⑤ （宋）苏辙：《栾城后集》卷一，《和子瞻次韵陶渊明劝农诗〈并引〉》。

⑥ 蔡叶青：《雷州话源流考》，政协湛江文史资料研究委员会：《湛江文史资料》第4册，1985，第11页。

⑦ （光绪）《高明县志》卷十六，《杂志·庙宇》。

⑧ （光绪）《高明县志》卷十六，《杂志·庙宇》。

一座典型的闽南风格仿古建筑，其正门对联更写道：“湄洲分灵迁湛土，文田香火继莆田。”又位于雷城天后宫的大门对联为：“闽海恩波流粤土，雷阳德泽接莆田。”还有位于阳江石角天后宫，门联写道：“泽沛莆田超漠海，灵分湄岛镇鼍江。”足见粤东潮汕地区和粤中三江地带以及粤西湛江、雷州、阳江与福建莆田有着地缘和亲缘关系。

三 妈祖俗信的道教意蕴

妈祖英名远播，“示大神通，救度生民”①。及至明代，被道教纳入其神仙谱系，成为道教一尊女神，尊享“辅兜昭孝纯正灵应孚济护国庇民妙灵昭应弘仁普济天妃”道号，在道法活动中她以“水国硐”的女神出现，也司人间驱邪除魔、禳灾治病、救婴护产之神职，在具体的科法中发挥其功能和作用。《太上老君说天妃救苦灵验经》云：“一者誓救舟船达于彼岸；二者誓护客商咸令安乐；三者祛逐邪祟永得消除；四者荡灭灾迍家门清净；五者搜捕奸盗屏迹潜形；六者收斩恶人诛锄强梗；七者救民护国民称太平；八者释罪解愆离诸报对；九者扶持产难母子安全；十者庇护良民免遭横逆；十一者卫护法界风雨顺时；十二者凡有归向保佑安宁；十三者修学至人功行果满；十四者求官进职爵禄亨通；十五者过去超生九幽息对。”② 就是说妈祖具有护航、护商、祛邪、消灾、防盗、锄恶、救民、释罪、赐子、免祸、护法、助学、进职、超度等十五项神威。更为重要的是，妈祖神威灵应，《太上老君说天妃救苦灵

① 《太上老君说天妃救苦灵验经》，《道藏》第11册，文物出版社、上海书店出版社、天津古籍出版社，1988，第409页。

② 《道藏》第11册，文物出版社、上海书店出版社、天津古籍出版社，1988，第409页。

验经》云："自今以后，若有行商坐贾，买卖求财，或农工伎艺，种作经营，或行兵布阵，或产难不分。……但能起恭敬心，称吾名者，我即应时孚感，令得所愿遂心，所谋如意。吾常游行天界，遍察人间，以致地府泉源，江河海上，一切去处，令诸所求悉遂愿，于是广救真人，闻是愿言。"① 无论是行商坐贾，抑或农工技艺，或是行兵布阵，甚至是难产告急，有求则必应，所遂心愿。妈祖"灵通变化，驱邪救世"②，在粤地道坛科法中屡见其灵迹。

1. 帮人转危为安

（东）莞人"每遇舟楫颠危，祷之辄应，神至必有火光，花香之验。……使往来于海者歆，神之灵显以赫"③。潮（州）人"舟行海上，猝遇巨风震荡，十百之命悬于一线，昏濛间，忽有神火，光烛帆樯，或灵鸟翔集，若示人以方向者，舟人因得以免，或曰天妃南海神也，故其灵爽，著见如此"④。化州"商旅渔樵出海贸易采捕，俱必由此。浩淼之乡，其间遇飓，毋触怒涛，每至樯倾楫摧，忽然转危为安，出狂澜而歌，奠定实籍，于神庥之赫奕，故海隅俎豆较山岳尤虔，史神为宋都巡检林愿女"⑤。雷（州）人"仕于雷者，每朔望必诣庙拈香，无敢忽；而仕宦之过琼、商贾之海运，亦必祷于庙；一遇风波呼之辄应，往往于洪涛巨浪中显其神，以保无虞"⑥，每当遭遇狂风巨浪之际，人们祈祷妈祖，往往化险为夷。

2. 替人消灾解厄

相传澄海区天后庙建于明代，该庙原是火神祠，但屡发生火

---

① 《道藏》第11册，文物出版社、上海书店出版社、天津古籍出版社，1988，第409页。

② 不著撰人：《天后显圣录·天妃诞降本传》，《台湾文献史料丛刊》第九辑，《台湾文献丛刊第七七种》，台湾大通书局，2000。

③ （清）周天成：《东莞县志》卷九之三，《祠庙》。

④ （光绪）《潮阳县志》卷七，《坛庙》。

⑤ （光绪）《化州志》卷三，《建置志·坛庙》。

⑥ （民国）《海康县续志》卷六，《坛庙·庙》。

灾，邑人认为是此庙位置不当所致，于是将火神祠移建于城北，将旧址改建妈祖庙，供奉妈祖，“从此降福淡灾，不独火安其位，而水亦效其灵”[①]。天妃在广州显灵，还救过航海家郑和等人性命，《天妃显圣录》载：“永乐元年（1403），钦差太监郑和等往暹罗国。至广州大星洋遭风，舟将覆。舟工请祷于天妃。和祝曰：‘和奉命出使外邦，忽遭风涛危险，身固不足惜，恐无以报天子，且数百人之命悬呼吸，望神妃救之！’俄闻喧然鼓吹声，一阵香风飒飒飘来，宛见神妃立于桅端。自此风恬浪静，往返无虞。”[②] 足见妈祖之神威。

3. 助人传宗接代

广人期望生子，多求助于妈祖，如顺德众涌乡的天后庙，“宋博士卢爱澜建。卢仕莆田，祷于神而得子，遂迎像归其乡，庙祀之”[③]，香山县的妈祖庙，“尤喜司孕嗣，妇人有未育者，咸于此祈而得之”[④]。广东其他地方的妈祖也多以类似的原因而得到崇祀，如东莞棠梨涌的天后庙，建于明万历三十四年（1606），其时，监生梁廷和妻子何氏为“益寿生男事”向天后祈愿，后得还所愿，遂“设斋施钟酬神”[⑤]，有学者指出：“在广州附近，直到民国，向天妃求子风俗，仍有保留。”[⑥] 妈祖成为送子之神。

4. 佑人生意兴隆

往来船只，无不乞灵于妈祖，“凡贩海之人，能就庙祈筊，许

---

① （清）陈芝：《建南门外天后庙记》，（嘉庆）《澄海县志》卷二十五，《艺文·碑记下》。

② 不著撰人：《天妃显圣录·广州救太监郑和》，《台湾文献史料丛刊》第九辑，《台湾文献丛刊第七七种》，台湾大通书局，2000。

③ （咸丰）《顺德县志》卷十六，《胜迹略·祠庙》。

④ （光绪）《香山县志》卷六，《建置·坛庙》。

⑤ 陈伯陶：《东莞县志》卷九十五，《金石略七·明四》，养和书局，民国十六年（1927）版。

⑥ 曾昭璇：《天后的奇迹》，香港中华书局，1991，第87页。

以钱本借贷者，纵遇风涛而不害，获利亦不赀。庙有出纳二库掌之。船有遇风险者，遥呼告神，若有火轮到船旋绕，纵险亦不必忧"[①]。可见，妈祖显灵在粤地可谓无所不在，无处不灵，诚如李祖旦记所云："天后之神灵无不在，而海疆之覆庇有所依。……况粤与闽连疆，为天后居近之乡，其呵护而佑庇之也，有不遄且遍哉？……天后之功在海宇，而灵更著于南徼也。"[②]

5. 显灵方式多样

显灵方式主要有三，其一，船舶显灵。郭棐《广东通志》称："祈求必应。凡下东西二洋造舶，别为一舶，如其制而小，置神前，几覆溺倾欹，兆必先见。"[③] 就是说在天妃庙制造形制相似的小船舶，放于天妃神前，可预测吉凶。其二，竹子显灵。《弼教元君古庙碑》载："胜国之末，草昧之世，海寇劫掠，村岸以栅自卫，吾乡独否？将肆荼毒，则见万竹挺竦，千神庄严，随风飘摇，蹑此竹末，各执兵刃，光如虹霓，交指贼船。江波壁立，贼乃逃遁。厥竹之笋或迸道路，折之不可食，食辄得疾，此其验者，简以为元君之神。"[④] 在信徒的认知中，竹子的灵异就等于妈祖的灵异。其三，灵芝显灵。《南澳志》云："康熙二十七年，天后宫尚未修建，忽夜半雷雨，产一灵芝，紫色金茎，长约七寸许。时总兵杨嘉瑞以灵芝之瑞为天后著灵，因建庙。"[⑤] 灵芝兆瑞，天妃显灵，为南澳天后宫的再建提供了合法性。正因为妈祖在粤地显灵的方式多样，操作方便，容易为粤人接受和推广。

综上所述，粤地得天时、地利、人和之优势，促成妈祖俗信快

---

① （元）佚名：《崇福夫人神兵》，蒋维锬、郑丽航辑纂《妈祖文献史料汇编》第一辑，散文卷，中国档案出版社，2007，第9页。

② （光绪）《化州志》卷三，《建置志·坛庙》。

③ （明）郭棐：《广东通志》卷七十一，《杂记》。

④ （清）黎简：《弼教元君古庙碑》，（民国）《顺德县志》卷十五，《金石略·金》。

⑤ （乾隆）《南澳志》卷十二，《杂纪》。

速入粤，并成为粤地俗信，诚如伍瑞隆所说："粤与闽境相接。……故粤不论贵者、贱者、贫者、富者、舟者、陆者，莫不香火妃，而妃遂爱之，如其手足。"[①] 粤地妈祖俗信蕴含道教意味，体现岭南民俗文化与道教文化的融合，是岭南文化与道教文化相互影响和相互作用、和谐发展的结果。

① （光绪）《香山县志》卷六，《建置·坛庙》。

陈铭珪其人及其《长春道教源流》

陈铭珪为晚清岭南著名全真教道士，他隐居罗浮山多年，学道传道，著书立说，不遗余力，对岭南全真道的发展起到极大的推动作用。然对其人及其著作《长春道教源流》的道学思想，学术界和道教界均未予以重视，迄今未见著文论及，本文试就所得材料，对其人及其道学思想作一评述。

一 龙门派第十七代传人

陈铭珪（1824～1881），字京瑜，又字友珊、幼珊，派名教友，广东东莞人。他“年十六始就塾，过目成诵，逾年即能诗文”①，粤秀书院肄业，深得院长苏廷魁器重。他学识渊博，曾师从梁廷枏（著名史学家，广州学海堂学长，广州越华、粤秀书院监院），与谭莹（广州学海堂学长，粤秀、越华、端溪书院监院）、

① 陈伯陶：《东莞县志》卷七十二，《人物略十九·国朝八》，养和书局，民国十六年（1927）版。

陈澧（清代著名经学家、音韵学家，学海堂学长）、李文田（岭南一代书法名家，顺德藏书家，官至礼部侍郎）等人，交往甚深，“自是益博洽”①，“其学无所不通”②。可惜科场失利，仅考中咸丰壬子（1852）副贡生，无缘官场，唯以家居授徒讲学为生。“穷则独善其身，达则兼济天下”③，不能通达，唯退守其操行，如他所说：“余中年感异兆，学道于罗浮酥醪观中。”④ 他隐居罗浮，“性廉静寡欲，好山栖”⑤；修炼道术，“我闻老聃语，上德贵若谷。何时结幽栖，长把道经读”⑥；著书立说，“行兹其著者，汇记于后，使后之来者，知所兴起焉”⑦；修筑梅花仙院，“祀赵师雄”⑧；修复酥醪观，“观为全真之龙门派，源出于邱长春”⑨，为该观住持，“自称酥醪洞主，兹图纶巾、羽服”⑩，成为龙门第十七代传人。平时“与门弟子读书谈道其中”⑪，著述之余，或以诗自娱，或以酒会友，“人生不满百，常怀千岁忧”⑫，“在手酒杯长乐老，随身诗卷小游仙”⑬，“高会群仙盛，长歌一客狂”⑭，沉浸自我，自得其

① 陈伯陶：《东莞县志》卷七十二，《人物略十九·国朝八》，养和书局，民国十六年（1927）版。

② （清）陈铭珪：《长春道教源流·罗浮苏醪洞主陈先生像赞》，光绪七年（1881）刻本。

③ 《孟子·尽心上》。

④ （清）陈铭珪：《长春道教源流·序》，光绪七年（1881）刻本。

⑤ 陈伯陶：《东莞县志》卷七十二，《人物略十九·国朝八》，养和书局，民国十六年（1927）版。

⑥ （清）陈铭珪：《西樵纪胜》六首之一《若谷》，载《荔庄诗存》，见陈伯陶《聚德堂丛书》。

⑦ （清）陈铭珪：《长春道教源流》卷七，《邱长春后全真法嗣纪略》，光绪七年（1881）刻本。

⑧ 陈伯陶：《东莞县志》卷七十二，《人物略十九·国朝八》，养和书局，民国十六年（1927）版。

⑨ （清）陈铭珪：《长春道教源流·序》，光绪七年（1881）刻本。

⑩ （清）陈铭珪：《长春道教源流·罗浮苏醪洞主陈先生像赞》，光绪七年（1881）刻本。

⑪ 陈伯陶：《东莞县志》卷七十二，《人物略十九·国朝八》，养和书局，民国十六年（1927）版。

⑫ （清）陈铭珪：《将进酒》，载《荔庄诗存》，见陈伯陶《聚德堂丛书》。

⑬ （清）陈铭珪：《赠道侣黄学留》，载《荔庄诗存》，见陈伯陶《聚德堂丛书》。

⑭ （清）陈铭珪：《遇赋此留赠》，载《荔庄诗存》，见陈伯陶《聚德堂丛书》。

乐。他遁入道门，最终成为一名著名的全真道士，其弟子赖际熙赞道："聃为儒师，庄亦道隶，冠服反古，匪曰违世，沟犹不察，老释并诃，宁知礼堂，孔李通家，惟我先生，学弗五儒，志雄田畴，行挚皋鱼，玄牝之门，朱明之趾，角巾飘然，先生远矣。"[①] 陈铭珪倡三教合流，全黄老之真，可谓志存高远。

二 《长春道教源流》的道学思想

陈铭珪在罗浮山酥醪观修道宣道的同时，还根据史书和道书的记载，对全真道历史及其义理进行了深入研究，撰有《长春道教源流》八卷。书中对全真道龙门派五百多年的历史源流进行了详尽的考察和论述，收集全真道史料颇丰，为研究全真道史的重要资料；同时又增补了不少金元时期的逸事遗文，以补正史阙谬误。陈伯陶对此书予以高度评价："《长春道教源流》，搜取金元轶事遗文，足补史阙。《西游记》中地理人物世多不解，并详考无遗。谓元太祖西域旋师，不因角端，实感于长春止杀一言，考据精确，尤足订元史之误；与文田《元秘史注》，实互相发明。"[②]

其实，《长春道教源流》一书的价值，更重要的还在于陈铭珪对全真道教义的阐发，体现深厚的道学思想。

1. 阐发了老子《道德经》本旨

全真道创教之初，老子五千言存而不用，"自汉以降，处士素

---

① （清）陈铭珪：《长春道教源流·罗浮苏醪洞主陈先生像赞》，光绪七年（1881）刻本。

② 陈伯陶：《东莞县志》卷七十二，《人物略十九·国朝八》，养和书局，民国十六年（1927）版。

隐，方士诞夸，飞升炼化之术，祭醮禳禁之科，皆属之道家”[1]，“道家者流推老氏为始祖，老氏之教，主之以太一，建之以常无有，以冲虚恬淡养其内，以柔弱谦下济其外，盖将使人穷天地之始，会万物之终，刳心去智，动合于自然，以之修身，则寿而康，以之齐家，则吉而昌，以治国平天下，则民安而祚久长，非有甚高难行之，论幻怪诡异之观也。世既下降传之者，或异一变而为。秦汉之方药，再变而为魏晋之虚玄，三变而为隋唐之禳禬，使五千言之玄训，束之高阁，以为无用之具矣”[2]。

对于这一流变，陈铭珪分析道：“汉代所谓道家之言，盖以黄老为宗，清静无为为本。其流弊以长生不死为要，谓之金丹。金表不坏，丹言纯阳也。其后变为禁祝祷祈、章醮符箓之类，抑末之甚矣。昔者汴宋之将亡，而道士家之说，诡幻益甚。乃有豪杰之士，佯狂玩世，志之所存，求返其真，谓之全真。”[3] 又指出：“道家者流，其源出于老庄。后之人失其本旨，派而为方术，为符箓，为烧炼，为章醮，派愈分而迷愈远，其来久矣。迨乎金季，重阳真君不阶师友，一悟绝人，殆若天授。起于终南，达于昆仑，招其同类而开导之，锻炼之，创立一家之教曰全真。其修持大略，以识心见性，除情去欲，忍耻含垢，苦己利人为之宗。老氏所谓‘知其雄守其雌，知其白守其黑，知其荣守其辱’，‘为道日损，损之又损，以至无为’；庄生所谓‘游心于淡，合气于漠’，‘纯纯常常，乃比于狂’，‘外天地，遗万物’，‘深根宁极’，‘才全而德不形

---

① （元）王恽：《秋涧集先生大全》卷五十八，《大元奉圣州新建永昌观碑铭》，《四部丛刊》本。

② （清）陈铭珪：《长春道教源流》卷一，《全真教总论》引（元）宋子贞《通真观碑》，光绪七年（1881）刻本。

③ （清）陈铭珪：《长春道教源流》卷一，《全真教总论》引（元）虞集《道园学古录·非非子幽室志》，光绪七年（1881）刻本。

者'，全真有之。老庄之道，于是乎始合。"① 弊极则变，"金正隆间，重阳祖师王公以师心自得之学，阐化于关右制以强，名谓之全真"②。

如果说王重阳祖师当年创立全真道的目的在于"屏弃幻妄，独全其真"，复归"太上老子无为真常之道"③ 的话，那么，陈铭珪《长春道教源流》的功劳则是阐发了老子的《道德经》本旨，其自序云："考史册并取道藏诸书核之，知长春之学，深有得于道德要言，而无炼养服食符箓禳禬末流之弊。"④ 其总论也说："老氏之为道，以虚无为宗，以重玄为门。秦汉以来，号方士者，始有神仙不死之说。若全真为教，大概务以安恬冲淡，合于自然，含垢忍辱，苦身励行，持之久而行之，力斯为得之。"⑤ 又云："《北游语录》称丹阳师父以无为主教古道也。至长春师父则教人积功行，存无为而行有为。今观元史信然。其于无为自化之旨，不相歧异乎？曰此正老子之学也。"⑥ 其弟子张学华读后，方知"原夫道教始于老子，而实胚胎于《易》。老子言清静无为，非尽无为也。其在《易》曰：'天下何思何虑。'又曰：'时止则止，时行则行。'长春子本其精诚以宏教化，盖合于时行之义。与夫空谈玄理者不可同日而语矣。若夫当无可为之时，暗然自修，独有得于至道之要，由是阐而明之，使后之学者，皆知所宗，而无或驰骛于旁门，其用

---

① （元）李道谦：《甘水仙源录》卷三，《广宁通玄太古真人郝宗师道行碑》。

② （清）陈铭珪：《长春道教源流》卷一，《全真教总论》引（元）宋子贞《通真观碑》，光绪七年（1881）刻本。

③ （金）金源璹：《终南山神仙重阳真人全真教祖碑》，《道藏》第19册，文物出版社、上海书店出版社、天津古籍出版社，1988，第723页。

④ （清）陈铭珪：《长春道教源流·序》，光绪七年（1881）刻本。

⑤ （清）陈铭珪：《长春道教源流》卷一，《全真教总论》引（元）张起岩《崂山聚仙宫记》，光绪七年（1881）刻本。

⑥ （清）陈铭珪：《长春道教源流》卷二，《邱长春事迹汇纪上》，光绪七年（1881）刻本。

心至苦”[①]。陈氏对老子《道德经》本旨的阐发，不仅促进了老学的发展，而且有助于全真道教义的传播和普及。

2. 倡行性命双修、养生兼顾

性命双修养生功法是全真道的核心内容和显著特点，早在开派时重阳祖师就强调指出，“先性后命”，以性为主，他认为“宾者是命，主者是性”[②]，修性可以兼摄修命之功，“有性便有命，有命便有性，性命原不可分。……性无命不立，命无性不存，而性命之理，又浑然合一者哉”，“性命本不相离，道释原无二致，神气虽有二用，性命则当双修也”[③]。该派注重修炼“性命”，认为“性者神也，命者气也”[④]，“存神固气，乃真功也”[⑤]。

全真道的这种教义，在陈铭珪的《长春道教源流》中得到了很好的传承和充分的发挥。该书在自序中直接引用史迁《论六家要旨》之言：“道家使人精神专一，动合无形，赡足万物。”又曰：“神大用则竭，形大劳则敝，形神离则死。”[⑥] 陈铭珪认为：“其理至当，弗可易也。夫人生一世间，世之所以戕贼，我身无不至。我不能以道治身，而做敝焉。自役其形神，甚者或陷于利欲胶漆盘中，以身为徇而不知返。非所谓大愚耶？夫道非尽无为也，特为而不恃，功成而不居，史迁以为与时迁移，应物变化是也。故为君相而坐致此道，则载其清静，民以宁一。而山林枯槁之士，知道之要，去健羡，黜聪明，亦可以定其神而养其生。”[⑦] 他进而指出，

① （清）陈铭珪：《长春道教源流·跋》，光绪七年（1881）刻本。

② （金）王重阳：《重阳真人授丹阳二十四诀》，《道藏》第25册，文物出版社、上海书店出版社、天津古籍出版社，1988，第807页。

③ 《性命圭旨》，《藏外道书》第9册，巴蜀书社，1992，第512页。

④ （金）王重阳：《重阳立教十五论》之十一论，白如祥辑校，齐鲁书社，2005，第278页。

⑤ （金）王重阳：《重阳教化集》卷三，第十二，白如祥辑校，齐鲁书社，2005，第256页。

⑥ （清）陈铭珪：《长春道教源流·序》，光绪七年（1881）刻本。

⑦ （清）陈铭珪：《长春道教源流·序》，光绪七年（1881）刻本。

作为“全真道人，当行全真之道。所谓全真者，全其本真也，全精全气全神，方谓之全真，才有欠缺，便不全也；才有点污，便不真也。全精可以保身，欲全其精，先要身安定，安定则无欲，故精全也；全气可以养心，欲全其气，先要心清净，清净则无念，故气全也；全神可以返虚，欲全其神，先要意诚，意诚则身心合，而返虚也。是故精气神为三元药物。身心意为三元至要，学神仙法，不必多为，但炼精气神三宝，为丹头三宝，会于中宫，金丹成矣，岂不易知？岂为难行？难行难知者，为邪妄眩惑尔。观其所言，颇得全真派养心之要”①。他提出具体做法：“绝贪去欲，返朴还淳，屈己从人，懋功崇德，则为游藩之渐若，乃游心于澹，合气于漠，不以是非好恶，内伤其生。”② 步骤是：“始以修真绝俗，远引高蹈，灭景山林，如标枝野鹿，漠然不与世接；终之，混迹人间，蝉脱泥滓，以兼善济物，为日用之方。”③ 他还认为，性命双修，形神俱备，养生兼顾，乃全真道教义之真谛，必须广而宣之，发扬光大，“告世之为全真学者”④。

弟子张学华读完此书后，“乃知全真一教，道家所谓北宗，先性而后命。与儒家存诚之旨隐相吻合，世传铅汞龙虎之奇，斋醮符箓之异，皆外道也”⑤，薪火相传，功劳显赫。为着践行性命双修养生功法，陈铭珪向往在山林中定神养生，逍遥自在，有诗为证：“洗尽尘机意豁然，厌从人境问桑田。无为足证逍遥道，知命长完自在天。瑶草琪花云外洞，芒鞋竹杖地中仙。罗浮此去无多祝，一

① （清）陈铭珪：《长春道教源流》卷七，《邱长春后全真法嗣纪略》，光绪七年（1881）刻本。

② （清）陈铭珪：《长春道教源流》卷一，《全真教总论》引（元）元和子《长春观碑》，光绪七年（1881）刻本。

③ （清）陈铭珪：《长春道教源流》卷一，《全真教总论》引（元）王恽《秋涧集》卷八，《徽州胙城县灵虚观碑》，光绪七年（1881）刻本。

④ （清）陈铭珪：《长春道教源流·序》，光绪七年（1881）刻本。

⑤ （清）陈铭珪：《长春道教源流·跋》，光绪七年（1881）刻本。

个峰头住一年。”[①] “石田茅屋旧溪山，流水声中自往还。一片闲云少拘束，欲随霖雨出人间。”[②] 他性命双修，养生不误，体现了全真道重视生命的真谛。

3. 力主道儒互补、兼容并包

全真道教义以出世清修为主，早在创派之初，即汲取儒、释、道三家之长，声称三教同流，主张三教合一，“儒门释户道相通，三教从来一祖风”[③]。该派以《道德经》《般若波罗蜜多心经》《孝经》为主要经典，教人“孝谨纯一”和“正心诚意，少思寡欲”[④]。全真道的这种教义，在陈铭珪的《长春道教源流》中也得到了很好的诠释和充分的发展。该书明确指出，全真道“其逊让似儒，其勤苦似墨，其慈爱似佛”[⑤]，对全真道的包容性做了一个很好的注释，他指出：“重阳之学，奉老子为依归者也，而其教人则以孝经称首。”[⑥] 他特别强调道儒互补，“上之人苟尊礼之而受其至言，又未尝不可推常善救人之心，措之于天下。盖有儒术所不能逮而道家足挽之者”[⑦]。他认为道学跟儒学一样，可以助理天下，服务社会，以弥补儒学的不足。他举长春真人为例子，当年“以道悟元太祖，又几于绪余为国家，以土苴为天下。使后之人颂其慈勇，没世而不能忘。斯非古之博大真人者乎?”[⑧] 弟子张学华也指出：“长春子当元代初兴，万里应召，以止杀悟人主，以孝弟明人

① （清）陈铭珪：《送李圆圆归罗浮》，载《荔庄诗存》，见陈伯陶《聚德堂丛书》。

② （清）陈铭珪：《自题所画扇》，载《荔庄诗存》，见陈伯陶《聚德堂丛书》。

③ （金）王重阳：《重阳全真集》卷一，《孙公问三教》，白如祥辑校，齐鲁书社，2000，第9页。

④ （金）刘祖谦：《终南山重阳祖师仙迹记》。

⑤ （清）陈铭珪：《长春道教源流》卷一，《全真教总论》引（金）辛愿《陕州灵虚观记》，光绪七年（1881）刻本。

⑥ （清）陈铭珪：《长春道教源流》卷三，《邱长春事迹汇纪下》，光绪七年（1881）刻本。

⑦ （清）陈铭珪：《长春道教源流·序》，光绪七年（1881）刻本。

⑧ （清）陈铭珪：《长春道教源流·序》，光绪七年（1881）刻本。

伦。其发挥道力，遂使荒徼绝域，咸为感动。数传以后，自北而南，被其教者，累世而不绝。苦身持行，大抵能守师法，何其盛欤！"[①] 在提倡孝弟的同时，发挥道力的作用，敬天爱民，无为清静，从此，"天下翕然宗之，由一以化百，由百以化千，由千以化万。虽十族之乡，百家之闾，莫不有玄学，以相师授，而况大都大邑者哉"[②]。陈铭珪自己亦行孝悌，"性孝友，馆谷所入，资其弟不少吝"[③]。光绪辛巳（1881）冬，其母殁，"哀慕擗踊，水浆不入口，逾月遂以毁"[④]。陈氏在探求道学理论过程中，找到可与儒学互为补充的行为准则，并付诸实践。

综观上述，陈铭珪通过《长春道教源流》，阐发了他的道学思想，体现了他深厚的道学底蕴。他的道学思想及其实践，对岭南全真道的传播和发展起到极大的推动作用。

---

① （清）陈铭珪：《长春道教源流·跋》，光绪七年（1881）刻本。

② （清）陈铭珪：《长春道教源流》卷一，《全真教总论》引（元）宋子贞《通真观碑》，光绪七年（1881）刻本。

③ （清）陈铭珪：《长春道教源流·罗浮苏醪洞主陈先生像赞》，光绪七年（1881）刻本。

④ 陈伯陶：《东莞县志》卷七十二，《人物略十九·国朝八》，养和书局，民国十六年（1927）版。

汪兆镛其人及其《老子道德经撮要》

汪兆镛为清末民初岭南著名学者，在经史诗文和金石书画等方面有诸多建树，对广州和澳门文化发展有着重大贡献和起着推动作用。对其史学考订、文学创作、金石研究、谱牒编修等成就，学界已有不少考论和褒扬[①]，甚至对其佛学思想都有涉及[②]。然其道学思想及其对道教贡献却一直未引起学界的重视，迄今未见著文论及，本文试就所得材料，对其人、其著述及其贡献作一初探。

一　高风亮节的“永觉道士”

汪兆镛（1861～1939），字伯序，亦作憬吾，自号慵叟，晚号今吾，又称微尚居士、微尚老人、清溪渔隐。祖籍江西婺源，后迁浙江山阴。清中叶，其父汪琡来粤为幕僚（做师爷），入籍番禺而为番

① 参见冯惠民《汪兆镛的稿本〈晋会要〉》，《文献》1989 年第 1 期；伯子、李涵《汪兆镛生平及其学术成就》，《岭南文史》1987 年第 2 期。

② 参见彭海铃《寒碧一泓自尘外，污泥不染足流连：汪兆镛与澳门佛教文化》，《澳门杂志》2001 年第 21 期。

禺人。汪兆镛自幼聪慧，十岁能诗，少从叔父汪瑔读书于随山馆。后入读广州学海堂，得山长陈澧厚爱和教导，为陈门高足之一，辑《孔子弟子学行考》四卷，与从兄汪兆铨及同邑梁鼎芬和陶邵学、萧山朱启连、新会陈树镛等以道德学问相交。受儒家文化经世致用的熏陶和受家族考取功名仕宦传统的影响，汪兆镛很早就在思想上产生“忧国、忧民、忧人生”的忧患意识，他希望通过科举之途取得功名，以实现自我人生价值，报效国家。他历经十一年的奋斗（自18岁开始应考至29岁），终于光绪十五年（1889）高中，成为举人。及至35岁，因“礼部试三击不中，此心灰矣”，从此对科举心灰意冷，再不涉足科场。后习律例，曾佐翁源、遂溪、顺德、赤溪县幕，主理刑名，时有昭雪。光绪三十一年（1905），两广总督岑春煊聘其入督府掌司奏章，保奏加四品顶戴，荐任湖南知县，却以亲老没上任。清朝灭亡后，深受儒家伦理道德思想影响的他成了清室遗臣，不肯任事于民国。1912年，汪精卫请他替民国政府效力，他一口回绝，誓言不屑为朝秦暮楚之徒。胡汉民督粤，邀总办秘书席，他亦坚拒。粤盐商举为盐政局长，他又不就。其弟汪兆铭（汪精卫）早年跟随孙中山革命，加入同盟会，但后来投日叛国，充当汉奸，汪兆镛深以为耻，宣称：“汉贼不两立，我宁死不能为虎作伥。”告诫子孙勿卖国求荣，同时宣布将汪兆铭开除出汪氏家族。1915年，龙济光聘他分纂《广东通志》，仍不就。姚煜聘他为盐务顾问，亦却之。岑春煊再出延请，汪兆镛拒不见。1936年，黄慕松主粤，聘为省府高等顾问，他再坚辞。民国建立十多年间，汪兆镛多次携眷去澳门避乱，成为澳门寓公。在澳门，他联合一批清朝遗老，创办了一个著名的诗社——“莲峰陶社”，“莲峰”乃澳门别名，“陶”字取陶渊明隐居之意，定期相聚，酬唱应和，不问世事，过着与世隔绝的桃源生活。汪兆镛晚年蛰居澳门前后二十余年。1939年病故，后归葬于广州三宝虚蚬岗。

汪兆镛平生于书无所不读，识地方文献，通历史典籍，擅骈文、诗词，又“长于考据，订讹补坠，多发前人所未及”[①]。到了晚年，他认为“礼教亡矣，何以国为”，唯以著书撰文自乐，以修道注经自娱，寄情山水，超然物外，从一名封建礼教的维护者变成少私寡欲的道中人，经历了由儒入道的心理历程。其间，他两上广东道教名山罗浮山，住酥醪观，易服黄冠为道，自号“永觉道士”，人称“觉公”，与道教结下深厚情结。他曾得罗浮山道士赠以蝶茧，持于树上，茧化为蝶，大异。他与道教中人交游甚密，如陈伯陶，字象华，号子励，道号“陈永涛”，罗浮山酥醪观住持，后长居香港九龙，号称“九龙真逸”；又如张其淦，别号“豫道人”“予道人”，志趣相投，共商道学，注释道经，有《老子道德经撮要》遗世，可窥其道学思想。对其一生耿直和寡欲，后人评价甚高，光绪年间举人、燕京大学张尔田教授的挽联写道：“国仇家恨，萃于一身，居夷廿馀年，何惭西山高卧；孔思周情，期望终古，著书数百卷，卓然东塾正传。”近代诗人吴用威的挽联亦云：“藕孔寄吟身，海国尘扬，仙踪定蹑罗浮蝶；药州沉旧梦，风微人往，诗事长留癸酉笺。”史直在《汪精卫和他的哥哥汪兆镛》一文中直言：“两人志趣相异，结果兆铭遗臭万年，不齿于人类；兆镛则高风亮节，令后人念。”“高风亮节”四字高度概括了汪兆镛的圣洁品格和恬静情怀。

二 《老子道德经撮要》的道学思想

《老子道德经撮要》[②] 为汪兆镛晚年闲居澳门时众多著述中的

① 张学华：《汪兆镛行状》，汪兆镛：《碑传集三编》附录，明文书局，1985。

② 民国二十五年（1936）刻本，罗浮山酥醪观道同图春馆藏板，今中山图书馆地方文献馆有其排印本。

一部代表作，有着深厚的道学思想。

1. 析注老之谬讹——虚无杳渺

《老子》一书为道家之经籍，历来注之者众，其义不一，如张其淦所言："《老》书称经，自汉景帝始。唐元宗改定章句，尊为《道德经》。魏晋以来，注之者众。杜光庭所列六十余家，《道藏》所收，《丛书》所录，更仆难数。或乃以为言兵之书，道流且附会，以神仙吐纳之术，固不足论。而严遵、王弼以下，如鸠摩罗什，参以禅理，苏子由援儒入墨，各明一义。"① 从汉景帝开始，历经魏晋隋唐，注释者众，杜光庭所列就有六十多家。事实上，开注老之先河的是战国后期韩非子的《喻老》《解老》两篇。秦汉时期《吕氏春秋》《淮南子》《说苑》等典籍亦对《老子》的某些文句做出解释。对《老子》进行系统注解的是西汉河上公《老子河上公章句》和东汉严遵《老子指归》。魏晋六朝时期，王弼《老子注》是留存至今的最完整注本。此外，还有佛教徒释惠琳、释惠严等的《老子》注本。及至隋唐，注老可谓盛极一时，杜光庭《道德真经广圣义》为集大成之作。宋元时期是《老子》研究的高峰期，注老蔚然成风，"《道德经》八十一章，注者三千余家"②。不同时期，释义不同，对此，宋元之际著名道教学者杜道坚在《玄经原旨发挥》一书中分析道："道与世降，时有不同，注者多随代所尚，各自其成心而师之。故汉人注者为'汉老子'，晋人注者为'晋老子'，唐人、宋人注者为'唐老子''宋老子'。言清虚、无为者有之，言吐纳、导引者有之，言性命、祸福、兵刑、权术者有之。"③

---

① 张其淦：《老子约·序》，民国八年（1919）排印稿。

② （元）杜道坚：《道德玄经原旨》，《道藏》第 12 册，文物出版社、上海书店出版社、天津古籍出版社，1988，第 725 页。

③ （元）杜道坚：《玄经原旨发挥》卷下，《道藏》第 12 册，文物出版社、上海书店出版社、天津古籍出版社，1988，第 773 页。

后世说老解老的越来越多，《道藏》和《丛书》收录的更多，不知凡几，有参以禅理，也有援儒入墨，各抒己见，莫衷一是，何解呢？汪兆镛在《老子道德经撮要》的序言中明确指出："《道藏》之书浩如烟海，庄、列道家别宗，溯其源必以《老子》为主。而说《老子》者亡虑数十家，类多求之于虚无杳渺，终难得其要旨。太史公言，'老子著书，辞称微妙难识'，信矣。……孙星衍云：'黄帝之言述于老聃，《道德经》实聃手定，具有微言。'"[①] 微言就是含蓄而精微的言辞，正因为《老子》微妙难识，致使历来所有的注老本，都是虚无杳渺，不得要旨，如宋人黄震所言："其说不经，全类市井小说，略不知古今辱老子之书又甚矣。"结果，造成老子思想无用于世。"老子言绝仁弃义，而不忍不敢，意未尝不行其间。庄周乃以徜徉玩世，薄势利遂诃帝王，厌礼法则盗圣人。至于魏晋之士，其无欲又不及周。且不知无为治天下者，果如何也。意糠粃一切，拱手不事事而治乎。卒之王纲解纽，而万事瓦裂。刑名者流，因欲督责行之，万物一付诸法而已，得清净而治，于是不禁己欲而禁人之欲，不勇于不敢而勇于敢，不忍于不忍而忍于忍，煦煦孑孑之仁义退，而凉薄之道德进。岂尽老子道乎？岂尽非老子道乎？"[②] 最终导致"道教衰替久矣"[③]。为此，汪兆镛深感痛心，他要学南朝梁刘勰，做一名洽闻之士，"宜撮纲要，览华而食实"[④]，于是，他"窃取黄东发先生震、陈东塾先生澧所钞《老子》语之有补于世者，汇为一编。管见所及，亦附录之"[⑤]，也就是将宋人黄震和清人陈澧的《老子》钞本以及自己所见所悟，"录

---

① 汪兆镛：《老子道德经撮要·序》，民国二十五年（1936）排印本。
② （清）魏源：《老子本义·论老子》之三，《丛书集成初编》本。
③ 汪兆镛：《老子道德经撮要·序》，民国二十五年（1936）排印本。
④ 汪兆镛：《老子道德经撮要·序》，民国二十五年（1936）排印本。
⑤ 汪兆镛：《老子道德经撮要·序》，民国二十五年（1936）排印本。

《老子》之有补于世者”[①]，编成《老子道德经撮要》，辨其妄，去其芜，以正《老子》本源，弘扬老学精粹，让“后世流远益纷，不可数典忘祖也”[②]，亦“俾世人知道教渊源所自，不惑于歧途也”[③]。

2. 释著老之原因——以道救世

《老子》的著者是谁？学界有争议。从现存最早最完整记载老子的文献资料《史记·老子韩非子列传》看，可能与老聃、李耳、老莱子和太史儋有关，司马迁用“或曰”表并存，但明显倾向于老聃为《老子》的作者，并肯定《老子》的作者为隐君子。后世学者亦有类似的看法，如宋黄震认为：“《老子》之书，必隐士嫉乱世而思无事者为之。异端之士私相推尊，过为诬诞。”[④] 作为隐君子和异端之士的老聃，生活在列国纷争的衰周时代，“春秋之中，弑君三十六，亡国五十二，诸侯奔走不得保其社稷者不可胜数”[⑤]，面对礼崩乐坏、民不堪命的境况，老聃“嫉乱世而思无事”，他奉行“无为自化，清静自正”[⑥] 而著《老子》，旨在以道救世。晚清著名思想家魏源曾明确指出，“《老子》救世之书也”，“矫末世之弊”[⑦]，“老子著书，明道救时”[⑧]，认为“此老子悯时救世之心也”[⑨]。清乾嘉考据学大师钱大昕也称：“《老子》五千言，救世之书也。”[⑩] 《老子》救世表现在两个方面，一方面，救“周

① 汪兆镛：《老子道德经撮要·保身章第一》，民国二十五年（1936）排印本。
② 汪兆镛：《老子道德经撮要·序》，民国二十五年（1936）排印本。
③ 汪兆镛：《老子道德经撮要·李圆虚跋》，民国二十五年（1936）排印本。
④ （宋）黄震：《慈溪黄氏日抄分类古今纪要》卷五十五，《读诸子·老子》，元后至元三年（1337）刻本。
⑤ （汉）司马迁：《史记·太史公自序》。
⑥ （汉）司马迁：《史记·老庄申韩列传》。
⑦ （清）魏源：《老子本义·上篇》第三章，《丛书集成初编》本。
⑧ （清）魏源：《老子本义·下篇》第五十八章，《丛书集成初编》本。
⑨ （清）魏源：《老子本义·下篇》第六十一章，《丛书集成初编》本。
⑩ （清）钱大昕：《老子新解序》，《潜研堂集》卷二十五，上海古籍出版社，1989。

道”之失，“周道先礼而后刑，其弊至于臣强而君弱。老氏知后之矫其失者，必以刑名进也，故曰‘天将救之，以慈卫之’，又曰‘民不畏死，奈何以死惧之’，一篇之中，三致意焉”[①]。另一方面，以质救周之文胜，“周之敝在文胜，文胜者，当以质救之”[②]。其时，“人多利器，国家滋昏；人多伎巧，奇物滋起；法物滋彰，盗贼多有”[③]，即所谓“周之弊”；战乱频仍，诸侯交攻，即所谓“文”胜也。面对这种动荡的社会局面，《老子》主张返璞归真，或“小国寡民”，或“无为而治”，其最终目的是救“周之弊”，即“以质救之”。汪兆镛非常赞赏钱大昕的观点，说：“吾独善夫钱氏大昕之说，谓‘《老子》五千言，救世之书也’。老子生当衰周，时列国战争，民不堪命，故其书云：‘天之道，不争’，‘以道佐人主者，不以兵强天下’。‘兵者，不祥之器’，‘不得已而用之’，‘战胜，以丧礼处之’。‘圣人以百姓心为心’，‘去甚、去奢、去泰’，‘天将救之，以慈卫之’。‘少私寡欲’，‘不欲以静，天下将自定’。嗟乎！此非救世之苦心耶?”[④] 他明确指出，《老子》五千言写于列国纷争、世道混乱之时，“备举大道至德，修兵战之要”[⑤]，足见《老子》救世之苦心。他还说，汉初，尊《老子》，尚黄老，“汉初，曹参相文帝，承秦制惨酷之后，崇尚黄、老，与民休息，深得其微意焉”[⑥]，结果出现“文景之治”的良好局面。为此，汪兆镛认为，时至今日亦应秉承《老子》以道救世的精神和理念，尚黄老，举大道，那么，天将救之，天下自然安定。

---

① （清）钱大昕：《老子新解序》，《潜研堂集》卷二十五，上海古籍出版社，1989。
② （清）钱大昕：《老子新解序》，《潜研堂集》卷二十五，上海古籍出版社，1989。
③ 《老子》五十七章。
④ 汪兆镛：《老子道德经撮要·序》，民国二十五年（1936）排印本。
⑤ 汪兆镛：《老子道德经撮要·序》，民国二十五年（1936）排印本。
⑥ 汪兆镛：《老子道德经撮要·序》，民国二十五年（1936）排印本。

3. 撮《老子》之要义——阐发经旨

汪兆镛的《老子道德经撮要》摘《老子》五千言之大要，全文分保身章第一、保国章第二，共二章，大约因黄氏旧例，而以黄震《黄氏日抄》卷五十五、陈澧《东塾读书记》卷十二所录，及附录己见为之，由三部分组成，约一千字，言简意赅，撮《老子》之大要，集《老子》之精华，可谓真得老氏之经旨。

第一，阐发《老子》反对封建剥削和同情劳动人民的思想。《老子道德经撮要》载："天之道，其犹张弓乎？高者抑之，下者举之。损有余而补不足。"[①] 认为天之道与圣人之道是相通的，作为圣人亦要"损有余而补不足"，反对当时"损不足以奉有余"的社会。"治大国若烹小鲜。图难于其易，为大于其细。为之于未有，治之于未乱"，认为治国者不应扰民，政令繁多使人困惑，不如保持虚静，"多言数穷，不如守中"，切忌"轻""躁"，而贵"重""静"，"重为轻根，静为躁君"。善治政者，无刑名而大治；不善治政者，立刑名而不治，宽而勿察。"其政闷闷，其民淳淳；其政察察，其民缺缺。祸兮福之所倚，福兮祸之所伏"，祸福相依，相互转化，"法令滋彰，盗贼多有。民不畏死，奈何以死惧之！民不畏威，则大威至"，"民之轻死，以其求生之厚，是以轻死"，若以严刑峻法镇压人民，只能招致人民的反抗。作为统治者要有同情心，"圣人无常心，以百姓心为心"；行善举，"天道无亲，常与善人"，天道如是，何况人道？"圣人常善救人，故无弃人；常善救物，故无弃物。天下多忌讳，而民弥贫"。为此，统治者务必"去甚，去奢，去泰。我无为而民自化，我好静而民自正，我无事而民自富，我无欲而民自朴"[②]。这些主张统治者抱朴无为，

---

① 汪兆镛：《老子道德经撮要・保身章第一》，民国二十五年（1936）排印本。

② 汪兆镛：《老子道德经撮要・保国章第二》，民国二十五年（1936）排印本。

不以物累其真，不以欲害其神，人民自然安定富足的思想，实际上是《老子》的民本主义治国论。

第二，阐发《老子》柔弱不争和知足常乐的思想。《老子道德经撮要》载："天之道，不争而善胜。天得一以清，地得一以宁，王侯得一以为天下正。"认为自然大道，有着自己根本的运化规律，不争而能取胜，各以其一致清、宁、正。天之道与人之事密切关联，"飘风不终朝，骤雨不终日。孰为此者？天地。天地尚不能久，而况于人乎？"[①] 和则常随，柔能制刚，"柔之能刚，弱之能强。强梁者不得其死。夫惟不争，故天下莫能与之争"[②]，不与人相争，天下没人与他相争，"知其雄，守其雌；知其白，守其黑"，也不会与人有怨咎，"夫唯不争，故无尤"。因此，为治之功在于"见小曰明，守柔曰强"[③]，以柔弱不争修养自我，知足知止，"身与货孰多？甚爱必大费，多藏必厚亡。知足不辱，知止不殆。知足之足，常足"，贪货无厌，其身必少，为物所病，大费厚亡，只有知足，才能常乐，即便有金玉满堂，亦不可长保，功成名遂，就得身退，"金玉满堂，莫之能守。富贵而骄，自遗其咎。功成名遂身退，天下之道"[④]，不知足只能招来大祸，"祸莫大于不知足，咎莫大于欲得"[⑤]，还要"不见可欲，使民心不乱"[⑥]，不去挑拨欲望，民心不乱，努力做到寡欲不欲，"少私寡欲。不欲以静，天下将自定"[⑦]。这些柔弱不争和知足常乐的思想，实际上是《老子》的人生处世论。

---

① 汪兆镛：《老子道德经撮要·保国章第二》，民国二十五年（1936）排印本。
② 汪兆镛：《老子道德经撮要·保身章第一》，民国二十五年（1936）排印本。
③ 汪兆镛：《老子道德经撮要·保国章第二》，民国二十五年（1936）排印本。
④ 汪兆镛：《老子道德经撮要·保身章第一》，民国二十五年（1936）排印本。
⑤ 汪兆镛：《老子道德经撮要·保国章第二》，民国二十五年（1936）排印本。
⑥ 汪兆镛：《老子道德经撮要·保身章第一》，民国二十五年（1936）排印本。
⑦ 汪兆镛：《老子道德经撮要·保国章第二》，民国二十五年（1936）排印本。

第三，阐发《老子》三宝和自谦精神。《老子道德经撮要》载："我有三宝，持而保之。一曰慈，二曰俭，三曰不敢为天下先。""慈"是天之道，人之本性，以慈举事，则万全而无不当，即使是用兵之道，亦不可离慈，"夫慈，以战则胜，以守则固。天将救之，以慈卫之"，又"以道佐人主者，不以兵强天下。师之所处，荆棘生焉。大军之后，必有凶年。兵者，不祥之器，不得已而用之。战胜，以丧礼处之"，军队和兵器都是凶害之物，不得已不要用。"俭"是节用，"去甚，去奢，去泰"，"不贵难得之货，保此道者不欲盈"，去掉极端的、奢侈的、过分的想法和追求。"不敢为天下先"是行事要遵循事物的规律，"慎终如始，则无败事"。还有"谦"，就是谦虚，大道"为而不恃，功成而弗居"，"江海所以能为百谷王者，以其善下之"，人亦当自谦，"不自见，故明；不自是，故彰；不自伐，故有功；不自矜，故长"，不自见、不自是、不自伐、不自矜，都是谦，不自以为是、不自我炫耀、不自高自大，便能成就大事，"以其终不自为大，故能成其大"，人生只有自知、自胜、自强，才能与世长存，"知人者智，自知者明。胜人者有力，自胜者强。足者富强，行者有志。不失其所者久，死而不亡者寿"[①]，认为"轻诺必寡信，多易必多难"[②]，反对统治阶级的仁、义、礼、智、信、忠、孝等德目，倡行厚德载物，"含德之厚，比于赤子"[③]，做一个身怀三宝和虚怀若谷之人，这些实际上是《老子》以德修己的治身观。

很显然，汪兆镛的《老子道德经撮要》，撮《老子》之大意，集保身和保国两方面，重点阐发了《老子》"人法自然"思想，揭示了《老子》"天之道"与"人之德"的关系，把《老子》哲学

---

① 汪兆镛：《老子道德经撮要·保国章第二》，民国二十五年（1936）排印本。

② 汪兆镛：《老子道德经撮要·保身章第一》，民国二十五年（1936）排印本。

③ 汪兆镛：《老子道德经撮要·保国章第二》，民国二十五年（1936）排印本。

中关于“常道”、“天之道”和“人之道”的内容有机联系起来，从“常道”引出“天之道”，从“天之道”引起“人之道”，以此解决社会政治和人生问题，再现《老子》中的宇宙观、社会观和人生观的一致，充分体现了汪氏对《老子》体悟之深厚及其经世致用的思想。

综上所述，生活在清末民初的汪兆镛，由于时势变迁和命运多舛，他的生活轨迹和价值取向发生了显著变化，晚年与道教结下了不解之缘，由一名宿儒变成一名道士。他纂写的《老子道德经撮要》一卷，为《老子》正本清源，阐发《老子》经旨，不仅方便世人体悟《老子》真谛和了解道学源流，而且有助于道教的宣传和弘扬，有益于社会的治道和化俗。

李明彻与广州纯阳观

李明彻是岭南道教史上一名重要人物，他鼎建纯阳道观，积极弘扬道义，济世救民，不遗余力。他又著《圜天图说》，为广东省志绘图，声名远播。他深厚的道教思想和高尚的人格魅力，赢得了世人的称颂，也成就了晚清广州道教的兴盛。他堪称晚清广州道坛一颗璀璨明星，被誉为"近现代历史上，广州道教界在社会上最有名望"[①] 之人。对南粤大地这样一位杰出人物，学术界有过研讨，主要集中于其在自然科学中的建树和对社会文化的贡献。然对其道教思想及其影响，则未给予重视，迄今未见撰文论及，本文试从其道教思想和道教活动着手，探究其人格魅力及其对道教的贡献。

一 求师学道，说经传道

李明彻（1751～1832）[②]，本名青来，字大纲，一字飞云，明

① 广州市宗教志编纂委员会编《广州宗教志》，广东人民出版社，1996，第106页。

② 关于其卒年，史书、道谱、碑文无异义，但生年有分歧，此处从冼玉清先生的观点，详见冼玉清《天文学家李明彻与漱珠冈》，广东省文史馆、佛山大学佛山文史研究室编《冼玉清文集》，中山大学出版社，1995，第195页。

彻是他后来上罗浮山入道取的道号，祖籍浙江，祖父南游落籍广东番禺（今广州）而为番禺人。他天资聪敏，博学多才，擅长天文、地理、历算、推步和绘画，尤其深谙道学。刘彬华在《圜天图说·序》中说他“少倜傥，抱大志”[①]，从小仰慕仙道，“有茅容之风”[②]。他仙风道骨，即便八十高寿，仍“神气不衰”，“启土建观时，锄得茯苓数石，皆巨如斗，盖百载精英也。青来服之，年八十神气不衰”[③]。他“好从外方游”[④]，为着寻师访友，十二岁就自行前往广东罗浮山冲虚观，意欲拜师入道，可惜未遇到高道，只得拜道士衣冠入道。回来后，他潜心研习道经，据最早记载李明彻传记的《瓜庐文剩》载，他“深悟道妙”[⑤]。乾隆中叶，他奔赴江西参加道教一代大典——“许真君龙沙盛会”（许真君是晋代道士许逊，后被尊为净明教教祖），当时传言许真君会在南昌龙沙出现，天下高行道流云集，他有幸结识了不少天下羽士，学识大增。及后，又赴京城得拜庐山高道石和阳为师，得授《道德经》（即《老子》五千言）、《阴符经》（全称《黄帝阴符经》，仅三百多字，作者无法考证，内容讲的是道教修养之术，涉及养生要旨、气功、食疗、精神调养、房中术等方面）、《金玉经》（传为吕祖亲撰，应为扶乩之作）、《黄庭经》（魏晋间道士养生之书，传为魏华存所作，后成为道教上清派的重要经典）和《常清静经》（全名《太上老君说常清静妙经》，有关修炼内丹和打坐的道书）等道典之真诀和秘要，道学因而突飞猛进，如已故余信昌道长说他“窍妙大通”[⑥]。他学成归来，隐居广州白云山、观音山（越秀

① （清）李明彻：《圜天图说·刘彬华序》，嘉庆己卯（1819）松梅轩刻本。
② （清）李明彻：《圜天图说续编·陈鸿章序》，嘉庆己卯（1819）松梅轩刻本。
③ （清）樊封：《南海百咏续编》卷二，《道观》。
④ （清）李明彻：《圜天图说续编·陈鸿章序》，嘉庆己卯（1819）松梅轩刻本。
⑤ （清）陈伯陶：《瓜庐文剩》卷四，《道士李明彻传》，民国版。
⑥ 余信昌：《广州漱珠岗和纯阳观源流》，余信昌：《广东部分宫观拾萃》，粤北南雄梅岭洞真古观编印，1996 年内部发行本，第 69 页。

山)，继续潜心研习道学，闭门注经释义，他专心收集和整理道教典籍，特别是将李耳撰的《道德经》二卷、牟目源订的《常清静经》一卷、纯阳真人撰的《金玉经》一卷、石和阳述的《阴符经注》一卷和《太上黄庭经注》三卷，辑成《道经五种》，并融入自己的心得体会，进行全面评说，进一步阐发道经之精义，于乾隆十八年（1753），付梓行世①。同时问世的还有《证道书》一卷以及尚未刻板的《修真诗歌》三卷②。他著书立说，孜孜不倦，旨在供同道者参考，以表"善与寅同"之意，同时，他"祈道脉永存，承先启后"③，启发后人，可谓用心良苦，由是，饮誉道门。

李明彻还授徒传道。据《纯阳观道谱》记载，李明彻首徒是一位林姓秀才，道号"至亮"，番禺人，生于乾隆五十四年（1789），嘉庆十七年（1812）正式皈依李明彻门下，并于1837年继李明彻住持纯阳观，所有建设楼房庙宇，均有林至亮立碑刻铭为证，同治六年（1867）在观内羽化。再有雷姓善士，道号"至鸣"，入道时还捐献全部田地产业，潜心修道，这也体现了道教的乐善好施。还有道号"至昆"，也是李青来的弟子，为炼师。后来，"续有拜师求道，大不乏人"④。他收徒传道授业，诲人不倦，令诸子学有所成，光耀道门，道流不断。

二 清静自守，为民乐道

李明彻"性淡远"⑤，"品格端严"⑥，一生廉洁自律，济世利

① 该书目前存放在中国国家图书馆。
② 《证道书》和《修真诗歌》均已散佚，今不得见。
③ 余信昌：《广州漱珠岗和纯阳观源流》，余信昌：《广东部分宫观拾萃》，粤北南雄梅岭洞真古观编印，1996年内部发行本，第70页。
④ 黄诚通：《广州市南郊漱珠岗纯阳观简史手稿》，未刊本，第11页。
⑤ （清）李明彻：《圜天图说·卢元伟序》，嘉庆己卯（1819）松梅轩刻本。
⑥ （清）李明彻：《圜天图说续编·陈鸿章序》，嘉庆己卯（1819）松梅轩刻本。

人，自觉践行《老子》的“无为而无不为”[①] 思想和主张。

1. 清静自守

嘉庆晚年，阮元为两广总督。李明彻因先前著有《圜天图说》而深得阮元赏识，后来又因出色完成阮元主持的省志绘图事而为阮元器重。他“虽为当道所重”[②]，但从不所恃，从无所求，少私寡欲，清静自守是他一生为人处世的原则。时人有事相求，或托他说情，或求他美言，他都以“世外人”婉拒，崇尚恬淡，无为至上。他又洁身自爱，从不妄交，平常与人交往应酬，仅以自己的丹青相赠，不图名，不为利。他还随缘乐助，行善不甘后人。晚年，他鼎建纯阳观，所需实银七千六百余两，除实银三千三百两为他人，包括各府州县绅士及善长仁翁的捐款外，其余大部分都是他历年积笔墨金、修志酬金和售《图说》书价，以及积年廉俸，无偿献出，显示了他乐善好施的为人品格，也体现了一个真正道士的正直和无私。

2. 为民乐道

李明彻虽说“不事举业”[③]，但亦“不惟谢绝世事”[④]，他牢记老子“常善救人”[⑤] 和“为道者，以救人危使免祸，护人疾病，令不枉死，为上功”[⑥] 的教诲，对关乎民生之事，是非常关心和乐于去做的。道光四年（1824）广州大旱，粮食失收，米价昂贵，百姓生活无着，时为两广总督的阮元无计可施，请教李明彻。李明彻建议上奏朝廷，进口洋米，他指出，洋米仅土米价钱的一半，何不开放洋米入口。当时洋人以税重推辞，阮元于是依照李明彻之策，

---

① 《老子》三十七章。

② （清）李明彻：《圜天图说·卢元伟序》，嘉庆己卯（1819）松梅轩刻本。

③ （清）李明彻：《圜天图说续编·陈鸿章序》，嘉庆己卯（1819）松梅轩刻本。

④ （清）李明彻：《圜天图说·自序》，嘉庆己卯（1819）松梅轩刻本。

⑤ 《老子》二十七章。

⑥ （晋）葛洪：《抱朴子内篇·对俗》。

奏免洋米入口之税，以茶叶为交换，结果，米船源源而至，民不致受米贵之苦。为此，阮元专门作了一首《西洋米船初到》诗记载这件事情，诗云：

西洋夷船来，毡毳可衣服。
其余多奇巧，价贵甚珠玉。
持货示贫民，其货非所欲。
田少粤民多，价贵在稻谷。
西洋米颇贱，曷不运连舳。
夷曰船税多，不赢利反缩。
免税乞帝恩，米船来颇速。
以我茶树枝，易彼岛中粟。
彼价本常平，我岁或少熟。
米贵彼更来，政岂在督促。
苟能常使通，民足税亦足。①

李明彻体察民情，采取切实可行的方法，使百姓安然渡过难关，可谓功不可没，后人称赞道："人民不致饥荒，皆赖李师青来之功也。"② 由是，李明彻名声大振。

道光六年（1826）春，彗星逆行，现于南方，阮元不明其由，"（阮）元疑粤有兵起，问之，以旱对。问可禳否？曰：'禳无益，当备旱。'先是甲申岁元因明彻言，奏免洋米入口之税，以关使虑税短，故米舶出口货仍照征。明彻因复言夷人嗜利，如并免出口货税，米当大至，虽旱无害。元如其言。是秋旱，米价反平。自后粤

① （清）阮元：《研经室续集》（一）卷六，《丛书集成初编》本。
② 黄诚通：《广州市南郊漱珠岗纯阳观简史手稿》，未刊本，第12页。

虽旱潦不洊饥，明彻发之也”[①]。彗星在南方出现，李明彻认为是旱情的预兆，他指出，祈禳求雨无济于事，当务之急是告之于民，改种杂粮，同时进口洋米，充实粮库以备旱情。阮元依照行事，结果，在大旱之年，米价不升反平。之后，广州连续三年大旱，由于有杂粮替代和洋米接济，广大市民不至于饥饿而死。为此，世人称颂阮元，其实亦有李明彻的一份功劳，正如当今纯阳观住持潘崇贤道长所说的：“真人一言，利溥苍生。其功已足昭垂永久。”[②] 他不但开洋米进口的先河，而且还表现出一名道士应有的良知和真实的本领。

本来祈禳求雨是道教法术之一，为历代道士，尤其是正一派道士所好，他们“专恃符箓，祈雨驱鬼”[③]，但崇尚科学和追求实证更是道教的精粹，道教历来有近乎科学的怀疑精神，重视客观事物之理，注重事实根据，辨名析理，以小知大，以易求难，以显求隐，以近求远，强调“真道”“真知”“真行”，反对一切伪的理和术。李明彻作为全真道龙门派第二十代玄裔，不迷信法术，不设斋醮祈禳，不搞画符念咒，不行祈雨止风，他遵循道祖“唯善是宝”的教诲，以道教的行善积德为本，以淡泊刻苦、救难济人为行动准则，以科学的精神和务实的态度以及渊博的学识，济世救人，为民乐道，其功德是何等之高尚和感人，他保全真性，体现道教全真派的“屏去妄行，独全其真”[④] 思想和实践，成就了一个完满而真实的人生，难怪陈伯陶在为他作传时，称之为“真有道之士”[⑤]。时人张学华也赋诗一首，赞道：

---

① （清）陈伯陶：《瓜庐文剩》卷四，《道士李明彻传》，民国版。

② 潘崇贤立石碑文，存纯阳观内。

③ （清）张廷玉等：《明史·张正常传》。

④ 金源璹：《全真教祖碑》，陈垣：《陈援庵先生全集》第五册，《道家金石略》（三），新文丰出版公司，1993，第 882 页。

⑤ （清）陈伯陶：《瓜庐文剩》卷四，《道士李明彻传》，民国版。

青来老道士，孤抱耽清静。
因山构幽居，几曲叠萝蹬。
爱此一壑专，天然具深靓。
何年结梅社，不负岁寒盟。
访古客同来，探春谁可赠。
数点南枝雪，风格高士称。[①]

他高尚的人格，堪与高士相称；他拯救苦难、普度众生的事迹，为广大民众所传颂。

三 著《圜天图说》，砌朝斗台

李明彻不但精于道学，而且擅长推步之术。什么叫推步？就是推算天象历法。古人认为，日月转运于天，犹如人之行步，可推算而知。他拜京师钦天监监正为师，得传皇家大内的秘传推步、风角地理之术。为了向世人宣传天文学知识，他费尽心血，写下了岭南道教史上第一部天文学著作《圜天图说》三卷、《续编》二卷。其中《圜天图说》三卷，刊于嘉庆二十四年（1819），由阮元题名。《续编》二卷，刊于道光元年（1821）。

《圜天图说》分上、中、下三卷，《续编》分上、下两卷。《清史稿》和《广东通志》的“艺文”均有记载。《广东通志》只提到《圜天图说》三卷。《广州市志》作《圜天图说》。目前，《圜天图说》及《续编》被全文收入《藏外道书》及《四库未收书辑

① 《漱珠冈杨议郎祠看梅花同汪觉公桂南屏冒鹤亭》，《暗斋稿》，民国三十七年（1948）铅印本，第24页。

刊》，是《藏外道书》中唯一的长篇科学著作。

《圜天图说》坚持“地心说”，其内容包括96“说”、7“歌”、75“图”和10“表”，涉及天文、气象、地学、宗教、物理、数学等领域，内容非常广泛。书中对太阳系诸星位置及运行，日食、月食的成因，昼夜节气的变迁都有详细的说明，并对季节、天象、海洋、火井、温泉、潮汐的成因，以及日月食之周期进行了科学的解释。全书收入有关地球、日月、星辰及雷雨、地震、潮汐等方面的论文共81篇，对京都顺天府、江宁府、苏州府及山东、安徽等十六个府地的日出、日入、二十四节气时刻的测定记录，做了详尽的记载，对于各地的农耕、民事都是一份很有价值的资料。这本书还配有插图，特别是绘有全国地图、京城地图及全国大部分分省的地图。时人对《圜天图说》的评价是很高的，如阮元认为李明彻是“隋张宝、唐傅仁均后崛起一人”①，又说：“青来继张、傅之后能为人所不为之学，较之吴筠、杜光庭辈专以诗文为事者，岂可同年而语哉?”② 卢元伟也说：“此书精析确征，明白晓畅，宜广其传。”③ 陈鸿章更说：青来“仰以观于天文，俯以察于地理。六合八荒千仞三泉，凡前人推步占验之书，无不留心考究。自著《圜说》三卷，《续编》二卷，以阐前人所未发。理数之学，大而且精。……后世有讲求天学者，得是书而潜玩之，以通于《算经》《天问略》诸撰述，明若观火矣。且观天测地，日月之运行，七政恒星之缠次，了如指掌矣。”④ 樊封也说：“青来得西人算法，精天文学，著《圜天图说》。皆祖述利马窦、南怀仁之言，间采梅定九之说。”⑤ 利玛窦，意大利耶稣会著名传教士、学者，明万历年间

---

① （清）陈伯陶：《瓜庐文剩》卷四，《道士李明彻传》，民国版。

② （清）李明彻：《圜天图说·阮元序》，嘉庆己卯（1819）松梅轩刻本。

③ （清）李明彻：《圜天图说·卢元伟序》，嘉庆己卯（1819）松梅轩刻本。

④ （清）李明彻：《圜天图说·陈鸿章序》，嘉庆己卯（1819）松梅轩刻本。

⑤ （清）樊封：《南海百咏续编》卷二，《道观·纯阳观》。

来到中国居住和传教，他最大的贡献在于传播西方现代科学技术和向世界介绍中华文明；南怀仁，天文学家、科学家，清初最有影响的来华传教士之一，为近代西方科学知识在中国的传播做出了重要贡献，曾做过康熙皇帝的科学启蒙老师；梅定九，清代天文学家、数学家，一生著作宏富，代表作有《梅氏历算全书》。李明彻可以说是集他们之大成。为此，《广东省志》认为，《圜天图说》“为当时天文学的代表作”，“是广东最早较系统讨论气象问题的著作”①。《广州市志》也认为，《圜天图说》是“中国天文学史上极为珍贵的著作”②。《广州宗教志》也认为，李明彻是“在近现代历史上，广州道教界在社会上最有名望”③ 之人。

为配合观测天文的需要，李明彻于道光四年（1824）在纯阳观内砌筑朝斗台一座，上有阮元亲题“颐云坛”三个字，“是广州地区现存最古的观象台”④。不过，有学者分析后指出，朝斗台在李明彻的科学研究过程中，基本没有作用。因为《圜天图说》刊于嘉庆二十四年（1819），《续编》刊于道光元年（1821），而纯阳观自道光四年（1824）才开工，所以《圜天图说》及《续编》的天象不是在朝斗台观测的。而且，朝斗台修建不久，李明彻即于道光十二年（1832）去世。但不管怎样说，朝斗台是广东最早建立的天文台，比香港皇家天文台建立还早几十年，其科学价值和历史价值是不容低估的，它体现了道教对自然科学的不断追求和探索。

---

① 广东省地方史志编纂委员会编《广东省志·人物志·李明彻传》及《广东省志·宗教志》《广东省志·气象志》。

② 广州市地方志编纂委员会编《广州市志（1840~1990）》卷十四，《社科教育》，广州出版社，1999，第895页。

③ 广州市宗教志编纂委员会编《广州宗教志》，广东人民出版社，1996，第106页。

④ 广州市宗教志编纂委员会编《广州宗教志》，广东人民出版社，1996，第100页。

四 建纯阳观，遗教后人

纯阳观建于广州河南漱珠岗上。漱珠岗原名万松山、万松岗，李明彻在修《广东通志》考察过程中来到这个地方，发现此地山环水曲，松石清奇，就像玉碟上的一颗明珠，于是改名为漱珠岗。后来，李明彻干脆结茅于此，创建纯阳观，清道光四年（1824）动工，道光九年（1829）竣工。据邓士宪《鼎建纯阳观碑记》云："漱珠岗者，因彻修省志，寻访万松山到此，见山环水曲，松石清奇，故取称漱珠之名也。南临珠海之滨，北望白云藩屏之障，西来五凤，东接七星，朝云霞而印日，暮映月以辉光。周回绿水，八面青山，一遍平田青翠，嶙峋奇石玲珑，珠冈高耸接云天，绕道苍松蔽日。奇花遍径，异草生香，左狮右象坐明堂，石蝠青羊拖后案，葫芦倒地，四面奇观，岗头虽小，景象非凡。有仙山洞府之规模，海岛蓬莱之恍样，应建道场，开演玄宗正脉，创成法界，启列圣真像。蓬莱有路，仙径无差，接嗣修真高士，龙沙会上超凡。应祖师代天行化，岂不美哉。随到五凤村访问，欲求次岗，结茅栖息。"① 这是迄今可以看到的有关纯阳观的第一手材料，它道出了李明彻修建纯阳观的原因和目的。首先，"仙山洞府之规模，海岛蓬莱之恍样，应建道场"，表明漱珠岗确是一个修建道场的理想之所。其次，"开演玄宗正脉"，"接嗣修真高士"，明确纯阳观的修建，其一是作为李明彻颐养修真之处，其二是作为遗教后人之所。纯阳观落成后，"道缘广结，香火日盛，骚人墨客挈侣登临，遂为河南名

① 广州市宗教志编纂委员会编《广州宗教志》，广东人民出版社，1996，第123～124页。此碑已不存，碑文拓本今收藏在广州市文物管理委员会。

胜之一，斯时为最盛”[1]。纯阳观成为广州近现代史上有影响，且有迹可寻的著名宫观之一。

纯阳观的大殿是纯阳殿，殿门上有两广总督阮元题“纯阳殿”三个大字，殿内悬挂道光年间进士庆宝书写的“万世道统”横额及其所刻的一幅长联。纯阳殿奉祀的是号称“纯阳子”的吕洞宾，唐代道士，姓吕，本名岩，字洞宾，据《宋史·陈抟传》记载，他为关西逸人，得道成仙前，曾在世俗沉浮，后在长安一家酒肆遇到钟离权，“黄粱一梦”，于是感悟，求其超度，历经生死财色十次考验，心无所动，最终得授金液大丹《灵宝毕法》，现纯阳观内有一块“金石循环”石，就是根据这个故事而来的。相传他懂剑术，授自火龙真君，叫“天遁剑法”，其剑法“一断贪嗔，二断爱欲，三断烦恼”。他又会作诗，据查《全唐诗》收录吕祖的诗作有200多首（《全唐诗》共收录唐代诗人2529人的诗作42863首），故有“酒仙”、“剑仙”和“诗仙”之称誉。在宋代，得敕封为“妙通真人”，元代又敕封为“纯阳演正警化孚佑帝君”，简称“吕纯阳”。王重阳设立全真道后，吕洞宾与王玄甫、钟离权、刘海蟾、王重阳被封为“北五祖”，故道内又尊称他为“吕祖”。民间流传他有“三醉岳阳楼”“罗浮画山”“飞剑斩黄龙”等故事，吕祖形象流行于民间，成为世传“八仙”之一，是道教神仙中最活跃、最有人情味的一个，广州民间传说他最擅长的就是斩魔除妖，拜祭他的话就能够辟邪消灾，所以祀奉极广，这一方面反映了李明彻顺应广州人对吕祖顶礼膜拜的民意，另一方面也反映了当时全真道在广州的地位和影响。

纯阳殿的左边，建有杨孚祠。杨孚，是广州本地下渡村人，性格耿直，东汉章帝时拜议郎，职掌参谋朝政，曾在漱珠岗著

---

① 《三元宫纯阳观修元精舍史料》，《广州市宗教处档案》1953年第3号，第2页。

述，有《南裔异物志》传世，《南裔异物志》记载了岭南当时的物产和风俗，成为岭南最古老的学术专著，杨孚被后世尊为岭南历史上第一位清正高官和最古学人。据说河南地名也因他而起，传说当年杨孚辞官时，从河南洛阳带回了一棵松柏种在宅前，结果松柏竟然在岭南隆冬时节引来大雪盈树，百姓认为这是他的品行感动了上天，尊称他为“南雪先生”。大雪盈树消息一传出去，引起大家的兴趣和好奇，后来，传多了就变成河南有松柏，于是，杨孚的故乡，也就是现在的海珠区就有了河南这个名称。纯阳殿的右边，为崔清献祠。崔清献就是崔与之，清献是他的谥号，广东增城人，南宋理学名臣，有“岭南儒宗”之称。他曾在漱珠岗讲学，留有《真理学》一书。纯阳观建此二祠，体现了这块地方深厚的文化底蕴，也有助于发扬光大中华民族之古老文化。

纯阳观建成后，不少杰出文人慕名来到漱珠岗结社吟诗作画，创下鸿篇巨制。如光绪年间画界宗师居巢和居廉到此开岭南画派之先河；清末民初，二居高足高剑父、高奇峰、陈树人等率徒在岗上联袂作画，折中中西、融和古今，开创了岭南画坛的新格局；民国时，梅社诸子在此赏梅雅集，更使纯阳观名闻遐迩。正是道教一代学者李明彻的成就与声望，吸引来无数骚人墨客，文化界不少一代宗师到纯阳观活动，更进一步提升了道教的名气。可见文化活动对道教影响之深远！而李明彻个人的独特贡献，则是促成当时道教兴旺之根本。

综上所述，李明彻毕生从事道教活动，他传道说经，遗教后人；他广行善举，利济他人；他积功累德，修炼自我，既行人道，又修仙道。其深厚的道教思想和高尚的人格魅力，赢得了社会的称誉，如博学大师陈鸿章赞道：“青来之学，虽不求于荣世，而得诸传世者若此，所谓羽衣黄冠以备顾问，允当之矣。洵乎人品之高，学问之大，其不负余生平所期望也。”[1] 李明彻得道成仙的信仰理想、清静恬淡的精神境界、济世利人的社会责任感、崇俭抑奢的生活信条、慈爱和同的处世方式以及顺应自然的行为原则，为世人树立了榜样，是我们学习的楷模。

① （清）李明彻：《圜天图说续编·陈鸿章序》，嘉庆己卯（1819）松梅轩刻本。

广州十三行行商的道教情怀

广州十三行作为具有世界意义的历史文化遗产和国际意义的研究领域，一直备受中外学者的关注，已有丰硕成果。然随着研究的深入，似嫌不够，本文尝试从另一个角度，以伍氏家族为例，浅论十三行行商的道教情怀，探究作为中国传统文化的道教对行商有何作用和影响，以及行商又是如何传承和弘扬道教文化的，以期对十三行行商有一个新的认识。

一 敬奉道教神灵

道教神灵信仰庞杂，所祀之神，既有包括元始天尊、灵宝天尊和道德天尊三清以及青帝、赤帝、黄帝、白帝、黑帝五老君的尊神系统，也有包括天、地、山、川、日、月、星、辰、风、云、雷、雨的主神系统，还有包括灵官、太岁、功曹、城隍、土地、灶君、财神、祖先、圣贤、忠烈、仙人和行业保护神的杂神系统。

十三行伍氏家族[①]信奉的道教神灵主要是尊神系统中的黑帝和

① 本文所述的伍氏家族主要以伍国莹、伍秉鉴、伍崇曜祖孙三人为主要考察对象。

赤帝，在岭南地区均称作水神，这与他们的职业有关。由于伍氏家族从事的是海洋生意，充满危险性和冒险性，“海洋险远”[①]，大海无情，海事无常，海难常有发生，“贩货南洋，归帆遇风，全船不幸”[②]，所以，他们对水神特别敬重，突出的如真武帝，又称北帝，即玄武大帝，原是北方大帝，后被道教吸入神仙系统，成为道教五老君之一——黑帝，即道教守护神。他在岭南成了水神，受到广人，尤其是蜑民顶礼膜拜，“祀黑帝者，以其司水之源”[③]。又如南海神，名祝融，又号祝赤，为道教五老君之一——赤帝，“司火而兼司水”[④]，在岭南成为主要司水之神，“祀赤帝者，以其治水之委”[⑤]。还有妈祖，“以护海运有奇应，加封‘天妃’。……又加封‘后’”[⑥]。后成为道教女仙“碧霞元君”，享有“天仙玉女”之号，具有“统岳府之神兵，掌人间之善恶。……保生真人，护国庇民”[⑦] 的神能，“凡渡海自番禺者，率祀祝融、天妃。……天妃神灵尤异”[⑧]，很显然，道教尊神成了行业保护神。大凡商船出入广州港口前后，伍家人必到北帝庙、南海神庙、妈祖庙或天后庙等烧香叩头，拜祭水神，求神保佑，或谢神保佑。启航前，他们会在船头上张贴“海不扬波”“惠风和畅”“和风富贵”“月光临活水”“龙头角生金”等字条，象征“一帆风顺”[⑨]；同时，他们会燃放挂在艇尾部一条竹竿上的鞭炮——求神启航，据闻“这样神可以保佑船

---

① 《世祖章皇帝圣训》卷五，《谕外藩》。

② 潘福燊：《潘氏族谱》（番禺），民国九年（1920）本，第 30 ~ 31 页。

③ （清）屈大均：《广东新语》卷六，《神语·真武》。

④ （清）屈大均：《广东新语》卷六，《神语·南海之帝》。

⑤ （清）屈大均：《广东新语》卷六，《神语·真武》。

⑥ 《藏外道书》第 31 册，巴蜀书社，1994，第 523 页。

⑦ 《碧霞元君护国庇民普济保生妙经》，《道藏》第 34 册，文物出版社、上海书店出版社、天津古籍出版社，1988，第 746 页。

⑧ （清）屈大均：《广东新语》卷六，《神语·海神》。

⑨ 〔美〕威廉·C. 亨特：《广州番鬼录》，冯树铁译，骆幼玲等校，广东人民出版社，1993，第 81 页。

只‘顺风顺水’”[①]。他们亦捐资修建水神庙宇，如在南海县桑园围内修建南海神庙，怡和行捐银八两[②]；又道光八至九年（1828～1829）重修澳门妈祖庙，伍诒光堂（怡和行）捐银二百一十元[③]，旨在祈神保佑，风调雨顺，出入平安。他们还捐资重修具有神威的琶洲塔和赤岗塔。琶洲塔位于琶洲村，此地原是珠江中小岛，因山形似琵琶，塔建山上而得名，传说江中常有金鳌浮出，光如白昼，故又称海鳌塔。塔屹立江中，似中流砥柱，起导航作用。对于修塔的含义和作用，当时大多广州人心目中是不太清楚的，他们“往往只是回答说：‘这是菩萨的事情。’……可以镇邪避灾，意味深长，但含含糊糊”[④]。只有伍家的态度非常明确，“建塔的目的是为了使神的灵魂得以飞升”[⑤]，保佑过往船只平平安安，“给他们整个地区带来繁荣”[⑥]。道光二十四年（1844）伍崇曜等行商捐资重修琶洲塔和赤岗塔，谭莹称道：“复两重之保障，仅为科名。造七级之浮图，敢论功德。”[⑦] 如今，在塔刹的铜铸覆盘上，可见上刻“钦加布政使衔在籍即造，番禺潘仕成即内部正郎，南海伍崇曜重修，大清道光廿四年岁次甲辰季春吉日，济和炉造”字样。

为表示对道教神灵的敬奉，伍崇曜还取字“紫垣”，紫垣又叫紫微，全称中天紫微北极太皇大帝，是道教尊神“四御”之中的

---

① 〔美〕威廉·C. 亨特：《广州番鬼录》，冯树铁译，骆幼玲等校，广东人民出版社，1993，第 77 页。

② 周湘：《广州外洋行商人》，广东人民出版社，2002，第 33 页。

③ 梁嘉彬：《广东十三行考》，广东人民出版社，1999，第 394 页。

④ 〔美〕威廉·C. 亨特：《旧中国杂记》，沈正邦译，章文钦校，广东人民出版社，1992，第 210 页。

⑤ 〔美〕威廉·C. 亨特：《旧中国杂记》，沈正邦译，章文钦校，广东人民出版社，1992，陈胜粦序，第 9 页。

⑥ 〔美〕威廉·C. 亨特：《旧中国杂记》，沈正邦译，章文钦校，广东人民出版社，1992，第 211 页。

⑦ （清）谭莹：《乐志堂文续集》卷二，《代潘德畬廉访伍紫垣察请同修赤冈、琶洲两文塔启》。

第二位神，其地位仅次于最高尊神“三清”和玉皇大帝。据道经说，紫微北极大帝“为万星之宗主，三界之亚君，次于昊天，上应元气，是为北极紫微大帝，治中天紫微宫”[①]，其职能是协助玉皇执掌天经地纬、日月星辰、四时气候。后世道教徒多以之作为自己的“号”或“字”，如道教龙门派“中兴”之臣王常月的第十代弟子徐清澄，就取号“紫垣”，颇有道教意味。

二 追求道教长生成仙

长生成仙是道教的核心内容和信仰目标，长生，即不死，“人之生也，安而不病，壮而不老，老而不死”[②]；成仙，“或升天，或住地，要于俱长生，去留各从其所好耳”[③]。仙有不同的层次或等级，如葛洪云：“上士举形升虚，谓之天仙。中士游于名山，谓之地仙。下士先死后蜕，谓之尸解仙。”[④] 天仙举形升虚，地仙游于名山，均为人所趋之若鹜。

但修仙绝非易事，为了给修仙学道者以明确的目标和树立坚定的决心，道教又将仙再细分为鬼仙、人仙、地仙、神仙和天仙五种[⑤]。第一种鬼仙，指修道者未能炼至纯阳，死后出阴神，乃为鬼仙，“鬼仙者五仙之下一也。……修持之人，不悟大道，而欲速成，形如槁木，心若死灰，神识内守，一志不散。定中出阴神，以

---

① （宋）宁全真：《上清灵宝大法》卷十，《道藏》第30册，文物出版社、上海书店出版社、天津古籍出版社，1988，第730页。

② （唐）施肩吾：《钟吕二仙传道集·论真仙第一》，《藏外道书》第6册，巴蜀书社，1988，第61页。

③ （晋）葛洪：《抱朴子内篇·对俗》。

④ （晋）葛洪：《抱朴子内篇·论仙》。

⑤ （唐）施肩吾：《钟吕二仙传道集·论真仙第一》，《藏外道书》第6册，巴蜀书社，1988，第62~63页。

其一志，阴云不散，故曰‘鬼仙’”①。第二种人仙，指形体坚固，长寿住世之人，“人仙者五仙之下二也。修真之士，不悟大道，道中得一法，法中得一术，信心苦志，终世不移，五行之气，误交误合，形质且固，八邪之疫，不能为害，多安少病，乃曰‘人仙’”②。第三种地仙，指长生住世，为陆地游闲之神，“法天地升降之理，取日月生成之数，身中用年月，日中用时刻，先识龙虎，次配坎离，辨水源清浊，分气候早晚，收真一，察二仪，列三才，分四象，别五运，定六气，聚七宝，序八卦，行九州，五行颠倒，气传子母，液行夫妇，三田反复，烧成丹药，永镇下田，炼形住世，而得长生不死，以作陆地神仙，故曰‘地仙’”③。第四种神仙，为仙乘中之上乘，修真者既成地仙后，“厌居尘世，用功不已，关节相连，抽铅添汞，而金精炼顶，玉液还丹。炼形成气，而五气朝元，三阳聚顶，功满忘形，胎仙自化，阴尽阳纯，身外有身，脱质升仙，超凡入圣，谢绝尘俗，以返三山，乃曰‘神仙’”④。第五种天仙，为仙乘中之上乘，修真者既为神仙后，“厌居三岛，传道人间，道上有功，人间有行，功行满足，受天书以返洞天，是曰‘天仙’”⑤。对于修持仙道者来说，这五等仙之中，鬼仙不值得去追求，天仙也不好奢望，而人仙、地仙、神仙是可以学而致之的，道教教人方法是：“人仙不出小成法，地仙不出中成法，神仙不出大成法，三成之数，其实一也。用法求道，道固不

---

① （唐）施肩吾：《钟吕二仙传道集·论真仙第一》，《藏外道书》第6册，巴蜀书社，1988，第62页。

② （唐）施肩吾：《钟吕二仙传道集·论真仙第一》，《藏外道书》第6册，巴蜀书社，1988，第62页。

③ （唐）施肩吾：《钟吕二仙传道集·论真仙第一》，《藏外道书》第6册，巴蜀书社，1988，第62~63页。

④ （唐）施肩吾：《钟吕二仙传道集·论真仙第一》，《藏外道书》第6册，巴蜀书社，1988，第63页。

⑤ （唐）施肩吾：《钟吕二仙传道集·论真仙第一》，《藏外道书》第6册，巴蜀书社，1988，第63页。

难；以道求仙，仙之甚易。”① 也就是说，关键在于用法求道，以道求仙。

伍氏家族仰慕神仙，学做神仙，可谓颇得其法，如伍崇曜“半生嗜好神仙，端合楼居七宝。庄严城市，别开诗境”②，由此可见，他们身处修道成仙的环境。“楼居”又叫山居，沈莹《临海水土物志》云：“悉依深山，架立屋舍于栈格上，似楼状。”③ 楼居是仙道们进行炼丹修炼不可缺少的栖身之所，故《史记·封禅书》云：“公孙卿曰：……仙人好楼居。”葛洪曰：“道士山居，栖岩庇岫。”④ 苏轼也说：“闻说楼居似地仙，不知门外有尘寰。幽人隐几寂无语，心在飞鸿灭没间。”⑤ 很显然，伍崇曜端合的楼居正是道教所讲的地仙居所。平日，他们食则翠芝朱英，居则瑶堂瑰室，如伍秉鉴的伍家祠，处处是亭台楼阁；伍崇曜的粤雅堂，更是“洞房连闼，半郭半郊。傍山带江，绕水富竹”⑥。还有远爱楼，谭莹称其“市邻三角，楼输五层。兼巷竟街，开棂结橑。连闼千尺，平台百寻。下临镜澜，环列翠阜。直栏横槛，方井员渊。疑蜃结而不消，睹鹤飞兮倘驻”⑦，不是仙境，胜似仙境。同时，他们掌握修道成仙的方法，“七宝”当指金、银、琉璃、珊瑚、砗磲、珍珠、玛瑙七样宝物，聚合七宝，练就的正是成为地仙诸法之一种。他们处身炼丹修仙环境，实践长生成仙大法，追求神仙生活，难怪“别开诗境”，别有洞天。此外，他们有修道成仙的渴求，道光十

① （唐）施肩吾：《钟吕二仙传道集·论真仙第一》，《藏外道书》第6册，巴蜀书社，1988，第63页。

② （清）谭莹：《乐志堂文集》卷十一，《远爱楼记》。

③ 刘纬毅辑注《汉唐方志辑佚》，北京图书馆出版社，1997，第63页。

④ （晋）葛洪：《抱朴子内篇·登涉》。

⑤ （宋）苏轼：《苏东坡全集》，前集，第六卷，《诗九十九首·单同年求德兴俞氏聚远楼诗三首》。

⑥ （清）谭莹：《乐志堂文集》卷十一，《粤雅堂记》。

⑦ （清）谭莹：《乐志堂文集》卷十一，《远爱楼记》。

一年（1831），伍怡和家族将往来于伶仃与停泊站之间的补给船取名为“仙女号”[①]，也体现伍氏家族对仙人、仙女的迷恋、狂热和孜孜以求。

三 传承道教文化

广州道教历史悠久，在长期的传播发展过程中，出版了卷帙浩繁、内容丰富的道书（道教文献），虽然其中有的被完整保留下来，但是有的流失海外，有的散佚不见，有的存书残破，字迹模糊不清，严重影响了道书的使用和道教的传播。伍氏家族，尤其是伍崇曜出于对道教的深厚情结，出资出力，在保存道教文献和传承道教文化上做出了重大贡献。

第一，构筑藏书、辑书、校书场所。如在广州城外修建“远爱楼”作为藏书之所，“储书万签，贮酒千斛”[②]；在广州城西白鹅潭修筑“粤雅堂”作为辑书和校书之地，“遍收四部图书，尤重此邦文献”[③]。

第二，辑刻道书。主要有《道德真经注》和《太上感应篇注》，均收入伍崇曜辑的《粤雅堂丛书》中；《罗浮志》也收入伍崇曜辑的《岭南遗书》中。张之洞曾高度评价其功德，称其书终古不废，“刻书者传先哲之精蕴，启后学之困蒙，亦利济之先务，积善之雅谈也”[④]。《广州府志》也赞道：“粤省号富饶而书板绝少，坊间所售，惟科场应用之书，此外无从购。崇曜思刊刻书籍以惠士林。”[⑤]

---

① 〔美〕威廉·C. 亨特：《广州番鬼录》，冯树铁译，骆幼玲等校，广东人民出版社，1993，第52页。

② （清）谭莹：《乐志堂文集》卷十一，《远爱楼记》。

③ （清）谭莹：《乐志堂文集》卷十一，《粤雅堂记》。

④ （清）张之洞：《张之洞全集》卷二百零九，《书目答问》卷四，附《劝刻书说》。

⑤ （光绪）《广州府志》卷一百二十九，《列传十八·伍崇曜传》。

第三，阐发道学思想。在辑刻道书的同时，伍崇曜还为道书题跋，指出该书的得失优劣，亦阐发自己的道学思想，如他为元朝人吴澄的《道德真经注》作跋，认为："此书发挥老氏之旨，清静元妙，畅所欲言，或者遂有援儒入墨之论，不知草庐晚年之学，实本于陆象山，以尊德性为主，于朱子亦颇有微词，尝序象山语录，曰：'道在天地间，今古如一人，当反之于身，不待外求，先生教人以是，岂不至简至易，而切实哉？不求诸已之身，而求诸人之言，此先生之所大闵也，云云。'则其于二氏之旨，如胶投漆，如豆合黄，入与俱化，所谓殊途同归，与道大适，三教同源之说，何必讳言之，且所注者何书也，而犹欲以援儒入墨，议之真不揣其本，而齐其末矣。"[①] 实际上指出吴氏之《道德真经注》乃三教同源解，援儒入墨，援墨入道，大大发挥了老子的本旨。又如伍崇曜为清代惠栋的《太上感应篇注》作跋，对该书予以高度评价："先生以昭代儒宗高才硕学顾于研经证史之暇，特注是书，淳古渊懿，且间作俪体文，令阅者如读古书，不忍释手。汤敦甫协揆文集，称其最为典雅。"[②] 还有，清末道光年间，伍崇曜偶得陈梿撰的道教山志书《罗浮志》的明初印本，认为该书是在宋王胄所辑和后人所续的基础上，"厘正删补，汇而成编"，弥足珍贵，故将之刊入《岭南遗书》，即今人所见之十卷本。在跋文中，他亦指出，然细加考辨，该书仍有"缺略之憾"，"自马至郑，《列仙传》诸书实无至罗浮之事，朱真人亦非安期弟子，而元朗生孝先之后，岂师也哉？陈梿作志，据之以立传，则谬悠之极"[③]。他这样做，既使陈氏山志得以保存下来，也指出了该书的谬误，足见其道学之深厚，诚如谭莹所说："补阙裨残，收亡集逸，累朝文

① 《粤雅堂丛书》第十二集，《道德真经注·跋》。
② 《粤雅堂丛书》第十二集，《太上感应篇注·跋》。
③ 《岭南遗书》第三集，《罗浮志·跋》。

在，表彰端赖，昭明历代，史繁商榷，总由司马，芟芜刈楚，肯致梨灾，掩骼埋背，未如檀施光灵，不闷鬼神报以吉祥，准的无愆人物欤？宜宗主者也。然则紫垣之功。”[①]《广州府志》也言：“广搜秘本……集成大观，而古笈亦赖以传。……自此广州学者不出门，而坐拥百城矣。”[②]

四 践行道教行善济世

尊道贵德是道教的教旨，道教认为修道必先修德，行善积德是长生成仙的基础，“为道者当先立功德”[③]，“欲求长生者，必欲积善立功，慈心于物，恕己及人，仁逮昆虫，乐人之吉，愍人之苦，赒人之急，救人之穷，手不伤生，口不劝祸，见人之得如己之得，见人之失如己之失，不自贵，不自誉，不嫉妒胜己，不佞谄阴贼，如此乃为有德，受福于天，所作必成，求仙可冀也”[④]。无论成何种仙都要行善积德，“人欲地仙，当立三百善；欲天仙，立千二百善”[⑤]，张伯端把积满“德行阴功八百三千”[⑥]作为结丹成仙的必要条件，《太上感应篇》也要求“悯人之凶”，“乐人之善”，“济人之急”，“救人之危”[⑦]。很显然，以善为先、行善积德、济世利人、救死扶伤是道教的一贯主张。伍氏家族秉承和践行道教的这一尊道

---

① （清）谭莹：《乐志堂文集》卷十一，《粤雅堂记》。

② （光绪）《广州府志》卷一百二十九，《列传十八·伍崇曜传》。

③ （晋）葛洪：《抱朴子内篇·对俗》。

④ （晋）葛洪：《抱朴子内篇·微旨》。

⑤ （晋）葛洪：《抱朴子内篇·对俗》。

⑥ （宋）张伯端：《紫阳真人悟真篇注疏》卷七，《西江月》，《道藏》第2册，文物出版社、上海书店出版社、天津古籍出版社，1988，第960页。

⑦ 《道藏》第27册，文物出版社、上海书店出版社、天津古籍出版社，1988，第20～23页。

贵德教旨，乐善好施、行善济世。有关史志称："计伍氏先后所助不下千万，捐输为海内冠。"[①] 主要如下。

第一，捐输救灾赈灾。如嘉庆十一年（1806），广州米荒，伍家捐购洋米二万五千元，折一千八百两[②]；道光十八年（1838），伍崇曜捐置义仓[③]。

第二，致力公益事业。嘉庆十五年（1810），伍秉鉴等行商捐数千金于洋行会馆，开设种洋痘局，免费为市民接种，"寒暑之交，有不愿种者，反给以赀，活婴无算"[④]，先后有一百万人受益，开中国群众性接种牛痘预防天花之先河。嘉庆年间，伍家"凡桑园围、大石围捐款，军需捐款，小者三四十万，大者五六百万"[⑤]；道光初年，伍家还与广利行卢家合捐十万两将桑园围改筑石堤，为当时珠三角大型水利工程[⑥]。

第三，资助军需物资。道光六年（1826），新疆军需，伍家捐饷十万两白银[⑦]；道光二十一年（1841），伍怡和捐资一百一十万元购买西洋铁炮[⑧]；道光二十二年（1842），伍崇曜捐炮台、铸炮银七万两，伍元菘捐炮台、战舰银七万两[⑨]；等等。在家国危难、民族存亡关头，伍氏家族总是带头慷慨解囊，乐善好施，体现和践行了道教"并力同心"[⑩]，"周穷救急"[⑪] 的思想和主张。

---

① （光绪）《广州府志》卷一百二十九，《列传十八·伍崇曜传》。

② ［美］马士：《东印度公司对华贸易编年史（1635～1834 年）》第三卷，区宗华译，中山大学出版社，1991，第 26 页。

③ 伍凌立：《伍氏莆田房符龙公广州十三行支脉族引谱》，2010 年印刷本，第 6 页。

④ （道光）《南海县志》卷四十四，《杂录二》。

⑤ 伍子伟：《安海伍氏入粤族谱》卷一，1956 年油印本。

⑥ （同治）《续修南海县志》卷十四，《列传四十八～四十九·伍崇曜传》。

⑦ ［美］马士：《东印度公司对华贸易编年史（1635～1834 年）》第四、五卷，区宗华译，中山大学出版社，1991，第 95 页。

⑧ 郭廷以：《近代中国史》第一册，台湾商务印书馆，1979，第 358 页。

⑨ 齐思和等：《鸦片战争》第四册，上海人民出版社，2000，第 264 页。

⑩ 王明编《太平经合校》，中华书局，1963，第 149 页。

⑪ 王明编《太平经合校》，中华书局，1963，第 231 页。

五 结语

综上所述，以伍氏家族为代表的十三行行商，嗜好神仙，与道教有着深厚的情结。他们敬奉北帝、南海神以及妈祖等道教神灵，祈神保佑出入平安；他们栖身楼居，实践成仙诸法，追求道教长生成仙；他们构筑藏书之所、辑书校书之地，辑刻道书，阐发道学思想，保存道教文献和传承道教文化；他们捐输救灾赈灾，致力公益事业，资助军需物资；等等，践行道教“并力同心”和“周穷救急”的行善济世思想和主张，体现深厚的道教情怀。伍氏家族的这种道教情怀，从某种意义上讲起到了正面引导作用，由于畏慑神灵和渴望长生，在一定程度上促使他们端正自己的言行举止，从善从良，行善积德，济世利人；也由于喜好，他们整理和刊刻道书，从而使大量珍贵的道教文献典籍得以保存，既传承了道教文化，也弘扬了道教文化精粹。

道学篇

早期道教的传播方式

道教是我国本土宗教，学术界一般认为，它始创于东汉末年的蜀地，之后，向全国各地传播和发展。及至六朝，道教已播及大江南北，成为中国传统文化的一个重要组成部分，对中华文化产生巨大影响。道教何以迅速传播发展？这与早期道教的传播方式不无关系，本文试从宗教学、传播学的角度作一探究。

一 以符水和医术治病传道

东汉末年，各种自然灾害如水灾、旱灾、蝗灾、风灾、火灾、震灾、霜灾纷至沓来，更为严重的是，自然灾害的发生往往伴随着疾病的流行，《后汉书》就有不少相关记录，如《冯衍传》云：“疾疫大兴，灾异蜂起。”《桓帝本纪》载：“民多饥穷，又有水旱疾疫之困。”《申屠刚传》称：“百姓困乏，疾疫夭命。”人们生活在疾患和死亡威胁的边缘。

1. 符水治病

道教以超越死亡病痛、长生成仙为目标，以救世度人为己任，面对疾疫横行，及时伸出援救之手，在其初创时即以符水治病传道。

所谓符水治病，是道术符法的一种，其做法是在水中画符或烧符箓灰溶于水中，然后让病人饮服，如是“不但疾愈，兼而度世”[①]。在早期道派中，无论是“五斗米道”，还是“太平道”都公开施用这一道术，如“五斗米道”教首张道陵要求“疾病之人，不胜汤药针灸，惟服符饮水”[②]。面对疾病流行，死亡枕藉，张道陵教人饮服“符水”，为人治病，传道布道，“张陵受道于鹄鸣。……化金销玉，行符敕水，奇方妙术，万等千条。上云羽化飞天，次称消灾灭祸”[③]，结果，“百姓翕然，奉事之以为师，弟子户至数万”[④]。太平道也不例外，《典略》云：“太平道者……以符水饮之，得病或日浅而愈者，则云此人信道；其或不愈，则云不信道。”[⑤] 其教首张角，用“符水咒说以疗病，病者颇愈，百姓信向之”[⑥]。早期道教这种以“符水”治病的传道方式，在科学不发达的东汉后期，颇得民心，它使受尽疾病折磨的民众得到一种虚假的满足和精神上的寄托以及心理上的平衡。及至魏晋时期流行的几个道派，也是以符水治病的形式进行传道，如流行于吴会地区的于君道[⑦]，据《江表传》记载，琅琊人于吉到东吴“制作符水以治病”，故“吴、会人多事之”[⑧]。又如流行于吴越地区的李家道，《抱朴子内篇》称：“有一人姓李名宽，到吴而蜀语，能祝水治病颇愈，于是远近翕然。……弟子转相教授，布满江表，动有千许。”[⑨] 可见，以符水治病，收到良好的传道播

---

① 王明编《太平经合校》，中华书局，1985，第744页。

② （南朝宋）陆修静：《陆先生道门科略》，《道藏》第24册，文物出版社、上海书店出版社、天津古籍出版社，1988，第779~780页。

③ （北齐）魏收：《魏书·释老志》。

④ （晋）葛洪：《神仙传》卷四，《张道陵》，《丛书集成初编》本。

⑤ （晋）陈寿：《三国志·魏书·张鲁传》注引。

⑥ （南朝宋）范晔：《后汉书·皇甫嵩传》。

⑦ 有学者认为它可能是太平道的一派，参见卿希泰《中国道教史》第一卷，四川人民出版社，1988，第257页。

⑧ （晋）陈寿：《三国志·吴书·孙策传》注引。

⑨ （晋）葛洪：《抱朴子内篇·道意》。

道效果。

2. 民间医术治病

早期道教除采用“符水”这种精神和心理疗法外，还广泛运用各种汤药、针刺和熨烙等民间医术为民治病，如葛洪《神仙传》记载张道陵“得服食草木数百岁之方”[①]。又如《太平经》卷五十详细记载了一种“灸刺疗法”，云：“灸刺者，所以调安三百六十脉，通阴阳之气而除害者也。三百六十脉者，应一岁三百六十日，日一脉持事，应四时五行而动，出外周旋身上，总于头顶，内系于藏。衰盛应四时而动移，有疾则不应，度数往来失常，或结或伤，或顺或逆，故当治之。灸者，太阳之精，公正之明也，所以察奸除恶害也。针者，少阴之精也，太白之光，所以用义斩伐也。治百中百，治十中十，此得天经脉谶书也，实与脉相应，则神为其驱使；治十中九失一，与阴脉相应，精为其驱使；治十中八，人道书也，人意为其使；过此而下，不可以治疾也，反或伤神。”[②] 明确“灸刺”可以调脉通气，是一种行之有效的治病方法。同卷还有使用动、植物药物为人治病的记载：“草木有德有道而有官位者，乃能驱使也，名之为草木方，此谓神草木也。治事立愈者，天上神草木也，下居地而生也。立延年者，天上仙草木也，下居地而生也。……过此而下者，不可用也，误人之草也。是乃救死生之术，不可不审详。”[③] 又“生物行精，谓飞步禽兽跂行之属，能立治病。禽者，天上神药在其身中，天使其圆方而行。十十治愈者，天神方在其身中；十九治愈者，地精方在其身中；十八治愈者，人精中和神药在其身中。此三者，为天地中和阴阳行方，名为治疾使者”[④]。从

① （晋）葛洪：《神仙传》卷四，《张道陵》，《丛书集成初编》本。
② 王明编《太平经合校》，中华书局，1985，第179～180页。
③ 王明编《太平经合校》，中华书局，1985，第172～173页。
④ 王明编《太平经合校》，中华书局，1985，第173页。

《太平经》的记述可知，早期道教在创建和传道过程中，已经普遍使用草木和禽兽等植物和动物药物为人治病，实践其救世活人的教旨。

3. 送医赠药

此外，道教还有送医赠药的医德和举措。《后汉书·钟离意传》称："建武十四年，会稽大疫，死者万数，意独身自隐亲，经给医药，所部多蒙全济。"在灾疫降临之际，道士钟离意为人送医赠药，其医德是何等高尚和感人。

据上，由于早期道教在创教和发展中，采取符水和药物治病以及送医赠药的方式，最大限度地迎合了广大贫民的生理和心理需要，也多少解除了他们的疾患和病痛，这对疾病横流时期饱受疾病苦痛的人们来说，无疑是输进了一股暖流，注入了一支强心剂，人们自然感激它、崇拜它、信服它，结果"民、夷信向"①，纷纷入道，"竞共事之"②。可见，以符水和药物治病，带有明显的救世度人的现实性，成为早期道教传道播道、罗致徒众的一个重要方式。

二 以善道教化天下

"以善道教化"是道教的宗旨。早期道典《太平经》指出："导教以善道，使知重天爱地，尊上利下，弟子敬事其师，顺勤忠信不欺。"③ 明确要以重天爱地、尊老爱幼、敬事师长、诚信不欺等善道教民。早期道教在创建和发展中，各教派首领都自觉将

① （南朝宋）范晔：《后汉书·刘焉传》。

② （晋）陈寿：《三国志·魏书·张鲁传》引《典略》。

③ 王明编《太平经合校》，中华书局，1985，第217页。

“以善道教化天下”[①] 作为己任，表现在以下两方面。

1. 教民思过

早期道教认为，人所以生病患疾，多是由患者犯错引起，治愈的关键在于令患者静心思过，因此，无论是太平道还是五斗米道都以“跪拜首过”“叩头思过”等善道施教于民，如太平道的张角，“自称大贤良师，奉事黄老道，蓄养弟子，跪拜首过”[②]，他“持九节杖为符祝，教病人叩头思过”[③]。又如五斗米道的张道陵，“邂逅疾病，辄当首过，一则得愈，二使羞惭，不敢重犯”[④]，对“疾病者，但令从年七岁有识以来，首谢所犯罪过，立诸賉仪章符，救疗久病困疾，医所不能治者，归首则差”[⑤]。张道陵还教民内外修治，“使民内修慈孝，外行敬让。佐时理化，助国扶命”[⑥]。张道陵之子张衡也以善道教民思过，《典略》云：“光和（178～184）中，东方有张角，汉中有张修。……修法略与角同，加施静室，使病者处其中思过。又使人为奸令祭酒，祭酒主以《老子》五千文，使都习，号为‘奸令’。为鬼吏，主为病者请祷。请祷之法，书病人姓名，说服罪之意。作三通，其一上之天，著山上，其一埋之地，其一沉之水，谓之三官手书。使病者家出米五斗以为常，故号曰‘五斗米师’。”[⑦] 文中的张修实际上是张衡，这在裴氏注中有明确说明：“臣松之谓张修应是张衡，非《典略》之失，则传写之误。”张衡教民叩头思过，以设静室、诵经文、敕符水、隐小过等善道施教于民。张道陵之孙

---

① （南朝宋）范晔：《后汉书·皇甫嵩传》。

② （南朝宋）范晔：《后汉书·皇甫嵩传》。

③ （晋）陈寿：《三国志·魏书·张鲁传》注引《典略》。

④ （晋）葛洪：《神仙传》卷四，《张道陵传》，《丛书集成初编》本。

⑤ （南朝宋）徐氏：《三天内解经》卷上，《道藏》第28册，文物出版社、上海书店出版社、天津古籍出版社，1988，第414页。

⑥ （南朝宋）陆修静：《陆先生道门科略》，《道藏》第24册，文物出版社、上海书店出版社、天津古籍出版社，1988，第779页。

⑦ （晋）陈寿：《三国志·魏书·张鲁传》注引。

张鲁，也秉承先辈做法：“（张鲁）皆教以诚信不欺诈，有病自首其过，大都与黄巾相似。”[①]《典略》称：“教使作义舍，以米肉置其中，以止行人，又教使自隐，有小过者，当治道百步，则罪除；又依月令，春夏禁杀，又禁酒。流移寄在其地者，不敢不奉。”[②] 可见，道教在创立之时，就积极从事“以善道教化天下”的宣传鼓动工作，影响不断扩大。

及至南北朝，道经也有这一教民“首过”“思过”思想，如《老君音诵诫经》云：“病家昼则向靖叩头，夜则北向，向天地叩头首过。”[③]《正一法文天师教戒科经》也载：“观视百姓夷胡秦，不见人种但尸民。从心恣意劳精神，五藏虚空为尸人，命不可赎属地官，身为鬼伍入黄泉，思而改悔从吾言，可得升度为仙人。”[④] 文中的“秦”是指汉人，“夷”“胡”都是指少数民族，表明无论是汉族还是少数民族，只要“思而改悔”，即可升度为仙人，结果大受欢迎，“民、夷便乐之”[⑤]，纷纷加入道教行列。其时，不少道团也倡行“首过”方式，如流行在江南一带的杜子恭道团，《道学传》卷四云：“杜炅，字子恭。……为人善治病。人间善恶，皆能预见。上虞龙稚，钱塘斯神，并为巫觋，嫉炅道王，常相诱毁。人以告炅。炅曰：‘非毁正法，寻招冥考。’俄而稚妻暴卒，神抱隐疾，并思过归诚，炅为解谢，应时皆愈。神晚更病，炅语曰：‘汝藏鬼物，故气祟耳。’神即首谢曰：‘实藏好衣一箱。’登取于治烧之，豁然都差。”[⑥] 杜炅利用符箓禁咒等首过方式，教人思过，为人治病，从而达到吸纳信

① （晋）陈寿：《三国志·魏书·张鲁传》。

② （晋）陈寿：《三国志·魏书·张鲁传》注引。

③ 《道藏》第18册，文物出版社、上海书店出版社、天津古籍出版社，1988，第215页。

④ 《道藏》第18册，文物出版社、上海书店出版社、天津古籍出版社，1988，第238页。

⑤ （晋）陈寿：《三国志·魏书·张鲁传》。

⑥ （唐）王悬河：《三洞珠囊》卷一，《救导品》引，《道藏》第25册，文物出版社、上海书店出版社、天津古籍出版社，1988，第301页。

徒、扩大教团的目的。

2. 教民抗争

道教不仅治病救人，还教人起来摆脱现实苦难，反抗朝廷黑暗统治。东汉自和帝始，君道秕僻，宦官外戚交替专权，政治腐败，经济不景气，《后汉书》称其时“灾异蜂起，寇贼纵横”，“变异并见，万民饥流”[①]。在生存受威胁、社会不太平的情况下，民众纷纷叛乱，其范围之大，次数之多，人数之众，形式之多，是前所少有的。就其范围而言，东起山东之琅琊，西至甘肃之凉州，南达交趾，北抵幽冀，几及全国；就其次数而言，自和帝永元四年至献帝建安十四年（92～209）的100多年间，多达100多次；就其人数而言，从几百人、几千人发展到几万人甚至几十万人；就其形式而言，抢米、夺粮、扰乱、攻城，无所不有。其中，有不少人自称“将军”“真人”，身穿道服，手持印券和符书，口吐玄言，他们利用民众对现实生活的不满，组织和发动民众暴动。如和帝永元四年（92）冬，“零陵蛮羊孙、陈汤等千余人，著赤帻，称将军，烧官寺”[②]；又如顺帝建康元年（144），徐凤、马勉等冠皮冠，黄衣玉带玉印，称皇帝，“攻没合肥”[③]。民众和道徒的暴动，此伏彼起。以张角为首的太平道，更是打着“以善道教化天下”的旗帜，“（张）角因遣弟子八人使于四方，以善道教化天下，转相诳惑。十余年间，众徒数十万，连结郡国，自青、徐、幽、冀、荆、扬、兖、豫八州之人，莫不毕应”[④]，又“或弃卖财产，流移奔赴，填塞道路，未至病死者亦以万数。郡县不解其意，反言角以善道教化，为民所归”[⑤]。在善道教化之下，信徒归之如流，遍布青、徐、幽、冀、兖、豫、荆、

① （南朝宋）范晔：《后汉书·安帝本纪》。
② （南朝宋）范晔：《后汉书·南蛮西南夷列传》。
③ （南朝宋）范晔：《后汉书·滕抚传》。
④ （南朝宋）范晔：《后汉书·皇甫嵩传》。
⑤ （宋）司马光：《资治通鉴》卷五十八，光和六年。

扬八州，甚至旁及并、凉，并于灵帝中平元年（184）参加了全国性的黄巾大起义。同样的，五斗米道也教民造反，“秋七月，巴郡妖巫张修反，寇郡县”[①]。

及至魏晋，道教依然以善道教民抗争，如《江表传》记三国吴琅琊道士于吉“立精舍烧香，读道书”[②]，结果，被孙吴以妖妄“幻惑众心”之罪处死。又如《晋书·孙恩传》载，东晋时期琅琊人孙泰奉行五斗米道，他“以道术眩惑士庶”，“见天下兵起，以为晋祚将终，乃煽动百姓，私集徒众，三吴士庶多从之”，后被朝廷以“诳诱百姓”罪流放广州郁林郡，他又利用当地“风俗好杀”，以道术煽动人们闹事，结果“南越亦归之”。其侄子孙恩更利用孙泰“以左道惑众被戮”[③]为由，联合卢循发动和领导了一场大规模的反政府行动，“恩聚合亡命得百余人，志欲复仇。……恩据会稽，自号征东将军，号其党曰‘长生人’”[④]，结果，“三吴皆响应”[⑤]，岭南土著居民也有参与，李弈、李脱等“引诸俚帅众五六千人，受循节度”[⑥]，“始兴溪子，拳捷善斗”[⑦]，道徒视死如归，从江南打到广州，队伍不断发展壮大。

据上可知，早期道教有同情和拯救民众苦难，以及抨击时弊和宣扬变易的言行，它反映了广大民众的愿望和要求，因而，赢得了民心，争取了民众，“以善道教化天下”成为早期道教传道播道的一种有效方式。

---

① （南朝宋）范晔：《后汉书·灵帝本纪》。
② （晋）陈寿：《三国志·吴书·孙策传》注引。
③ （北齐）魏收：《魏书》卷九十六，《司马叡传》。
④ （唐）房玄龄：《晋书·孙恩传》。
⑤ （唐）李延寿：《南史·沈约传》。
⑥ （南朝梁）沈约：《宋书·杜慧度传》。
⑦ （宋）司马光：《资治通鉴》卷一百一十五，义熙六年。

三 以教团组织行道

1. “治”

道教有以教团组织行道布化的思想。《太平经》卷八十八明确指出，要“得天地人及四夷之心”，就必须“并合为一家，共成一治”[①]。“一家”“一治”就是要将天下之人聚集起来，形成教团组织。在早期道教创建时，“治”成为发动和团结徒众的教团组织，如五斗米道在创立时，张道陵就明确将教民分成二十四治，《三天内解经》卷上云：“立二十四治，置男女官祭酒，统领三天正法，化民受户，以五斗米为信。”[②]《陆先生道门科略》也载：“授天师正一盟威之道，禁戒律科检，示万民逆顺祸福功过，令知好恶。置二十四治，三十六靖庐，内外道士二千四百人。”[③] 所谓“治”，或称庐，又或称靖，是致诚请祷之所，也就是各地的教务活动中心，始无区别，后有不同，据《要修科仪戒律钞》卷十引《玄都律》云：“民家曰‘靖’，师家曰‘治’。”[④]“二十四治”就是在各处分设二十四个行道布化的机构，把二千四百道徒分布于二十四个教区，其位置近在益州，远及长安。后增为二十八治，合二十八宿，《云笈七签》卷二十八称：“太上以汉安二年（143）正月七日中时下二十四治。上八治，中八治，下八治，应天二十四气，合二十八宿，付天师张道陵奉行布化。”[⑤]

---

① 王明编《太平经合校》，中华书局，1985，第 333 页。

② 《道藏》第 28 册，文物出版社、上海书店出版社、天津古籍出版社，1988，第 414 页。

③ 《道藏》第 24 册，文物出版社、上海书店出版社、天津古籍出版社，1988，第 779 页。

④ 《道藏》第 6 册，文物出版社、上海书店出版社、天津古籍出版社，1988，第967 页。

⑤ 《道藏》第 22 册，文物出版社、上海书店出版社、天津古籍出版社，1988，第 204 页。

及至东晋，师家传教之所仍称“治”，如天师道杜子恭一派的传道之所就称“治”，刘敬叔《异苑》卷七云：“谢灵运生于会稽……其家以子孙难得，送灵运于杜治养之。”可见，各“治”实际上是一个个教团，其主要活动有，第一，付天仓、设义舍。《要修科仪戒律钞》卷十引《太真科》云：“年年依会，十月一日同集天师治，付天仓，及五十里亭中，以防凶年饥民往来之乏。”[①] 所谓付天仓，就是奉道之人必须在每年的十月一日向天师祭酒交纳信米五斗，以解决信民的饥饿问题。张鲁时，还设立义舍，“置义米肉，悬于义舍，行路者量腹取足”[②]，确保信民的足食。第二，三会日。《犹龙传》卷五引《旨要妙经》云：“又三会日，以正月七日名举迁赏会，七月七日名庆生中会，十月十五日名建功大会。此三会日，三官考核功过，受符箓契令经法者，宜依日斋戒，呈章赏会，以祈景福。”[③] 又《赤松子章历》卷二曰：“三会日……上章受度法箓，男女行德施功，消灾散祸，悉不禁制。”[④] 很明显，三会日就是每年有三次朝会天师的聚会，目的是为教民消灾祈福，它实际上是道官联系信民，向信民宣讲科戒、传播指令的重要途径和方法，也是加强道官和信民之间的统属关系的重要桥梁。各“治”的活动，解决了信民的生活和疾患问题，起到团结教民，组织教民的作用，便利了道教的传播和发展，因此，早在张陵时，五斗米道已传播于巴郡，正如日本学者福井康顺所说：“以治馆为中心，教团以二十四块地域分开，扩充于全蜀。”[⑤]

---

① 《道藏》第6册，文物出版社、上海书店出版社、天津古籍出版社，1988，第966页。

② （晋）陈寿：《三国志·魏书·张鲁传》。

③ 《道藏》第18册，文物出版社、上海书店出版社、天津古籍出版社，1988，第25页。

④ 《道藏》第11册，文物出版社、上海书店出版社、天津古籍出版社，1988，第183页。

⑤ 〔日〕福井康顺：《道教的基础研究》，东京书籍文物流通会，1952，第58页。

2. “方”

在早期道教传播中，“方”也是发动和团结徒众的教团组织。如太平道就是以“方”为单位进行传教活动的，《后汉书·皇甫嵩传》载：“初，巨鹿张角自称‘大贤良师’，奉事黄老道，畜养弟子。……遂置三十六方。方犹将军号也。大方万余人，小方六七千，各立渠帅。讹言苍天将死，黄天当立，岁在甲子，天下大吉。”“方”，袁宏《后汉纪·灵帝纪》作“坊”，王先谦《后汉书集解》引李善云：“《声类》曰：‘方，别屋也。’‘方’与‘坊’古字通。”又按《国语·吴语》称：“万人以为方阵。”可知“方”乃古代的一种军事编制。张角将数十万信徒，分成三十六方，大方万余人，小方六七千人，各有将军首领，道徒四出散布谶言，可见，“方”实际上是大小不一的军教合一组织。各“方”在黄巾起义中表现相当出色，《后汉书·皇甫嵩传》云：“驰敕诸方，一时俱起，皆著黄巾为标帜，时人谓之‘黄巾’。……旬日之间，天下响应，京师震动。”能够令天下响应，京师震动，足见“方”这些教团组织在传道活动中的作用和影响之大。

及至南北朝，寇谦之倡导的新天师道，也是以“方”为教团组织进行布道，《魏书·释老志》云：“泰常八年十月戊戌，有收圭师李谱文来临嵩岳，云：‘老君之玄孙，昔居代郡桑乾，以汉武之世得道，为牧土宫主，领治三十六土人鬼之政。地方十八万里有奇，盖历术一章之数也。其中为方万里者有三百六十方。’遣弟子宣教，云嵩岳所统广汉平土方万里，以授谦之。作诰曰：‘吾处天宫，敷演真法，处汝道年二十二岁，除十年为竟蒙。其余十二年，教化虽无大功，且有百授之劳。今赐汝迁入内宫，太真太宝九州真师、治鬼师、治民师、继天师四箓。修勤不懈，依劳复迁。赐汝《天中三真太文录》，劾召百神，以授弟子。’”文中的“方万里者有三百六十方”，表明他们的“宣教”是以“方”为组织单位，通过寇谦之“百授之劳”的教化，结果，“崇奉天师，显扬新法，宣布天下，道业大行”[①]。

据上可见，无论是“治”，还是“方”，都是早期道教的教团组织，它们在早期道教传播中起到组织和发展道徒以及开展活动的作用。

四 以壮大神威布道

早期道教还到处收集神灵，扩充其神灵体系，以壮大神威布道。如道教的护卫神卒就来自周边少数民族的神灵，据《太上三五正一盟威箓》卷五载，它吸收了“东方夷老君除逆部伏卫兵，南方越老君扁鹊伏卫兵，西方氐老君官死伏卫兵，北方羌老君及甲错鳞兵，中央秦老君将领黄兵”[②]。又《太上三五正一盟威阅箓醮仪》记，它“出东方胡老君反甲逆鳞兵九十万人，出南方越老君火营骑吏火烛兵八十万人，出西方氐老君炼杖金精兵六十万人，出北方羌老君乌丸扁鹊兵五十万人，出中央伧老君二十五万”[③]。东方夷老君、南方越老君、西方氐老君、北方羌老君和中央秦老君均是各方神灵，统统变成了道教的护卫神卒。《正一盟威秘箓四》还有出动五方神灵前去制服捣乱醮祭仪式和祟人害命之鬼的记载，令“东方夷老君逆部伏卫神，南方越老君扁鹊伏卫神，西方氐老君捍厄铁轮神，北方羌老君及甲逆鳞神，中央秦老君部领黄云神。……

① （北齐）魏收：《魏书·释老志》。

② 《道藏》第28册，文物出版社、上海书店出版社、天津古籍出版社，1988，第455页。

③ 《道藏》第18册，文物出版社、上海书店出版社、天津古籍出版社，1988，第283页。

斩五方不正之鬼，血食之精，众妖故炁，见即俱灭”[①]。此外，《赤松子章历》《正一法文经章官品》《太上正一解五音咒诅秘箓》《正一法文十箓召仪一卷》等道教经典都有类似的记载。

道教吸收各方各族诸神加入道教神灵行列，这些神灵，有道术威力，能劾鬼制魔，也有地方色彩，容易为各地各族民众所接受，“巴、汉夷民多便之”[②]，信徒不断增多，如《正一天师告赵升口诀》载：“圣人前敕三阳比箓，南至大江，北至北滨，东至东夷，西至濛汜，已逆注十万人，名上太玄紫簿。”[③] 很显然，其范围已遍布大江南北，播及四夷之民。可见，以壮大神威方式布道，也是早期道教在各地和各族中传道布道的又一有效方式。

总而言之，早期道教的各种独特而有效的传播方式，在早期道教传播和发展中起到至关重要的作用。因此，弄清早期道教的各种传播方式，对解读道教的迅速传播发展无疑具有启迪意义和帮助作用。

---

① 《藏外道书》第 1 册，巴蜀书社，1992，第 248～249 页。

② 任乃强编《华阳国志校补图注》卷二，《汉中志》，上海古籍出版社，1987。

③ 《道藏》第 32 册，文物出版社、上海书店出版社、天津古籍出版社，1988，第 593 页。

道教法术与岭南巫俗

道教法术是道教斋醮活动的重要内容和主要形式，在道教存在和发展中，具有举足轻重的地位。道教中人常有“道无术不行”[①]之说，“术”即道教法术，也称道术，是道教徒祭祀鬼神、祛病消灾、度人济世、修炼成仙的宗教行为，它与巫术有密切关系，一般认为道术源于巫术。古代岭南巫俗浓厚，巫术盛行，道教在岭南传播发展中，一些重要法术深受岭南民俗巫风的影响，有的甚至直接摄自岭南巫俗。对此，学术界似乎关注不够。长期以来，人们多是对道教思想和理论基础进行探究，对道教法术，尤其是它与岭南巫俗的关系鲜有论及，本文试就此问题作初步探索，以期有助于道教法术研究的深入开展。

一　步罡踏斗摄自岭南巫舞

步罡踏斗，又称步罡蹑纪，是道教的重要法术之一。道教在行斋醮之时，必行“步罡踏斗”的“缭绕”之法，这种“缭绕”之

① 李养正：《道教概论》，中华书局，1989，第288页。

法，实际上是由禹步发展而来。所谓禹步，是指道教斋醮科仪中，法师在罡单之上，脚穿云鞋，耳听道曲，模仿夏禹行礼拜星斗、召役神灵之步伐，如《洞神八帝元变经》云：“禹步者，盖是夏禹所为术，召役神灵之行步，此为万术之根源，玄机之要旨。”其步是“先举左足，三步九迹。迹成离坎卦。步纲蹑纪者，斗有九星，取法于此故也”[①]。《真人禹步斗罡》也载道：“用白垩画作九星，斗间相去三尺，从天罡起，禹步随作，次第之，居魁（星）前，逆步之。”[②] 因其步行转折，宛如踏在罡星斗宿之上，故又称“步罡踏斗”。罡，古星名，指北斗星的柄；斗，指北斗星的斗。道教认为北斗星旁边还有辅、弼二星，所以，实际是礼拜（踩踏）九星，如是，可以神飞九天，禁制鬼神，祛病除邪，延年益寿。《抱朴子内篇》也称“思作七星北斗，以魁覆其头，以罡指前”[③]，并详载其法：“禹步法：前举左，右过左，左就右。次举右，左过右，右就左。次举右，右过左，左就右。如此三步，当满二丈一尺，后有九迹。”又“徐徐择王相之日，设醮祭以酒脯，祈而取之，皆从日下禹步闭气而往”[④]。所谓“三步”“九迹”上应“三元九星”，实际上就是《服五方灵气法》所说的“三极九宫以应太阳大数”[⑤]，道教视之为必修科目。后来，罡法不断增多，明人朱权《天皇至道太清玉册》载有“三五飞步罡”（即上元属天罡、中元属人罡、下元属地罡、五行相杀罡、五行相生罡）、“禹步九灵斗罡”、“禹王三步九迹罡”等[⑥]。可见，禹步是道教斋醮科仪的重要源头和基

① 《道藏》第28册，文物出版社、上海书店出版社、天津古籍出版社，1988，第398页。

② 《道藏》第18册，文物出版社、上海书店出版社、天津古籍出版社，1988，第642页。

③ （晋）葛洪：《抱朴子内篇·杂应》。

④ （晋）葛洪：《抱朴子内篇·仙药》。

⑤ 《道藏》第22册，文物出版社、上海书店出版社、天津古籍出版社，1988，第427页。

⑥ 《道藏》第36册，文物出版社、上海书店出版社、天津古籍出版社，1988，第375~377页。

本方法。

传说认为，禹步是因夏禹作术而得名。相传大禹当年治水，小腿负伤，“步不相过，人曰禹步”①。然据《云笈七签》卷六十一云：“诸步纲起于三步九迹，是谓禹步。其来甚远，而夏禹得之，因而传世，非禹所以统也。”② 说明禹步渊源甚早。禹步原是巫步，《法言》载：“昔者姒氏治水土，而巫步多禹。”李轨注：“姒氏，禹也。”③ 它实际上是道教在形成和传播中，摄取南越巫仪舞蹈步法，托名而得。《洞神八帝元变经》云：“昔大禹治水，不可预测高深，故设黑矩重望，以程其事。或有伏泉磐石，非眼所及者，必召海若河宗、山神、地祇，问以决之。然禹届南海之滨，见鸟禁咒，能令大石翻动，此鸟禁时，常作是步。禹遂模写其行，令之入术。自兹以还，术无不验。因禹制作，故曰禹步。末世以来，好道者众，求者蜂起，推演百端。”④ 经文中禹“届南海之滨，见鸟禁咒”，“遂模写其行，令之入术”的事实虽无法确证，但反映了禹步是在南海之滨首先发展起来。在汉代或汉代以前，史书已经提到大禹与南方的关系，如《史记》记载，禹在治水成功后，曾“南抚交趾”⑤，交趾通常泛指五岭及其以南的广大地区。从道经和史书的记载可知，大禹或许曾经到过南方，甚至岭南一带。“见鸟禁咒”，可能是指大禹看到南越巫觋从事巫术作法时的装扮。

古代岭南巫俗浓厚，巫术盛行，早在汉武帝时期已经出名，

---

① （战国）尸佼：《尸子·广泽》。

② 《道藏》第 22 册，文物出版社、上海书店出版社、天津古籍出版社，1988，第 427 页。

③ （汉）扬雄：《法言·重黎》。

④ 《道藏》第 28 册，文物出版社、上海书店出版社、天津古籍出版社，1988，第 398 页。

⑤ （汉）司马迁：《史记·五帝本纪》。

甚至传到中原，《史记》云：“是时既灭南越，越人勇之乃言：‘越人俗信鬼，而其祠皆见鬼，数有效。昔东瓯王敬鬼，寿百六十岁。后世谩怠，故衰耗。’乃令越巫立越祝祠，安台无坛，亦祠天神上帝百鬼，而以鸡卜。上信之，越祠鸡卜始用。”[①] 越俗信巫鬼，重占卜，汉武帝信从越俗，立越祝祠，行鸡卜术。南越人在为亡人举行祭祀舞蹈仪式时，习惯上是由巫觋戴上鸟冠和披上鸟羽，步罡踏斗，以歌舞悦鬼神。见于南越王墓 B59 青铜提筒图案，器腹中部饰羽人船 4 只，舞者作羽人装束，有高立于船台上，左手持弓，右手执箭；有左手持靴形钺，右手执首级；有右手持短剑，左手执俘虏；还有坐鼓形座上，左手执棒击鼓[②]。展示出一幅古南越国杀俘祭河（海）神的画面，曾昭璇先生认为：“铜提筒越族羽人战船图为典型越器，即南越文化也。”[③] 它反映了南越巫祝文化的盛行。张荣芳先生在论述南越国八种舞蹈（即翔鹭舞、羽舞、武舞、芦笙舞、建鼓舞、盘鼓舞、群舞、杵臼舞）后总结道：“在上述八种越式舞中，前五种舞的舞人装束基本上都是羽人状的较正规舞服，且都有明显的祭祀意义。”他明确指出，无论是南越王室“雅舞”，抑或是民间舞蹈，都以越式舞为主，“并很大程度上带有巫祝祭祀的性质，大概是当时南越王室从越俗所致”[④]。另外，广西出土的西林普驮墓葬铜鼓，是西汉初期的墓葬品，“船形两头高翘，每船各有羽人九个或十一个，多戴长羽冠，其中一人跨坐船头，一人在船尾掌舵，一人高坐在靠背台上，二人执‘羽仪’舞于台前。……鼓腰下部饰羽人纹十二组，每组

---

① （汉）司马迁：《史记·孝武帝本纪》。

② 广州市文物管理委员会等编《西汉南越王墓》（上册），文物出版社，1991，第 54 页。

③ 曾昭璇：《岭南先秦诸小国考》（一），《岭南文史》1994 年第 1 期。

④ 张荣芳等：《南越国史》，广东人民出版社，1995，第 314、311 页。

为二人，戴长羽冠，着羽吊帔，翩翩起舞”[①]。有学者指出：“船上的祭台、舞人、划船人和船身首尾的翔鹭纹饰，构成一幅极为生动形象的古代岭南原住民的祭祀歌舞场面。”[②] 从广州南越王墓的青铜提筒图案和广西西林普驮墓葬的铜鼓文饰可知，早在秦汉时期，岭南就盛行以鸟装扮的祭祀巫舞，有学者认为：“有一种祭祀形式，人们在装载亡人的灵魂升到天国去的‘死者之舟’上举行祭祀舞蹈时，往往要戴上鸟冠和披上鸟羽。此说倘若能成立，则仙人升天的道家‘虚语’‘虚图’，实源于古代南方民族羽民的宗教观。”[③] 这些观点，对我们考察禹步的来历是有帮助的。

据上所述，道教中由禹步发展而来的步罡踏斗，很有可能是摄自岭南巫舞。

二 气禁承自岭南禁咒

气禁是由禁咒巫术转化而成的一种道教法术，其方法是通过行气于外物，使外物随人的心意而起变化，以达到养身去恶的目的。道士们多通晓此术，《抱朴子内篇》云：“近世左慈、赵明等，以炁禁水，水为之逆流一二丈。又于茅屋上然火，煮食食之，而茅屋不焦。又以大钉钉柱，入七八寸，以炁吹之，钉即涌射而出。又以炁禁沸汤，以百许钱投中，令一人手探摝取钱，而手不灼烂。又禁水著中庭露之，大寒不冰。又能禁一里中炊者尽不得蒸熟。又禁犬

① 王克荣等：《广西西林县普驮铜鼓墓葬》，《文物》1978 年第 9 期。

② 杨树喆：《壮族民间师公教：巫傩道释儒的交融与整合》，《中央民族大学学报》2001 年第 4 期。

③ 吴永章：《神话传说与南方民族关系研究谈片》，中南民族学院民族研究所民族学系编《南方民族研究论丛》第三辑，民族出版社，1998，第 5 页。

令不得吠。”① 赵明疑是赵炳之误②，为汉代著名道士，有关他的法术，《后汉书》有详细记载：“徐登者，闽中人也。本女子，化为丈夫，善为巫术。又赵炳，字公阿，东阳人，能为越方。时遭兵乱，疾疫大起，二人遇于乌伤溪水之上，遂结言约，共以其术疗病。各相谓曰：‘今既同志，且可各试所能。’登乃禁溪水，水为不流。炳复次禁枯树，树即生荑，二人相视而笑，共行其道焉。登年长，炳师事之。贵尚清俭，礼神唯以东流水为酌，削桑皮为脯。但行禁架，所疗皆除。”③ 从徐、赵两人的言行看，所行的是“巫术”和“越方”。关于“越方”，李贤注云：“《抱朴子》曰：‘道士赵炳，以气禁人，人不能起。禁虎，虎伏地，低头闭目，便可执缚。以大钉钉柱，入尺许，以气吹之，钉即跃出射去，如弩箭之发。’《异苑》云：‘赵侯以盆盛水，吹气作禁，鱼龙立见。’越方，善禁咒也。”④ 可知，所谓越方，即为越地禁咒方术，道士赵炳“能为越方”，行气禁法术，乃是对岭南禁咒巫术的继承，理由有二。

一是“越”有专指岭南之意。“越”本指百越，泛指长江以南五岭至海广大地区，即《吕氏春秋》所说的“扬、汉之南，百越之际”⑤。但史籍中亦有以百越专指岭南的，如《史记》，“南取百越之地，以为桂林、象郡，百越之君俯首系颈，委命下吏”⑥；“（秦）使尉佗逾五岭攻百越”⑦。再如《盐铁论》，“孝武皇帝攘九夷，平百越”⑧。上述的百越，皆指岭南，可见，“越”虽本指百

① （晋）葛洪：《抱朴子内篇·至理》。

② （晋）葛洪：《抱朴子内篇·至理》注释56，王明校释，中华书局，1985，第121页。

③ （南朝宋）范晔：《后汉书·徐登传》。

④ （南朝宋）范晔：《后汉书·徐登传》。

⑤ 《吕氏春秋·恃君》。

⑥ （汉）司马迁：《史记·秦始皇本纪》。

⑦ （汉）司马迁：《史记·淮南王传》。

⑧ （汉）桓宽：《盐铁论·复古》。

越，但也有特指岭南之意。

本来，“越”与“粤”相通，百越亦作百粤。“越”和“粤”二字读音相同，明人欧大任曾明确指出：“粤、越，一也。”[①] 今人徐中舒先生也认为：“粤越音同，《史记》作越，《汉书》作粤。粤从于声，古读越为于，于亦影母字。《汉书·闽粤王传》：‘故瓯骆将左黄同斩西于王’，西于王即西越王。于，篆文作亏，或从雨作雩。《汉书》多存古字，故越皆改作雩，今隶楷作粤，亏上所从闲，乃雨形之讹。”[②] “越”“粤”二字用法也相通，读史者不难发现，《史记》中的“越”字，在《汉书》以后的史书中，均作“粤”字，如记“鸡卜”一事，《史记·孝武帝本纪》云：“乃令越巫立越祝祠，安台无坛，亦祠天神上帝百鬼，而以鸡卜。”正义曰：“鸡卜法……今岭南犹行此法。”而《汉书·郊祀志》则曰：“乃命粤巫立粤祝祠，安台无坛，亦祠天神帝百鬼，而以鸡卜。”可见，粤与越通，同指岭南。

二是岭南善禁咒。禁咒一般分禁术和咒语两种，禁术是具体的禁咒行动，咒语是一种诅咒形式，但它“永远是巫术行动的核心”[③]。岭南越人往往将禁术和咒语结合在一起使用，《西京赋》中有“东海黄公，赤刀粤祝”之说，李善注云：“音咒。东海有能赤刀禹步，以越人祝法厌虎者，号黄公。”[④] 既云“粤祝”，又说“越人祝法”，显然是指岭南禁咒。《论衡》也云：“南郡极热之地，其人祝树树枯，唾鸟鸟坠。……南越之人，祝誓辄效。”[⑤]《北户录》卷二有更

① （明）欧大任：《百越先贤志·自序》，刘汉东校注，广西人民出版社，1992，第7页。

② 徐中舒：《〈交州外域记〉蜀王子安阳王史迹笺证》，徐中舒：《论巴蜀文化》，四川人民出版社，1981，第151页。

③ 〔英〕马林诺夫斯基：《巫术、科学、宗教与神话》，李安宅译，中国民间文艺出版社，1986，第56页。

④ （南朝梁）萧统：《文选》卷二，《西京赋》。

⑤ （汉）王充：《论衡·言毒》。

具体的记载："邕州之南有善行禁者，取鸡卵墨画，祝而煮之，剖为二片，以验其黄，然后决嫌疑定祸福，言如响答。据此乃古法也。"①后来，禁咒还得"南法"之称，杜光庭《录异记》卷二记："邵州城下，大江南面潭中，昔开元年，天师申元之藏道士之书三石函于潭底，元之善三五禁咒之法，至今邵州犹多能此术者，为南法焉。"②庞元英《谈薮》也载："大溪山在广州境，旧山有一洞，其处所人不常识。……咒术药方，应用无不效验，盖南法之所出也。"③

徐登和赵炳虽不是粤人，但"能为越方"，通晓粤祝，表明岭南的行气禁咒术在当时已经十分出名。

道教援引越方行气禁咒法，成为道教之气禁术。《太平经》云："天上有常神圣要语，时下授人以言，用使神吏应气而往来也。人民得之，谓为'神祝'。"④ 天神通过行气使人感应，这是早期道教的气禁术。两晋之际，道士葛洪积极推崇气禁术，他说："善行气者，内以养身，外以却恶，然百姓日用而不知焉。吴、越有禁咒之法，甚有明验，多炁耳。知之者可以入大疫之中，与病人同床而已不染。又以群从行数十人，皆使无所畏，此是炁可以禳天灾也。或有邪魅山精，侵犯人家，以瓦石掷人，以火烧人屋舍。或形见往来，或但闻其声音言语，而善禁者以炁禁之，皆即绝，此是炁可以禁鬼神也。入山林多溪毒蝮蛇之地，凡人暂经过，无不中伤，而善禁者以炁禁之，能辟方数十里上，伴侣皆使无为害者。又能禁虎豹及蛇蜂，皆悉令伏不能起。以炁禁金疮，血即登止。又能续骨连筋。以炁禁白刃，则可蹈之不伤，刺之不入。若人为蛇虫所

① （唐）段公路：《北户录》卷二，《鸡卵卜》。

② 《道藏》第 10 册，文物出版社、上海书店出版社、天津古籍出版社，1988，第 863 页。

③ （明）陶宗仪等编《说郛三种》（一），上海古籍出版社，1988，第 546 页。

④ 王明编《太平经合校》，中华书局，1960，第 181 页。

中，以炁禁之则立愈。”[①] 葛洪文中提到的用以禁虎、蛇，止血续骨的气禁术，是对岭南行气禁咒法的承继和吸收，如有学者指出：“南越、山越‘禁咒之法’，可禁虎、蛇，止血续骨亦出于‘越’，为南方民族之术。”[②] 在葛洪看来，气禁术无所不能，“行炁或可以治百病，或可以入瘟疫，或可以禁蛇虎，或可以止疮血，或可以居水中，或可以行水上，或可以辟饥渴，或可以延年命”[③]，气禁成为道教愈病长生的要术。

及至南北朝时，流行一则道教祝咒，也是倡行气禁，咒曰：“天道毕，三五成，日月俱。出窈窈，入冥冥。气入真，气通神，气布道。气行奸邪鬼贼皆消亡。视我者盲，听我者聋。敢有图谋我者，反受其殃，我吉而彼凶。”[④] 从“天道毕”到“气通神”，无论在形式上、内容上，还是在目的上都强调气的作用。

道教的气禁法术，后来分成行气和禁咒两部分，它承自古老的巫术，有的内容可能是承自岭南行气禁咒方术。

三 道啸源自岭南巫啸

道啸，即道教的啸法，是由巫啸衍化而成的一种道教法术，常常应用于道教法事之中，它实际上是“一种气沉丹田，以横膈膜压迫气息，通过声带发声，在口腔前部形成共鸣的发声方法”[⑤]，其目的是交通神灵和役使神灵，如《洞神八帝元变经》云：“长啸

① （晋）葛洪：《抱朴子内篇·至理》。
② 王家祐：《道教论稿》，巴蜀书社，1987，第188页。
③ （晋）葛洪：《抱朴子内篇·释滞》。
④ （南朝梁）释僧佑：《弘明集》卷八，释玄光：《辩惑论》引。
⑤ 刘晓明：《试论以巫啸、符法为中心的岭南民间信仰》，《世界宗教研究》2001年第3期。

呼八神之名，神乃见形为之驱役。”[①]《真诰》卷十也曰：“右命玉华，左啸金晨，命我神仙，役灵使神。”[②] 其实，用长啸的方法呼风唤雨、请神弄鬼，是古老的方术之一，如《后汉书·方术列传》记载，能为越方的赵炳就曾在“临水求度”时，“长啸呼风，乱流而济”；又刘根“左顾而啸”，缚来众“亡灵”[③]。啸何以有通神降鬼的功效？刘晓明先生认为乃“缘于啸具有远距离传播的性能”[④]。《说文》云：“啸，吹声也。”[⑤]《封氏闻见记》也载：“激于舌端而清，谓之啸。”[⑥] 啸声清澈高亢，《云笈七签》卷十八云：“啸朗九天。”[⑦] 据《神仙传》载，栾巴长啸，“一坐皆惊”[⑧]。啸不但能够响彻九天，使人惊慌，而且能感通神灵，使神灵震慑，《啸旨》云：“啸之清可以灭鬼神，致不死。”[⑨]《啸赋》称：长啸“玄妙足以通神悟灵，精微足以穷幽测深”[⑩]。《洞真太上说智慧消魔真经》卷二也载：“凝化精炁，操真策虚，啸咤万神。”[⑪] 啸这种远距离传播和通神降鬼功能，正好符合人们交通神灵的需要，所以方术中有“长啸”之法。

---

① 《道藏》第28册，文物出版社、上海书店出版社、天津古籍出版社，1988，第405页。

② 《道藏》第20册，文物出版社、上海书店出版社、天津古籍出版社，1988，第551页。

③ （南朝宋）范晔：《后汉书·方术列传》。

④ 刘晓明：《试论以巫啸、符法为中心的岭南民间信仰》，《世界宗教研究》2001年第3期。

⑤ （汉）许慎：《说文解字·口部》。

⑥ （唐）封演：《封氏闻见记》卷五，《长啸》，雅雨堂藏书，乾隆二十一年（1756）版，第10页。

⑦ 《道藏》第22册，文物出版社、上海书店出版社、天津古籍出版社，1988，第124页。

⑧ （晋）葛洪：《神仙传》卷五，《栾巴》，《丛书集成初编》本。

⑨ （唐）孙广：《啸旨·序》，（明）周履靖：《夷门广牍》上册，书目文献出版社影印明万历刻本，1991，第103页。

⑩ （晋）成子安：《啸赋》，（明）周履靖：《夷门广牍》上册，书目文献出版社影印明万历刻本，1991，第110页。

⑪ 《道藏》第33册，文物出版社、上海书店出版社、天津古籍出版社，1988，第603页。

岭南巫啸起源甚早。《拾遗记》记载："太始二年，西方有因霄之国，人皆善啸。丈夫啸闻百里，妇人啸闻五十里，如笙竽之音，秋冬则声清亮，春夏则声沉下。人舌尖处倒向喉内，亦曰两舌重沓，以爪徐刮之，则啸声逾远。"① 王氏所记的这种啸法，使用的是"人舌尖处倒向喉内"，实际上就是反舌发声，擅长此法之民，《吕氏春秋·为欲》说是在蛮夷之地，"蛮夷反舌殊俗异习之国"。高诱注云："南方有反舌国，舌本在前，末倒向喉，故曰：'反舌'。"② 《淮南子·坠形训》也有"反舌民"记载，其注云："舌本在前，反向喉，故曰反舌也，南方之国名也。"③ 岭南古有南蛮之称，结合《吕氏春秋》和《淮南子》以及高诱的注来看，反舌殊俗异习之国人应该就是指岭南先民。尽管他们发声的具体方法史载有异，或"末倒向喉"，或"反向喉"，可能在部位上略有不同，但都是"舌本在前"的"反舌"法，反映先秦时期岭南地区已经流行此法，与太始二年（前 95）流行于西方因霄国的"人舌尖处倒向喉内"的啸法，并无二样，有学者指出："岭南巫啸才是啸法的原生形态。"④

汉代，道教将通神之用的巫啸引入道术而成道啸，《云笈七签》卷八十二云："棒子遂登而长啸，久之风生林杪。"⑤ 《真诰》卷十三曰："善啸，啸如百鸟杂鸣，或如风激众林，或如伐鼓之音。"⑥ 这是汉代得道之人赵威伯向范丘林传授的啸法，要求作啸

① （晋）王嘉：《拾遗记》卷五，《前汉上》。

② 《吕氏春秋·为欲》。

③ 《淮南子·坠形训》。

④ 刘晓明：《试论以巫啸、符法为中心的岭南民间信仰》，《世界宗教研究》2001 年第 3 期。

⑤ 《道藏》第 22 册，文物出版社、上海书店出版社、天津古籍出版社，1988，第 587 页。

⑥ 《道藏》第 20 册，文物出版社、上海书店出版社、天津古籍出版社，1988，第 569 页。

时，声如百鸟齐鸣，响如伐鼓。《云笈七签》卷四十九也曰：“长生顺往，啸吟千神。”[①] 除用作交神之外，道士们在平时独处和交往中，也有用这种啸的方式来表达自己思想和情感的，如东汉“学道”之人向栩，“不好语言而喜长啸”[②]；又如葛洪“吟啸苍崖之闲”[③]，其弟子黄野人，常常“长啸数声，响振林木”[④]；再如道士马自然，“以箸击盘长啸”[⑤]，《云笈七签》三十二引《小有经》云：“居常而叹息，晨夜而吟啸不止。”[⑥] 还有道士栾清，与友人徐戡同游江南时，“闻上流有清啸之声”，于是，“复长啸和之，清响激越，非昔所习”[⑦]。及至唐代，道啸流行，孙广著《啸旨》一书，“述其事始于孙登、嵇康先生，遂系以内激、外激、运气、撮唇之法”[⑧]，书中总结唐代流行的道啸，共有“外激”“内激”“含”“藏”“散”“越”“大沈”“小沈”“疋”“叱”“五太”“五少”十二种啸法，其法均是“以舌约其上齿之里”[⑨]，也就是以舌头尖反向内抵住上腭，与先秦岭南巫啸的发声方法和功能基本一致，由此看来，道啸极有可能源自岭南巫啸。

综上所述，道教的步罡踏斗、气禁和道啸法术均与岭南巫俗有着深厚关联，岭南古民的原始宗教信仰，成为道教文化的渊源之一。

---

① 《道藏》第22册，文物出版社、上海书店出版社、天津古籍出版社，1988，第345页。

② （南朝宋）范晔：《后汉书·向栩传》。

③ （晋）葛洪：《抱朴子内篇·畅玄》。

④ （清）屈大均：《广东新语》卷二十八，《怪语·黄野人》。

⑤ （宋）张君房：《云笈七签》卷一百一十三，《道藏》第22册，文物出版社、上海书店出版社、天津古籍出版社，1988，第778页。

⑥ 《道藏》第22册，文物出版社、上海书店出版社、天津古籍出版社，1988，第230页。

⑦ （宋）张君房：《云笈七签》卷九十九，《道藏》第22册，文物出版社、上海书店出版社、天津古籍出版社，1988，第672页。

⑧ （明）唐寅：《啸旨·后序》，（明）周履靖：《夷门广牍》上册，书目文献出版社影印明万历刻本，1991，第109页。

⑨ （唐）孙广：《啸旨·权舆章第一》，（明）周履靖：《夷门广牍》上册，书目文献出版社影印明万历刻本，1991，第104页。

道教的“道在养生”思想

重视养生，讲求健康长寿，是人生的至道，也是中华民族的文化传统。在中国，养生思想源远流长，人们早在几千年前就已开始了养生的探索和实践，提出过不少养生思想和方法，并逐渐形成了一个既独立又完整的养生文化体系。在这个庞大体系中，道教的“道在养生”思想至为独特，最有影响，而且效果显著，即便是在科技发达和物质丰富的今天，它仍然具有巨大的研究意义和实用价值。本文试就其基本思想和方法效能作一浅论。

一 仙人可学，长生能致

道教的养生思想源于神仙长生不死说。神仙说的核心是认为人能够通过一定手段达到长生不死，羽化成仙。在神仙说中，神仙的形象可爱，“肌肤若冰雪，绰约若处子”[①]。神仙的能耐非凡，“不食五谷，吸风饮露，乘云气，御飞龙，而游乎四海之外”[②]，甚至

① 《庄子·逍遥游》。

② 《庄子·逍遥游》。

“大泽焚而不能热，河汉冱而不能寒，疾雷破山而不能伤，飘风振海而不能惊”[①]。神仙的生活幸福，“餐朝霞之沆瀣，吸玄黄之醇精，饮则玉醴金浆，食则翠芝朱英，居则瑶堂瑰室，行则逍遥太清”[②]。还有，神仙的最大特点是长生与不死，“仙，长生仙去”[③]，“老而不死曰仙”[④]。显然，神仙的逍遥快乐令人憧憬，神仙的长生不死更令人神往。

道教坚信神仙实有，其最早的经典《太平经》就提出，天地之间有“神人、真人、仙人、道人、圣人、贤人”[⑤]。道教深信仙人可学，长生能致，所谓“仙之可学致，如黍稷之可播种得，甚炳然耳”[⑥]，如葛洪就笃信神仙学说，仙学理论贯穿于他的代表作《抱朴子内篇》，王明先生认为：“在《抱朴子内篇》里，无论讲炼丹或医学的道理，葛洪说着说着，就说到如何长生、如何成仙方面去了。”[⑦] 汤用彤先生也指出：“南北朝以前之道教，即多以神仙为‘积学所致’。……葛洪虽以仙人禀异人，立‘仙人有种’之说，然亦认为仙人可学而致。”[⑧] 仙人之所以能长生，道教认为关键在其修炼得道，“长生之道，道之至也”[⑨]。很明显，道教这种仙人实有、仙人可学、仙人能致、仙术有效理论，为人的生命无限延续带来了曙光，更成为道教“道在养生”思想的活水源头。

---

① 《庄子·齐物论》。
② （晋）葛洪：《抱朴子内篇·对俗》。
③ （汉）许慎：《说文解字·人部》。
④ （汉）刘熙：《释名·释长幼》。
⑤ 王明编《太平经合校》，中华书局，1960，第221页。
⑥ （晋）葛洪：《抱朴子内篇·勤求》。
⑦ 王明编《抱朴子内篇校释》，中华书局，1985，第17页。
⑧ 汤用彤：《读〈道藏〉札记》，《汤用彤学术论文集》，中华书局，1983，第415页。
⑨ （晋）葛洪：《抱朴子内篇·黄白》。

二 生为第一，我命在我

道教接纳了神仙长生说和不死观念，在对人的生命存在做出价值判断和回答人的生命价值意义时，提出了“重命贵生”的观点。“重命贵生”是道教的生命观，也是道教养生思想的理论基础，体现在以下几点。

1. 道教以生为乐

在早期道教行世时，贵生的思想即已被强调，如《老子想尔注》把《老子》第十六章中的“公乃王，王乃大”改为“公乃生，生乃大”，又把第二十五章中的“故道大，天大，地大，王亦大。域中有四大，而王居其一焉”中的“王”字统统改为“生”字[①]，生如同天地之大。《太平经》也把生看作人生首要之事，“要当重生，生为第一”[②]。生，又是人生一大乐事，“人最善者，莫若常欲乐生，汲汲若渴”[③]。葛洪讲到“玩其三乐”[④] 时，也把长寿视为一乐。可见，在道教看来，人生的至道莫过于热爱生命，保养生命，从而达到健康长寿乃至长生不死的境界，这是道教养生思想的终极目标，也是道教养生思想的独到之处，更是道教精神最凝练的概括，正如李约瑟所言：“道家思想从一开始就迷恋于这样一个观念，即认为达到长生不老是可能的。我们不知道在世界上任何其他一个地方有与此近似的观念。”[⑤] 所以，人们对不死的追求，形成了中国传统

---

① 饶宗颐：《老子想尔注校笺》，上海古籍出版社，1991，第 32 页。
② 王明编《太平经合校》，中华书局，1960，第 613 页。
③ 王明编《太平经合校》，中华书局，1960，第 80 页。
④ （晋）葛洪：《抱朴子内篇 · 释滞》。
⑤ 〔英〕李约瑟：《中国科学技术史》第二卷，《科学思想史》，王铃协作，科学出版社、上海古籍出版社，1990，第 154 页。

文化的一种特质，在中国养生思想史上也产生了深远影响。

2. 道教又以不死为大乐

在道教看来，人的生命只有一次，“死命，重事也。人居天地之间，人人得一生，不得重生也”[①]，重生恶死是人之常情。那么，人们应该如何趋吉避凶、去死存生呢？道教认为应学仙修道，“故夫上士忿然恶死乐生，往学仙，勤能得寿耳，此上士是尚第一有志者也。中士有志，疾其先人夭死，忿然往求道学寿，勤而竟其天年耳，是其第一坚志士也。其次疾病多而不得常平平，忿然往学，可以止之者，勤能得复其故，已小困于病，病乃学，想能禁止之，已大病矣。其次大病剧，乃求索道术，可以自救者已死矣”[②]。人死不能复生，“凡天下人死亡，非小事也。一死，终古不得复见天地日月也，脉骨成涂土”[③]，死甚为可惜。葛洪更充分说明了生命的可贵和死亡的可恶：“百年之寿，三万余日耳。……人在世间，日失一日，如牵牛羊以诣屠所，每进一步，而去死转近。此譬虽丑，而实理也。”[④] 因此，人没有不重生恶死的。显然，道教把神仙的长生说与人的贵生思想联系起来，肯定人类的世俗欲望，肯定人的生命存在价值和意义，是一种积极的人生观和生命观。

3. 道教还以自控生命为极乐

“我命在我不在天”是道教的基本精神和养生思想的精髓所在，道教认为，人的生命长短并不取决于天命，而是控制在人自己的手中，“人命近在汝身，何为叩心仰呼天乎？有身不自清，当清谁乎？有身不自爱，当爱谁乎？有身不自成，当成谁乎？有身不自念，当念谁乎？……复思此言，无怨鬼神”[⑤]。为此，道教提出

---

① 王明编《太平经合校》，中华书局，1960，第298页。
② 王明编《太平经合校》，中华书局，1960，第161页。
③ 王明编《太平经合校》，中华书局，1960，第298页。
④ （晋）葛洪：《抱朴子内篇·勤求》。
⑤ 王明编《太平经合校》，中华书局，1960，第527页。

“我命在我不在天”的口号，该话始见于《龟甲文》，葛洪在《抱朴子》中曾加以引用：“龟甲文曰：我命在我不在天，还丹成金亿万年。古人岂欺我哉?”[①]这是说，人的生命存亡，年寿长短，取决于自身，并非天命，人只要善于修道养生，便可长生不死。此后，历代道教养生论著都反复强调这一精神，如魏晋时的《西升经》云：“我命在我，不属于天地。”[②]宋代的《云笈七签》说：“我命在我，保精受气，寿无极也。”[③]清代的《慧命经》对此也一再提及。可见，这一精神贯穿于道教养生发展史的整个历程。“我命在我不在天”的核心就是要人充分发挥其主观能动性，去求得自我生命的发展和获得生命的超脱和自由。如何才能发挥人的主观能动性呢？河上公说：“修道于身，爱气养神，益寿延年，其德如是，乃为真人。”[④]陶弘景更予以补充发挥：“夫形生愚智，天也。强弱寿夭，人也。天道自然，人道自己。始而胎气充实，生而乳食有余，长而滋味不足，壮而声色有节者，强而寿。始而胎气虚耗，生而乳食不足，长而滋味有余，壮而声色自放者，弱而夭。生长全足，加之导养，年未可量。”[⑤]这深刻地揭示了道教养生思想的真谛。道教还认为，既然生命宝贵，人应当从爱护和重视自身生命和躯体着手，注重自身锻炼和保养，“皆知重其命，养其躯”，“唯思长寿之道”[⑥]，“得长寿者，本当保知自爱自好自亲，以此自养，乃可无凶害也”。[⑦]

---

① （晋）葛洪：《抱朴子内篇·黄白》。

② 《西升经》卷下，《我命章第二十六》，《道藏》第11册，文物出版社、上海书店出版社、天津古籍出版社，1988，第507页。

③ （宋）张君房：《云笈七签》卷五十六，《诸家气法部一》，《道藏》第22册，文物出版社、上海书店出版社、天津古籍出版社，1988，第386页。

④ 《老子河上公章句》卷三，《修观第五十四》。

⑤ （南朝梁）陶弘景：《养性延命录》卷上，《教诫篇第一》引《大有经》，《道藏》第18册，文物出版社、上海书店出版社、天津古籍出版社，1988，第476页。

⑥ 王明编《太平经合校》，中华书局，1960，第18页。

⑦ 王明编《太平经合校》，中华书局，1960，第466页。

显然，道教这种“我命在我不在天”的重命贵生思想，既不像原始巫术那样将人的寿命长短归之鬼神力量，也不像先秦诸子那样对人的寿命表现出漠视态度，更不同于其他宗教对人生的一概否定。它还一反儒家“生死由命，富贵在天”的宿命观，同庄子“齐死生”的生命观也截然不同，它包含着一种积极的、洋溢着生命热情的精神，它激励着人们锲而不舍地去探索生命的奥妙和养生之道，致使道教养生不断获得生命之源和动力，并促使道教养生思想不断发展完善。可以说，它是一种积极的养生理论和有效的养生方法。

三 生道合一，长生久视

道教重命贵生，以生为乐，追求长生不死，对生命予以热切关心和极大负责。在如何保守生命、延长寿命乃至长生不死问题上，道教提出了“生道合一”的原则。

1. “道生万物”是道教“生道合一”的基点

道教从宇宙生成论出发，继承和发展了道家“道生一，一生二，二生三，三生万物”[①] 的观点，认为“道者，万物之宗元”[②]，“道乃主生，道绝万物不生，万物不生则无世类，无可相传，万物不相生相传则败矣，何有天地乎”[③]。又“天地大小，无不由道而生者也”[④]。道教从宇宙生成论发展到生命人体生成论，并认为道是生命之本，“从道

① 《老子》四十二章。

② （唐）杜光庭：《道德真经广圣义》卷二，《道藏》第14册，文物出版社、上海书店出版社、天津古籍出版社，1988，第318页。

③ 王明编《太平经合校》，中华书局，1960，第701页。

④ 王明编《太平经合校》，中华书局，1960，第16页。

受兮谓之命"[①]，"道乃自然所生，既有大道，道生阴阳，阴阳生天地，天地生父母，父母生我身"[②]，可见，人的身中有道，人可体道。

2. "身中有道"是道教"生道合一"的前提

道教认为，不仅宇宙存在道，在人的生命体中也存在道，而且两者具有的道是同一个东西，信道之人可以通过修炼，体会到"身中之道"的存在。"善行道者，求之于身"[③]，人一旦体会到自己身中之道，也就同时获得了道生化万物、不生不灭的神通，便可以像"道"那样长存不灭，像仙那样长生不死，"得道自然，轻举升云。出入无间，与道通神"[④]，如是便可"得道成仙"，实现生命的最高目标和人生的最高价值。道教把自然衍化的"道"引入人体内部，并视之为长生成仙的客观基础和追求目标，这在道教养生思想的发展中有着重要意义。它为后世道教注重自身修炼，努力从自身生命中寻求成仙之途和长生之道奠定了基础。

3. "生道相守，生道相保"是道教"生道合一"的基本内容和要求

《太上老君内观经》云："道不可见，因生而明之；生不可常，用道以守之。若生亡，则道废，道废则生亡。生道合一，则长生不死"[⑤]，在道教看来，生命与道是一个相即不离的统一体，道既是人体生命之源，又是人体生命的动力。因此，人要生存长寿，就要生道相守和生道相保，二而一，一而二，须臾不离。"夫人之所贵者，生也。生之所贵者，道也。故养生者慎勿失道，为道者慎勿失生，使道与生相守，生与道相保，二者不相离，然后乃长久。言长久者，得

① 《太上老君内观经》，《道藏》第 11 册，文物出版社、上海书店出版社、天津古籍出版社，1988，第 396 页。

② （宋）张君房：《云笈七签》卷五十六，《诸家气法部一》，《道藏》第 22 册，文物出版社、上海书店出版社、天津古籍出版社，1988，第 383 页。

③ 《老子河上公章句》卷二，《巧用第二十七》。

④ 《老子河上公章句》卷一，《厌耻第十三》。

⑤ 《道藏》第 11 册，文物出版社、上海书店出版社、天津古籍出版社，1988，第 397 页。

道之质也。”[①] 生道相守相保的思想作为“生道合一”的基本内容，体现了道教“道在养生”思想的本质特征，得道乃生，失道乃死，“形所以生者，由得其道也。形所以死者，由失其道也。人能存生守道，则长存不亡也”[②]。“知道易，信道难。信道易，行道难。行道易，得道难。得道易，守道难。守而不失，乃常存也”[③]，“不知守道全身，寿尽辄穷”[④]。在道教看来，人不仅要守道，而且要守道不息，“守道而不止，乃得仙不死”[⑤]。道教还强调，虽然人有生死，但道无生死，而个人生命中道的得来，全在于他自己的主观努力与否，“人常失道，非道失人。人常去生，非生去人。故养生者慎勿失道，为道者慎勿失生，使道与生相守，生与道相保”[⑥]。人一旦真正把握了大道，达到了“生道合一”的境界，自然会“深根、固蒂、长生、久视”[⑦]。由此可见，道教的“生道合一”理论强调了道在人体生命中的重要地位，阐述了道在养生基础上致长生的最高目标，表明了道教对生命主体的极大重视。道教这种把人体生命与宇宙最高原则——“道”合二而一的气魄，在世界所有宗教体系中，可以说是绝无仅有的。

总而言之，道教的“道在养生”思想颇具特色，它的基本思想、理论和方法自成体系，它对中国传统养生文化和养生学的形成和发展起了决定性的作用。可以说，没有道教的这一套养生思想和方法，就没有今天中国养生文化的巨大规模和较高水平。

---

① （唐）司马承祯：《坐忘论》，《道藏》第22册，文物出版社、上海书店出版社、天津古籍出版社，1988，第892页。

② 《太上老君内观经》，《道藏》第11册，文物出版社、上海书店出版社、天津古籍出版社，1988，第397页。

③ 《太上老君内观经》，《道藏》第11册，文物出版社、上海书店出版社、天津古籍出版社，1988，第397页。

④ 饶宗颐：《老子想尔注校笺》，上海古籍出版社，1991，第8页。

⑤ 王明编《太平经合校》，中华书局，1960，第78页。

⑥ （南朝梁）陶弘景：《养性延命录》卷上，《教诫篇第一》引《妙真经》，《道藏》第18册，文物出版社、上海书店出版社、天津古籍出版社，1988，第475页。

⑦ 《老子》五十九章。

道教伦理思想的鲜明特征

道教是中国本民族的传统宗教，它同我国传统文化的许多领域都有血肉相连的密切关系，对我国政治、经济、哲学、文学、艺术、天文、化学、医学、养生学、气功学以及民族心理、社会习俗等各方面都产生了深刻的影响，尤其是其伦理思想，在净化心灵、协调人际关系和维护社会秩序上，具有独特的作用，而且根深蒂固，影响至今。究其原因，这与道教伦理思想本身所具有的鲜明特征有关。

一 融摄儒家纲常，结合成仙信仰，突出仙道兼修的伦理思想

道教的伦理思想，融摄儒家纲常。儒家的纲常指的是“三纲五常”，它是封建社会中最主要的道德关系和最基本的伦理思想。所谓“三纲”，谓“君臣、父子、夫妇也”[①]，“君为臣纲，父为子纲，夫为妻纲”[②]；所谓“五常”，即“仁、义、礼、智、信，五常

① （汉）班固：《白虎通》卷七，《三纲六纪》。
② 《礼纬·含文嘉》。

之道"[①]。"三纲五常"作为维护封建统治的伦理道德，在儒家看来，是天经地义的永恒不变的"天理"，"纲常千万年，磨灭不得"[②]，谁也不能更改，不能违反。

道教融摄儒家这一纲常伦理，并突出其以忠孝为轴心的伦理思想。在道教的一系列道言、戒律中，我们不难发现这一特点。如在《正一五戒品》中就明确规定："一曰行仁，二曰行义，三曰行礼，四曰行智，五曰行信。"[③] 在这里，道教把儒家的"五常"纳入自己的戒品，要求道徒乃至社会全体成员严格遵守，"令人父慈、母爱、子孝、妻顺、兄良、弟恭，命里悉思乐为善，无复阴贼好窃相灾害"[④]。又《太上洞玄灵宝智慧罪根上品大戒经》卷上更大力宣扬儒家的这一忠孝伦理："与人君言，则惠于国；与人父言，则慈于子；与人师言，则爱于众；与人兄言，则悌于行；与人臣言，则忠于君；与人子言，则孝于亲；与人友言，则信于交；与人妇言，则贞于夫；与人夫言，则和于室；与人弟言，则恭于礼；与野人言，则劝于农；与道士言，则正于道；与异国人言，则各守其域；与奴婢言，则慎于事。"[⑤] 可见，道教沿用儒家的"惠""爱""慈""悌""忠""孝""贞""和""恭""慎"等道德规范来严格规定人们的道德操守和人与人之间的道德原则，以便协调各种人之间的相互关系。

道教在宣扬其以儒家忠孝为轴心的伦理思想的同时，又与其成仙信仰紧密结合。成仙信仰是道教的核心，道教追求长生成仙，认为行善积德是长生成仙的基础，"欲求生长者，必欲积善立功，慈

① （汉）董仲舒：《举贤良对策》。

② （宋）朱熹：《朱子语类》卷二十四，《论语六》。

③ 《无上秘要》卷四十六引，《道藏》第25册，文物出版社、上海书店出版社、天津古籍出版社，1988，第165页。

④ 王明编《太平经合校》，中华书局，1960，第409页。

⑤ 《道藏》第6册，文物出版社、上海书店出版社、天津古籍出版社，1988，第887页。

心于物，恕己及人，仁逮昆虫，乐人之吉，愍人之苦，赒人之急，救人之穷，手不伤生，口不劝祸，见人之得如己之得，见人之失如己之失，不自负，不自誉，不嫉妒胜己，不佞谄阴贼，如此乃为有德，受福于天，所作必成，求仙可冀也”[①]。在道教看来，善行以忠孝为先，以纲常为本，“欲求仙者，要当以忠、孝、和、顺、仁、信为本。若德行不修，而但务方术，皆不得长生也”，又“若积善事未满，虽服仙药，亦无益也。若不服仙药，并行好事，虽未便得仙，亦可无卒死之祸矣”[②]。为此，道教要求道徒谨守忠孝伦理。为使人人知晓以忠孝为先，以纲常为本，制定各种约束道士行为的戒律和道言，如道戒之基“初真十戒”中第一条即是“不得不忠不孝不仁不信，当尽节君亲，推诚万物”[③]。又道言规定：“事师不可不敬，事亲不可不孝，事君不可不忠。……仁义不可不行。”[④]总而言之，人要长生不死，就须行善修道，“人欲地仙，当立三百善；欲天仙，立千二百善。若有一千一百九十九善，而忽复中行一恶，则尽失前善，乃当复更起善数耳”[⑤]。

道教这一成仙信仰与道德伦理结合的思想，为历代道教各派所奉行，如金丹派南宗祖师张伯端就把“德行修逾八百，阴功积满三千”[⑥]，作为结丹成仙的必要条件。全真道也强调行善积德，“夫金丹之道，先明三纲五常，次则因定生慧。纲常既明，则道自纲常出，非出纲常之外而别求道也”[⑦]。元代净明道更强调以忠孝的履

---

① （晋）葛洪：《抱朴子内篇·微旨》。

② （晋）葛洪：《抱朴子内篇·对俗》。

③ 《虚皇天尊初真十戒文》，《道藏》第3册，文物出版社、上海书店出版社、天津古籍出版社，1988，第403页。

④ 《正一法文天师教戒科经》，《道藏》第18册，文物出版社、上海书店出版社、天津古籍出版社，1988，第232页。

⑤ （晋）葛洪：《抱朴子内篇·对俗》。

⑥ （宋）张伯端：《悟真篇》卷下，《西江月十二首》。

⑦ （元）陈致虚：《金丹大要》卷二，《道藏》第24册，文物出版社、上海书店出版社、天津古籍出版社，1988，第9页。

践为成仙得道之本，“人当忠孝而答君亲之恩，忠孝，大道之本也”[①]。道教强调道德伦理在修仙过程中的重要作用，提出修道与修仙并行，这是其伦理思想的第一个鲜明特征。

二 吸取墨家兼爱，强调群体协作与自身修养并重的伦理观念

道教的伦理思想，又吸纳了墨家的兼爱理论。“兼爱”是墨家处理人际关系的准则，墨家认为人与人之间应为“兼相爱，交相利”[②]。所谓“兼相爱”，就是不分人我，不别亲疏，无有等差地爱一切人。墨家认为“相爱”可致国泰民安，“诸侯相爱则不野战，家主相爱则不相篡，人与人相爱则不相贼，君臣相爱则惠君，父子相爱则慈孝，兄弟相爱则和调。天下之人皆相爱，强不执弱，众不劫寡，富不侮贫”，这样，“凡天下祸篡怨恨可使毋起者”[③]。同样，墨家认为“不相爱”是祸乱之根，“圣人以治天下为事者也，不可不察乱之所自起，当察乱何自起？起不相爱”[④]，“凡天下祸篡怨恨，其所以起者，以不相爱生也”[⑤]。为此，墨家倡行“为贤之道”，就是要“有力者疾以助人，有财者勉以分人，有道者劝以教人”[⑥]，这样，可使“饥者得食，寒者得衣，乱者得治”[⑦]。相反，若“至有余力不能以相劳，腐臭余财不以相分，隐匿良道不以相

① （元）黄元吉：《净明忠孝全书》卷二，《玉真灵宝坛记·净明大道说》，《道藏》第24册，文物出版社、上海书店出版社、天津古籍出版社，1988，第633页。

② 《墨子·非命上》。

③ 《墨子·兼爱中》。

④ 《墨子·兼爱上》。

⑤ 《墨子·兼爱中》。

⑥ 《墨子·尚贤下》。

⑦ 《墨子·尚贤下》。

教”，就会招致“天下之乱，若禽兽然”[①]。所谓“交相利”，就是互助互利。墨家认为这种“兼相爱”的伦理思想，具体落实到处理人与人之间的关系时，就应以对对方有利为原则，“与人谋事，先人得之；与人举事，先人成之”[②]，提倡先利人后利己，“利人者，人亦从而利之”[③]。这种兼爱相利思想，正是墨家协调人际关系的法宝。

道教的伦理思想，吸取了“兼爱相利”的精神。首先，道教主张有财物者应当“乐以养人”[④] 和“周穷救急”[⑤]。道教认为，天地间的一切财物都是天地中和之气所生，应属于社会公有，而非私人财产，“此财物乃天地中和共有，以共养人也。此家但遇得其聚处，比若仓中之鼠，常独足食，此大仓之粟，本非独鼠有也；少内之钱财，本非独以给一人也；其有不足者，悉当从其取也。愚人无知，以为终古独当有之，不知乃万尸之委输，皆当得衣食于是也”[⑥]，又“或积财亿万，不肯救穷周急，使人饥寒而死，其罪不除也”[⑦]。其次，道教主张有道者应当以道德教人。“人积道无极，不肯教人开蒙求生，罪不除也。……人积德无极，不肯力教人守德养性为谨，其罪不除也”[⑧]。它还反对以智欺愚，强欺弱，以少欺老，因为“智者当苞养愚者，反欺之，一逆也。力强当养力弱者，反欺之，二逆也。后生者当养老者，反欺之，三逆也。与天心不同，故后必凶也”，“天不佑之矣”[⑨]。道教这种“智以教人”“德

① 《墨子·尚同上》。
② 《墨子·尚同下》。
③ 《墨子·兼爱中》。
④ 王明编《太平经合校》，中华书局，1960，第 248 页。
⑤ 王明编《太平经合校》，中华书局，1960，第 231 页。
⑥ 王明编《太平经合校》，中华书局，1960，第 247 页。
⑦ 王明编《太平经合校》，中华书局，1960，第 242 页。
⑧ 王明编《太平经合校》，中华书局，1960，第 241 页。
⑨ 王明编《太平经合校》，中华书局，1960，第 695 页。

以化人”的主张，实际上蕴含着一种人人平等的思想观念，所以它认为人们应该相亲相爱，互助互利，并力同心，“四时气阴阳与天地中和相通，并力同心，共兴生天地之物利。孟仲季相通，并力同心，各共成一面。地高下平相通，并力同心，共出养天地之物。蠕动之属雄雌合，乃共生和相通，并力同心，以传其类。男女相通，并力同心，共生子。三人相通，并力同心，共治一家。君臣民相通，并力同心，共成一国。此皆本之元气自然天地授命。凡事悉皆三相通，乃道可成也”①。可见，并力同心，万事皆成。为此，道教提倡人们在社会生活中也应该发扬“有财相通”②、互助互利的伦理道德风尚。

道教在倡行兼爱相利、并力同心的同时，又结合自家养性方法，注重个人的修养。综观道教的整个伦理思想，旨在教人为善，所以特别重视个人的积善立德。道教以《道德经》的恬淡无欲、清静淳朴为准则，认为人要积善立德，就要抑情养性，不为名利物欲所累。为此，道教制定了一系列清规戒律，如规定，“目不贪五色，耳不贪五音，鼻不贪五炁，口不贪五味，身不贪五彩”③，又认为“行无为，行柔弱，行守雌，勿先动，此上最三行；行无名，行清静，行诸善，此中最三行；行无欲，行知止足，行推让，此下最三行”④。那么，如何提高个人的自身修养呢？道教教人，“勿骄”“勿矜”“勿伐”⑤ 和“去甚”“去奢”“去泰”⑥，《老君说一百八十戒》则有更明确的戒律，如“不得广求宝物”（第138戒），

① 王明编《太平经合校》，中华书局，1960，第149页。

② 王明编《太平经合校》，中华书局，1960，第307页。

③ （唐）张万福：《三洞众戒文》卷下，《洞神五戒》，《道藏》第3册，文物出版社、上海书店出版社、天津古籍出版社，1988，第399页。

④ 《太上老君经律》，《道藏》第18册，文物出版社、上海书店出版社、天津古籍出版社，1988，第218页。

⑤ 《老子》三十章。

⑥ 《老子》二十九章。

“不得恃威势凌人”（第60戒），“不得强取人物”（第94戒），“不得欺罔老人”（第57戒），“不得积财物侮蔑孤贫”（第25戒），甚至规定“人有骂汝，汝但服勿应”（第167戒），“人侵谤汝，汝但当自修启大道，勿忧怖以损精神”（第168戒），即使“人为己声誉，勿喜；为己毁辱，亦不得嗔”（第171戒）[①]，努力做到清静自正，“恬淡无欲，神静性明，积众善……乃成仙”[②]。可以看出，道教既强调并力同心，又突出个体修炼，提出群体协作与个人修养并重，这是其伦理思想的第二个鲜明特征。

三 以神道设教，称神灵为人伦最高主宰的伦理说教

道教的伦理思想，虽吸取了儒、墨两家思想，但与儒墨两家相比较，又有很大的差别。儒家伦理主要靠世俗权力的力量加以贯彻，墨家伦理主要靠自控力量加以履践，而道教伦理则是靠神灵的力量加以执行。道教以神道设教，以神的威力驱使人们去奉行其伦理道德，更具神圣性和威慑性。

道教把神灵视作人伦的最高主宰。它把天人格化，视其为有意志、有目的、能主宰人间一切的“天神”，认为“人取象于天”[③]，《太平经》即以“天师”的教诫劝人们行“上善”，“夫为善者，乃事合天心，不逆人意，名为善。善者，乃绝洞无上，与道同称；天之所爱，地之所养，帝王所当急，仕人君所当与同心并力也。夫

① 《太上老君经律》，《道藏》第18册，文物出版社、上海书店出版社、天津古籍出版社，1988，第218～220页。

② 〔日〕安居香山等辑《重修纬书集成》卷六，《河图纪命符》。

③ 王明编《太平经合校》，中华书局，1960，第673页。

恶者，事逆天心，常伤人意；好反天道，不顺四时，令神祇所憎，人所不欲见父母之大害，君子所得愁苦也，最天下绝凋凶败之名字也”[①]。道教劝谕人们恪守忠孝伦理，“旦夕忧念其君王”[②]，做一个忠臣孝子，反之，便要遭到神灵的降罪，“子不孝，弟不顺，臣不忠，罪皆不与于赦”[③]。为劝人行善，道教还宣扬因果报应的“承负”说。所谓“承负”，就是认为天地神明，喜人为善，怒人为恶，赏善惩恶，自有报应。人若有大善或大恶，不仅应在自身，而且影响后代，“力行善反得恶者，是承负先人之过，流灾前后积来害此人也。其行恶反得善者，是先人深有积畜大功，来流及此人也”[④]。当然，若后代能行善立功，则可不受其祖辈之承负。很明显，这种理论是要人们恪守忠孝，善立功，以逃脱“承负”降罪。

道教把神视为善恶报应的主宰者。从《太平经》开始，各种道经都宣扬天地有“司过之神”，“随人所犯轻重，以夺其算纪”[⑤]。这种神能通晓人之善恶行径，“为善亦神自知之，恶亦神自知之”[⑥]，“天喜善人，不用恶子”[⑦]；同时，它还对众生言行实施监视和纠劾。道教认为，人的身上有上、中、下三尸，“三尸之为物，实魂魄鬼神之属也。欲使人早死，此尸得作鬼，自放纵游行，飨食人祭拜”[⑧]，每至庚申之日，辄上天向有司汇报人之善恶。这样，人的言行举止都会受到神灵的监督。道教还认为，人做了恶事固然要受神的惩罚，即使没有为恶，但只要有恶心，也要遭神的处罚，“心起于善，善虽未为，而吉神已随之。或心起于恶，恶虽未为，

① 王明编《太平经合校》，中华书局，1960，第158页。
② 王明编《太平经合校》，中华书局，1960，第132页。
③ 王明编《太平经合校》，中华书局，1960，第406页。
④ 王明编《太平经合校》，中华书局，1960，第22页。
⑤ 〔日〕安居香山等辑《重修纬书集成》卷六，《河图纪命符》。
⑥ 王明编《太平经合校》，中华书局，1960，第12页。
⑦ 王明编《太平经合校》，中华书局，1960，第617页。
⑧ 〔日〕安居香山等辑《重修纬书集成》卷六，《河图纪命符》。

而凶神已随之”[①]。因此，善恶不同，赏罚有别，“过大者夺人纪，过小者夺人算”[②]，“行善正，则得天心而生”[③]。道教的这种神道说教，比任何法令都来得严厉和奏效，它对人们的心理极具威慑力和引诱力。后期的道教，更以通俗的形式，把其神道伦理汇编成一本本劝善书，诸如《太上感应篇》《文昌帝君阴骘文》之类，向全社会推荐，使其伦理思想普及民间，深入民心，想要人们怯于神灵的威力，自觉弃恶从善，努力修道积德。可见，道教假神道设教，是其伦理思想的第三个鲜明特征。

综言之，道教的伦理思想，既融摄儒家忠孝，又吸取墨家兼爱，看上去似乎内容庞杂，但实际上自成体系，特点鲜明。它结合自家成仙信仰和儒家纲常孝道，首创仙道兼修理论；它糅合自家养性方法与墨家兼爱精神，突出群体协作和个体修养并重的思想；它假神道设教，借助神力，使人自觉弃恶从善。这种神化了的伦理思想所产生的控制力和影响力是非常巨大的，它历久不衰，甚至对我国当前的伦理道德建设也不失一定的借鉴意义。

---

① （宋）李昌龄：《太上感应篇》卷三十，《道藏》第27册，文物出版社、上海书店出版社、天津古籍出版社，1988，第140页。

② 〔日〕安居香山等辑《重修纬书集成》卷六，《河图纪命符》。

③ 王明编《太平经合校》，中华书局，1960，第355页。

道教哲学的思维特征

道教作为宗教，有它的宗教哲学，道教作为本土宗教，它的哲学就有明显的中国气派和特色，其影响既深且远。在道教哲学中，“化”是一个重要的范畴，它既是道教哲学得以成立的杠杆，也是道教思维的基点。“化”包括顺化与逆化两个方面，所谓顺化，即顺道生人（物），属正向思维；所谓逆化，即逆道成仙，属反向思维。顺化与逆化，作为矛盾运动存在的两种形式，是道教认识事物所表现出来的正向和反向的辩证思维，它贯穿于道教的教旨、教义和丹术之中，成为道教哲学的思维特征，是道教哲学对中国哲学的重大贡献。如何理解道教哲学这一鲜明的思维特征？本文试作浅论。

一 “化”是道教哲学的思维基点

1.“化”的概念，为道教哲学思维方式的形成提供理论依据

宇宙万物千变万化，中国古代很早就对“化”有认识，形成“化”的概念。“化”字，甲骨文、金文皆从人。《说文》：“化，教行也。从匕，从人，匕亦声。”[①] 有人从化字原为人形，认为

---

① （汉）许慎：《说文解字·匕部》。

“化”之本意是对人进行教化，“凡以道业诲人谓之教，躬行于上风动于下谓之化”[①]，“化民成俗”[②]。由人推及自然，“化”便有化生和化成天地万物之意，“化，谓造化也”[③]，“化，谓生化也”[④]，“百物皆化”[⑤]。“化”又有变化的意思，“化，易也”[⑥]，“日月得天而能久照，四时变化而能久成”[⑦]。“化”还有随顺的意思，“天下太平，万物安宁，皆化其上”[⑧]，“化，犹随也”[⑨]，可见，“化”的最主要含义是化生和化成，而恰恰这一点，为道教哲学所吸收和摄用，成为道教哲学的思维基点。

2. 神话和老庄关于“化”的诠释，对道教哲学思维方式的形成有直接影响

首先，神话。在中国古代，有许多神话传说，如盘古开天辟地说，“首生盘古，垂死化身。……身之诸虫，因风所感，化为黎氓”[⑩]，讲的是盘古化身；又如女娲造人说，“有神十人，名曰女娲之肠，化为神，处栗广之野，横道而处”[⑪]，“传言女娲人头蛇身，一日七十化”[⑫]，讲的是女娲化神。这些化都取化生和化成之义，表明早在古代的神话传说中就已经有了化的观念。

其次，《老子》。在《老子》一书中，明显提到“化”，“我无为，人自化”[⑬]，这里的化取教化、顺化之义；又“道常无为而无

① （清）张玉书等：《康熙字典·匕部》。
② 《礼记·学记》。
③ 《黄帝内经素问·五常政大论》
④ 《黄帝内经素问·天元纪大论》王冰注。
⑤ 《礼记·乐记》。
⑥ 《玉篇·匕部》。
⑦ 《周易·恒》。
⑧ 《吕氏春秋·大乐》。
⑨ 《吕氏春秋·大乐》高诱注。
⑩ （清）马骕：《绎史》卷一，《开辟原始》，引《五运历年纪》。
⑪ 《山海经·大荒西经》。
⑫ 《楚辞·天问》王逸注。
⑬ 《老子》五十七章。

不为。侯王若能守之，万物将自化”[①]，这里的化取化成之义。《老子》还明确提出“道生一，一生二，二生三，三生万物”[②]，这是说由道化生一，一化生二，二化生三，三化生万物，这里的生就有化生之义，它已经包含了“化”的基本内涵和“化”的思维过程。

最后，《庄子》。《庄子》对“化”的应用较多，如“以天地为大炉，以造化为大冶，恶乎往而不可哉”[③]，这是说万物的造化；又如“北冥有鱼，其名为鲲。鲲之大，不知其几千里也。化而为鸟，其名为鹏。鹏之背，不知其几千里也”[④]，这里说的是具体的化生；再如“若化为物，以待其所不知之化已乎！且方将化，恶知不化哉？方将不化，恶知已化哉？吾特与汝，其梦未始觉者邪”[⑤]，把将要化、未曾化或不化、已化情形，看作犹如做梦，听其自然，这里有顺化的观念。《庄子》还提出了“物化”的概念，“不知周之梦为胡蝶与，胡蝶之梦为周与？周与胡蝶，则必有分矣。此之谓物化”[⑥]，物化就是没有物我的界限，我与万物一起变化，此化已与道教哲学中的“化”相当接近了。

很显然，神话传说和老庄关于“化”概念的阐述和使用，成为道教哲学思维方式的直接来源。道教把“化”作为“道”的运动特性，常以事物的变化为一种普遍存在的现象，“化”的观念无所不在，无处不有，如“老枫化为羽人”“朽麦化为蝴蝶”“贤女化为贞石”“山丘化为百合”[⑦]，等等，甚至连三洞尊神也认为是从混洞太无元、赤混太无元、冥寂玄通元“三元”化生而来[⑧]。

---

① 《老子》三十七章。
② 《老子》四十二章。
③ 《庄子·大宗师》。
④ 《庄子·逍遥游》。
⑤ 《庄子·大宗师》。
⑥ 《庄子·齐物论》。
⑦ （五代）谭峭：《化书》卷一，《道化·老枫》。
⑧ （宋）张君房：《云笈七签》卷三，《道教本始部》，《道藏》第22册，文物出版社、上海书店出版社、天津古籍出版社，1988，第13页。

更为重要的是，道教哲学对“化”做了进一步的发挥和运用，创造性地做了二分建构，即朝两种不同方向发展，一种是循正向思维，顺宇宙生成而化，叫作顺化，在道教哲学中表现为顺道生人（物）；另一种是循反向思维，逆宇宙演化而化，叫作逆化，在道教哲学中表现为逆道成仙。“何为顺？顺其造化也。何为逆？逆其造化也。顺造化则生人生物，生老病死，轮回不息。逆造化则成仙成佛，不生不灭，寿同天地。”[①] 在道教整个哲学体系中，无论是顺道生人的理论，还是羽化成仙的教旨，抑或是“化合”与“化分”的丹术以及逆练归元的方法，都包含了顺化与逆化的过程和作用，顺化与逆化成为道教哲学鲜明的思维特征，“举世之人，皆知顺行之道，而不知逆运之道”[②]。顺化与逆化体现道教哲学的科学性，诚如英国著名学者李约瑟博士所言：“道家（道教）深刻地意识到变化和转化的普遍性，这是他们最深刻的科学洞见之一。”[③]

二 “顺化”是道教哲学的正向思维方式

顺道生人（物），是道教的理论基础，指的是宇宙万物之源起，也就是宇宙生成论。道教认为“道”是宇宙一切的本原与主宰者，“道者，万物之宗元”[④]，“大道者，统生天、生地、生人、

① （清）刘一明：《象言破疑》卷上，《顺逆说》，（清）刘一明：《道书十二种》，中国中医药出版社，1990，第173页。

② （清）刘一明：《象言破疑》卷上，《顺逆说》，（清）刘一明：《道书十二种》，中国中医药出版社，1990，第173页。

③ 〔英〕李约瑟：《中国科学技术史》第二卷，《科学思想史》，王铃协作，科学出版社、上海古籍出版社，1990，第176页。

④ （唐）杜光庭：《道德真经广圣义》卷二，《道藏》第14册，文物出版社、上海书店出版社、天津古籍出版社，1988，第318页。

生物”[①]，“夫道何等也？万物之元首，不可得名者。六极之中……无不由道而生者也”[②]，“大道无形，生育天地；大道无情，运行日月；大道无名，长养万物”[③]，这也就是说，只有有了道，才能生成宇宙、天地、阴阳、四时、五行乃至万物和人，而且天地的变化，日月的运行，万物的生长，都是“道”在其中起作用，这就是道教顺道生人（物）的理论。对此，陈鼓应先生曾有精辟的论述：老子的“‘道’是自然界中最初的发动者（the primordial natural force），它具有无穷的潜在力和创造力。万物蓬勃的生长，都是‘道’的潜在力之不断创发的一种表现。从万物生生不息、欣欣向荣的成长中，可以看出‘道’有种无穷的活力。”[④] “道”究竟如何顺道生人（物）呢？

1. 顺道生人（物）是一个顺化过程

“道之委也，虚化神，神化气，气化形，形生而万物所以塞也”[⑤]，这是由道转化为万物的过程。道教发挥《老子》“道生一，一生二，二生三，三生万物”[⑥] 的观点，并进一步将其具体化：“一，元气也；二，阴阳也；三，天地人也；万物，一切有识无情也。”[⑦] 道生元气，“又从元气变生阴阳，于是阳气清浮，升而为天；阴天沉浊，降而为地；二气升降，和气为人；有三才，次生万物”[⑧]，这是由道化生万物的自然过程，是一个顺道而化生的过程。道教又认为，“道”生天地万物，是一个生生不息的运动变化过

① （元）张三丰：《大道论》上篇。
② 王明编《太平经合校》，中华书局，1960，第 16 页。
③ 《太上老君说常清静经》，《道藏》第 17 册，文物出版社、上海书店出版社、天津古籍出版社，1988，第 141 页。
④ 陈鼓应：《老庄新论》（修订版），商务印书馆，2008，第 142 页。
⑤ （五代）谭峭：《化书》卷一，《道化》。
⑥ 《老子》四十二章。
⑦ （唐）成玄英：《老子义疏》42 章。
⑧ （唐）成玄英：《老子义疏》42 章。

程，是“道”的顺行演化，“造化之道，生生不息之道。推其道源，盖自虚无中而生一气，自一气而生天地、产阴阳，阴阳再合其中。又含一气而成三体，三体既成，一气运动，阴而阳，阳而阴，于是万物生矣”[①]，“天地媾精，阴阳布化，万物以生。承其宿业，分灵道一，父母和合，人受其生”[②]。总之，无论是宇宙万物还是人，都是“道”顺化而成的产物，如张伯端所言：“道自虚无生一气，便从一气产阴阳。阴阳再合成三体，三体重生万物昌。”[③] 道教的这一理论，可以说是对《老子》“道生一，一生二，二生三，三生万物”宇宙生成论的深化和发挥。

更为重要的是，道教还把这种“顺道生人（物）”的“顺化”思想引入人体生命哲学。道教认为，既然“人法地，地法天，天法道，道法自然”[④]，那么，构成人体生命的基本物质精、气、神也是自然的产物，同样是“道”之顺化结果，“神者受之于天，精者受之于地，气者受之于中和，相与共为一道”[⑤]，又“夫人本生混沌之气，气生精，精生神，神生明”[⑥]，还有“今是委气神人，乃与元气合形并力，与四时五行共生。凡事人神者，皆受之于天气，天气者受之于元气。神者乘气而行，故人有气则有神，有神则有气，神去则气绝，气亡则神去。故无神亦死，无气亦死”[⑦]，人只要能“保身中之道，使精气不劳，五神不苦，则可以长久”[⑧]。五代道教学者谭峭更明确指出，虚（道）是世界本原，万物由虚

① （清）刘一明：《悟真直指》卷二，《七言绝句六十四首》，（清）刘一明：《道书十二种》，中国中医药出版社，1990，第353页。

② 《太上老君内观经》，《道藏》第11册，文物出版社、上海书店出版社、天津古籍出版社，1988，第396页。

③ （宋）张伯端：《悟真篇》卷中，《七言绝句六十四首》。

④ 《老子》二十五章。

⑤ 王明编《太平经合校》，中华书局，1960，第728页。

⑥ 王明编《太平经合校》，中华书局，1960，第739页。

⑦ 王明编《太平经合校》，中华书局，1960，第96页。

⑧ 《老子河上公章句》卷二，《守道第五十九》。

（道）化生，人亦如是，“虚化神，神化气，气化形，形化精”[①]。顺而行之生人，这显然是道教“顺道生人”思想的体现。

2. 从“无”到“有”，也是一个顺化过程

“有”“无”是道教哲学关于宇宙本原和本体问题的一对重要范畴，最早见于《老子》，“天下万物生于有，有生于无”[②]，“无名，天地始；有名，万物母。……此两者同出而异名”[③]。这里有和无都成为对“道”的指称，“道”本身就包含着有与无两个方面，“道”是有与无的辩证统一。道教发挥了老子的“有无”思想，提出“夫有因无而生焉”[④]，认为宇宙是从先天的“无”演化为后天的“有”的，“太极之分，有先天，有后天。何谓先天？形而上者谓之道，以有入无也。何谓后天？形而下者谓之器，以无入有也。老子曰：‘无名天地之始：有名万物之母。’海澹云：从无入有皆如是，从有入无能几人？……世人惟顺行后天之道，故一生一世而轮转不息”[⑤]，这个“无”，“唯恍唯忽，忽恍中有象，恍忽中有物”[⑥]，是“无状之状，无物之象”[⑦]，它先天地万物而生，是天地万物之根源，它就是“道”。从上面引文提到“从无入有”和“从有入无”的互相对应来看，其中即包含了“顺”和“逆”两种不同的转化，从无入有，就是从道到器，从无形到有形，从宇宙本原到天地万物，很显然，这也是一个顺宇宙生成之化的过程。

可见，道教的“顺道生人（物）”理论阐述了宇宙万物及人体生命的形成过程，它的“道生阴阳，阴阳生五行，五行生万物”

---

① （五代）谭峭：《化书》卷一，《道化·大化》。

② 《老子》四十章。

③ 《老子》一章。

④ （晋）葛洪：《抱朴子内篇·至理》。

⑤ （元）陈致虚：《参同契分章注》卷上，《乾坤设位章第二》。

⑥ 《老子》二十一章。

⑦ 《老子》十四章。

的宇宙生成模式和“虚生神，神生气，气生精，精生形”的人体生成模式，就其哲学思想而言，当属“顺化”的范畴，就其思维而论，则属正向思维，它是道教主体认识客观世界、改造客观世界的理论根据，它体现道教哲学的自然与生命的统一。

三 “逆化”是道教哲学的反向思维方式

修道成仙，是道教的宗旨，指的是道教所追求的“与道合真”长生成仙的结果，这与道体外化天地万物的“顺道生人（物）”的“顺化”恰好相反，是一个“逆道成仙”的“逆化”思维过程。

1. 理论来源

道教的逆化，是物质归于“道”的过程，“道之用也，形化气，气化神，神化虚，虚明而万物所以通也”[①]，这是逆宇宙演化次序而化，是一个逆道成仙的过程，其理论来源主要有三。

第一，依托《老子》的“反者道之动”[②] 和“夫物云云，各复归其根”[③] 的理论。道教认为，“道者，万物之奥”[④]，“夫道，覆载万物者也”[⑤]，就是说“道”有本体和运动两方面的含义，决定着万物的运动和变化规律，必须“唯道是从”[⑥]。但《老子》也有“反者道之动”的宇宙法则，它要求回复初始状态，返回它的本身，这说明向相反方向运动也是道的运动规律，同样不能违背，万物遵循“道”的这一规律运行，便可返回虚静的本根，即“复

① （五代）谭峭：《化书》卷一，《道化》。
② 《老子》四十章。
③ 《老子》二十八章，朱谦之校释，中华书局，1984，第165页。
④ 《老子》六十三章。
⑤ 《庄子·天地》。
⑥ 《老子》二十一章。

归其根”，这个“根”是根本、根源和根基，是一切事物的起点，可见，“道”化生万物也包含一种反向运动。

第二，遵从《老子》的“有生于无”命题。道教认为《老子》在探讨宇宙起源时明确指出，“天下万物生于有，有生于无”[①]，这就是说，宇宙的起源是“无”，“无”是对具体“有”的否定，是“有”的对立物，“有”又称为“物”，“无”则称为无物，但无又不是绝对空无，这种从现今的感性物质世界推知遥远的宇宙起源的思维过程，显然是一种逆反式的思维方式。

第三，根据《老子》“正言若反”的原则，以“正”的负辞为语言符号，采用“反”的否定判断方式进行推论。道教认为“正言若反”是老子特有的思维方式和表达方式，它在《老子》中随处可见，如“大成若缺，其用不弊。大盈若冲，其用不穷。大直若屈，大巧若拙，大辩若讷”[②]，这里的成与缺、盈与冲、直与屈、巧与拙、辩与讷都是相互对立的概念，老子把成、盈、直、巧、辩等肯定的概念采取相反的、否定的语言形式加以表述，正是为了避免概念的绝对性，从而使肯定的命题获得更大的灵活性，它体现了老子运用语言的高超艺术，老子的“道”也正是这种正反和合的结果。在道体的建构过程中，老子运用了通过否定达到肯定的思维方式，用正反两方面的结合形成一个更高的肯定，最终完成了对“道”的演绎。道教沿袭和发展《老子》这一逆推法式，认为：“本去故当绳之以真道，反其末极还就本，反其华还就实，反其伪还就真。夫末穷者宜反本，行极者当还归，天之道也。”[③] 又“极上者当反下，极外者当反内；故阳极当反阴，极于下者当反上；故

① 《老子》四十章。

② 《老子》四十五章。

③ 王明编《太平经合校》，中华书局，1960，第95页。

阴极反阳，极于末者当反本”[①]，就是说，任何事物的发展都有顺向的一面，也有反向的一面，道教运用这一逆反思维方式，认为仙与人隔着广垠的宇宙，而人体本身即是一个小宇宙，只要把这个宇宙演化的法则运用起来，逆着宇宙的演化过程而修炼，从后天返回先天，从有入无，就可得“道”，也可成仙，由此可见，修炼者成仙的过程就是一个与道冥合的过程。很显然，顺化过程模式，由“道”之顺行所产生的万物，终有死期，“道乃主生，道绝万物不生，万物不生则无世类，无可相传，万物不相生相传则败矣”[②]，人亦如此，“一死，终古不得复见天地日月也，脉骨成涂土”[③]。

2. 具体方法

作为“道”支配下的宇宙一系列变化的产物——人，欲求不死，就必须经过一系列的逆变化，才能回复“道”。这个逆化过程就是：由三而二，由二而一，守一而归元，终于归于万物之初的“大道”，归于“大道”，便获得了与“道”长存的永恒。元朝全真道士李道纯在《中和集》中就明确指出，依“道生一，一生二，二生三，三生万物”的法则，万物皆禀因道而有精气神三宝，即“万物含三”[④]，但更重要的是逆其顺化程序而炼化归元，即炼精化气（三归二），炼气化神（二归一），炼神还虚（一归无），这事实上是对“道”的寻求过程，也就是说，要顺其来路逆寻道，从而得“道”。具体方法如下。

第一，逆天修道。即通过后天修炼，主宰人的自然生命，使生命长存。道教发展了《周易》的“反复其道”[⑤] 和《老子》的

① 王明编《太平经合校》，中华书局，1960，第95~96页。
② 王明编《太平经合校》，中华书局，1960，第701页。
③ 王明编《太平经合校》，中华书局，1960，第298页。
④ （元）李道纯：《中和集》卷二，《金丹妙诀》。
⑤ 《周易·复》。

"反者道之动"[①] 的辩证思想，认为先天乾坤错综倒置成为后天坎离，人们修炼就要从后天返回先天，因此，人修炼的关键，就是一个"反"字，即要逆天修道。同时，道教充分发挥了《淮南子》的"举事"而"不顺天""逆其生"的思想，"蚑行喙息，莫贵于人。孔窍肢体，皆通于天。天有九重，人亦有九窍。天有四时，以制十二月，人亦有四肢，以使十二节。天有十二月，以制三百六十日，人亦有十二肢，以使三百六十节。故举事而不顺天者，逆其生者也"[②]，"不顺天"即"逆天"，就是说要"逆天修道"。道教认为"道"是阴阳五行之至精的凝聚体，按照天人一体的原则，人身中也有阴阳五行的至精，如能效法自然，以己身为小天地，循阴阳五行变化而逆转运动，则可以凝至精而得"道"，归真返璞，与"道"同一，从而长生。为此，道教主张修人身之阴阳，以合天地之阴阳；修后天之阴阳，以合先天之阴阳；炼丹砂之阴阳，以合造化之阴阳。阴阳就是"道"，就是"丹"，即"逆用阴阳，必成金丹"[③]，"逆而生丹者，圣也"[④]，"圣人善逆用先天之道，故致知格物，正心修道，乃长存而不泯"[⑤]，"大丹妙用法乾坤，乾坤运兮五行分。五行顺兮常道，有生有死，五行逆兮丹体，常灵常存"[⑥]，道教这种逆天修道的逆转运动，无疑是一种逆化的思辨过程和方法。

最能体现道教这一逆天修炼思维方式的，是道教提出了"我命在我不在天"的口号和具体实践。道教认为，人的生命并不由

① 《老子》四十章。
② 《淮南子·天文训》。
③ （元）陈致虚：《参同契分章注》卷上，《乾坤设位章第二》。
④ （元）陈致虚：《参同契分章注》卷中，《养性立命章第二十》。
⑤ （元）陈致虚：《参同契分章注》卷上，《乾坤设位章第二》。
⑥ （清）刘一明：《参同直指·张紫阳真人读参同契文》，（清）刘一明：《道书十二种》，中国中医药出版社，1990，第261页。

天决定，“我命在我，不在天地尔”[①]，就是说，人的生命的存亡，年寿的长短，决定于自身，并非决定于天地。葛洪明确指出：“我命在我不在天，还丹成金亿万年。”[②] 也是说，人只要修炼得道，便可扭转乾坤，去死还生，甚至长生不死。明代程以甯也曾精辟地指出：“天定胜人，此凡夫也。人定亦能胜天，则仙佛也。”[③] 在道教看来，每一粒金丹药丸都含有“后天合先天”之理，“一粒灵丹吞入腹，始知我命不由天”[④]，为此，历代道教徒都进行了不懈的实践活动，如葛洪，就亲自到罗浮山炼制金丹，以求仙药，颐养天年，这些充分发挥了人对自然尤其是对天的主观能动性，也体现道教哲学的主体意识。

第二，逆炼成仙。长生成仙是道教哲学的核心命题，也是道教追求的最高目标。“仙，长生仙去也”[⑤]，“老而不死曰仙”[⑥]，道教认为，既然“虚化神，神化气，气化精，精化形”[⑦]，顺而行之则生人，那么，逆而行之，“形化精，精化气，气化神，神化虚”，通过养形积精，练精化气，练气合神，练神还虚，最后复还太极混沌之初，与道合真，就可成仙了，显然，成仙的秘诀在于逆化。如何才能逆化成仙？其一，食反自然之气。道教认为，“道者，气也”[⑧]，气是道的形象化，气又是铸造神仙的重要材料，“食气者神

---

① （宋）许旌阳：《灵剑子·道海喻第四》，《道藏》第10册，文物出版社、上海书店出版社、天津古籍出版社，1988，第666页。

② （晋）葛洪：《抱朴子内篇·黄白》。

③ （明）程以甯：《南华真经注疏》，清光绪三十二年（1906）刻本。

④ （宋）张伯端：《悟真篇》卷中，《七言绝句六十四首》。

⑤ （汉）许慎：《说文解字·人部》。

⑥ （汉）刘熙：《释名·释长幼》。

⑦ （元）陈致虚：《上阳子金丹大要》卷四，《精气神说下》，《道藏》第24册，文物出版社、上海书店出版社、天津古籍出版社，1988，第16页。

⑧ 《太上养生胎息气经》，《道藏》第18册，文物出版社、上海书店出版社、天津古籍出版社，1988，第401页。

明达”[①]，得气则生，无气则死。为此，道教教人食气，食如腹中胎儿所吸取的“自然之气”，又叫“先天真一祖气”，这种气孕育胎儿，“别无加杂”[②]，又此气至善至纯，“天地万物，水火刀兵俱不能伤，七情六欲，五贼四相，俱不能近，究到实处，只一虚空而已”[③]，这种气，显然不是人所呼吸的阴阳之气，而是反自然之气，“反自然之气，心若婴儿，即生矣”[④]，能修成这种气，也就成仙了。其二，修自下而上之丹术，主要指内丹术。道教传统理论认为，人体五脏之气向后天方向运行就是人生的历程，就是顺行，也即顺化，而修炼则向先天方向运行，也就是超越人生，得道成仙的历程，便是逆行，也即逆化。这便是内丹的理论依据，它取法天人合一的原理，把人体既比作宇宙，又比作炼丹之鼎炉，认为在以五脏为本的人体鼎炉中，象征水的脏为肾，象征火的脏为心，心位于人体的上焦，肾处下焦，根据这两脏所处位置，火在上，水在下，怎样以火烹水呢？它从和气以成精的观点出发，提出以神运精气结而成丹之方法，即以意调运阴阳相交合，具体做到气下沉，即阳下奔，引火下行，气满而升，引水上升，使“阴在上”，做到水升火降，以火温水，火热水而成丹，成丹便能得道，得道便能成仙，这就是内丹的逆化成丹法，也即生命逆行，归根复命之学。其三，先修命，后修性。性命双修是道教的基本主张，道教认为：“性无命不立，命无性不存。”[⑤] 可见性命双修之重要，但在具体修炼过程中，道教尤其是南宗道教依照逆反成丹原则，提出先修命，后修

---

① 王明编《太平经合校》，中华书局，1960，第700页。

② （清）刘一明：《象言破疑》卷上，《胎中面目》，（清）刘一明：《道书十二种》，中国中医药出版社，1990，第176页。

③ （清）刘一明：《象言破疑》卷上，《胎中面目》，（清）刘一明：《道书十二种》，中国中医药出版社，1990，第176页。

④ 王明编《太平经合校》，中华书局，1960，第699页。

⑤ （元）李道纯：《中和集》卷四，《性命论》。

性，如张伯端认为："虚心实腹义俱深，只为虚心要识心，不若炼铅先实腹，且教守取满堂金。"[①] 清人董元真解释道："虚心者，谓修性也。实腹者，谓修命也。……但此二者之义，俱为幽深。然虚心须要识心见性，此如水中捞月，一时难以捉持。而不若实腹之道，先采炼其真铅，有可下手之处。且教守取吾之精气，乃用神火烹炼，以成遍体真金，犹如满堂金玉之象，岂非易得之乎。"[②] 可见，张伯端讲性命双修，是先修命，再由命达性。本来，性与命相反，性是本，命是末，先修命，后修性，最终返璞复元，与道合一，这正是道教的"五行颠倒术"和逆化的运用。其四，道教的外丹术也同样引用这一逆化思想和方法，道教认为，外丹之炼制，也要逆自然之易，夺造化之功，模拟天地人生成之理，"冶炼外丹，虽属有作，得而服之，全无所为。不须修习，即形返太无，神归大定，复还太极混然之初，而与道合真矣"[③]。显然，道教追求的这种"与道合真"长生成仙，是逆化的作用，也是逆化的结果，它体现道教哲学强调生命的逆向演化思想。

3. 思想与现实意义

可见，道教的宇宙生成论，由道生一，一生二，二生三，三生万物，万物和人皆有精气神，气绝神亡而死，这是一个由生入死的过程，是顺宇宙生成之化。但是，作为精气神合一的过程，即由万物回归于"道"的过程，才是真正由死入生的过程。由于"道"的特征是不生不死，万古长存，所以"道"既是顺化的起点，也是逆化的终点，起点与终点虽是同一东西，但通过逆化，它们在内容上却有本质的区别。从个体的修炼来说，即明确由三归二（炼精化气），由二归一（炼气化

① （宋）张伯端：《悟真篇》卷中，《七言绝句六十四首》。

② （清）董元真：《悟真篇正义》卷中，《七言绝》。

③ （明）赵宜真：《原阳子法语》卷上，《还丹金液歌并叙》，《道藏》第24册，文物出版社、上海书店出版社、天津古籍出版社，1988，第81页。

神），由一归于道（炼神还虚），最后得道成仙，这一过程，就其哲学思想而言，当属逆化的范畴，就其思维方式而论，则属逆向思维，这是道教哲学思维的显著特征，它体现道教哲学辩证思维的逻辑性和超逻辑性的统一。换言之，道教的这种“逆向”思维，就其运动的法则来看，实质上就是超前的“顺向”思维，道教哲学打破常规，创造性地运用“反向”思维，抓住宇宙和生命发展的本质特征，预测出宇宙和生命发展的必然趋势，实现了认识的“第二次飞跃”。

更为重要的是，道教的这种“逆反”思维，最终还发展为一种科学思维，促成了一系列的发明和创造。道教依照“逆天”思想，认为人有一种回天之力，天所不能为者，人可以为之，自然界所没有的，人可以创造，道教的许多技术，就是在这种逆反思维方式之下创发的，如炼丹术中的化学性能、化学反应、化学现象和化学过程，就是道教徒在长期炼制丹砂的实践中，使用“还丹炼制法”“金液丹法”“点丹阳法”观察发现的。“丹砂烧之成水银，积变又还成丹砂”①，概述了从丹砂中分离水银和将水银还原为丹砂的化学过程，又“言还丹者，朱砂生汞，汞返成砂，砂返出汞，又曰白金黄石，合而成金，金成赤色，还如真金，故名还丹”②，描述了朱砂的化学反应过程，在探索点铜成银的方法时，又发现以砒霜点铜可以生成砷白铜的化学现象③。又如内丹学中的气功，也是道教徒在漫长的修炼中，运用“内视反听”④ 法，体会到气功的特殊功用而提出的，“内景隧道，惟反观者能照察之，其言必不谬也”⑤，这里的“反观”

① （晋）葛洪：《抱朴子内篇·金丹》。

② （唐）张隐居：《张真人金石灵砂论·释还丹篇》，《道藏》第 19 册，文物出版社、上海书店出版社、天津古籍出版社，1988，第 6 页。

③ 郭正谊：《从〈龙虎还丹诀〉看我国炼丹家对化学的贡献》，《自然科学史研究》1983 年第 2 期。

④ （晋）葛洪：《抱朴子内篇·论仙》。

⑤ （明）李时珍：《奇经八脉考·阴跷脉》。

指的就是道教内丹修炼的“内视”。再如中医学的养生和诊治，就是道教徒在长期的医学生涯中运用“颠倒术”，提出以养为主，以治为副，以内为主，以外为副，一切都是为了回到主体自身，强调内在的生命因素，靠机体自身的内在功能，以达到健康与长寿的目的，为此，研制出七星丹、紫金霜、红升丹等堪称世界神奇的中成药。还有人的性命问题，也是道教徒在长期修炼过程中，运用“逆返归魂”的修行原则提出的，道教中人认为性命是生命的本原，或叫“精气”，或叫“真气”，或叫“太极”，只有超越感性存在和情欲、思虑，达到一种对于生命的真切体会，才能返本归真，即所谓“归根复命”“知命曰常”，最后“逆返”升仙，为此，道教主张身——心——性——命的自我提升、自我超越，以回到生命的真正本原，这既解决了形体生命问题，又解决了精神修养和精神境界问题，足见“逆反”思维对中国科技发展的重大作用，它对古代科学的发展，无论在理论上还是在实践上都有启蒙和指导意义，对此，英国著名学者李约瑟博士给予高度评价，认为道教“发展了科学态度的许多最重要的特点，因而对中国科学史是有着头等重要性”①。

综上所述，“化”在道教哲学中起到至关重要的作用，“顺化”和“逆化”作为道教哲学的一对重要范畴，贯穿于道教的整个思辨过程，这两者，使整个道教哲学的理论更全面和系统化，同时，也体现了道教哲学辩证思维的丰富内涵。因此，“化”是道教哲学的思维起点，“顺化”与“逆化”是道教哲学的思维特征，它为人们探讨宇宙之本原、生命之奥秘、人生之真谛和探索科学之堡垒，提供了博大精深的思辨方法，培养了中华民族的智者风范，在中国哲学史上独具特色。

① 〔英〕李约瑟：《中国科学技术史》第二卷，《科学思想史》，王铃协作，科学出版社、上海古籍出版社，1990，第175页。

岭南人生死观的道教意味

道教是乐生恶死的宗教，其长生不死思想，渗透在国人的思想意识、民俗心理和社会习俗诸方面，影响深远。岭南人的生死观就带有浓厚的道教意味，体现道教在岭南的地位及其与岭南文化的融合。

一 饮食的讲究，体现道教“重生养生”思想

乐生恶死是道教的核心。道教重生乐生，视生如同天地之大，如五斗米道的重要秘典《老子想尔注》就把《老子》第十六章中的“公乃王，王乃大”和第二十五章中的“道大、天大、地大、王亦大，域中有四大，而王居其一焉”的“王”字统统改为“生”字，并加注云：“生，道之别体也。”[①] 强调生与道合一。太平道的经典《太平经》也把生看作人生一大乐事，“人最善者，莫若常欲乐生”[②]，“凡天下人死亡，非小事也。一死，终古不得复见天地日

① 饶宗颐：《老子想尔注校笺》，上海古籍出版社，1991，第33页。

② 王明编《太平经合校》，中华书局，1960，第80页。

月也”[①]。人死不能复生，“生可惜也，死可畏也”[②]。道教认为，畏死恶死是人的共性，“道设生以赏善，设死以威恶，死是人之所畏也。仙王士与俗人同知畏死乐生，但所行异耳”[③]，无论是仙士还是俗人，同样畏死恶死。面对死亡的威胁，道教明确提出“上士忿然恶死乐生，往学仙，勤能得寿耳，此上士是尚第一有志者也”[④]，可见，乐生恶死乃是道教思想的一个重要内容。为了追求长生乐生，道教除采用吃药、炼丹和服气诸法外，还特别注意饮食养生，明确提出“乐生而恶死，悉皆饮食以养其体”[⑤] 的养生思想和“身得长保，饮食以时调之”[⑥] 的养生之道，道教这种由乐生恶死直接引发的饮食养生思想和方法在岭南饮食中有充分反映。

岭南人向来热爱生命，珍重生命，他们“生以唱歌为乐”[⑦]。为了有一个健康而长寿的身体，人们特别注重饮食养生，对于饮食尤其讲究，表现在以下两方面。

第一，岭南饮食讲究清淡。所谓清淡，就是讲求原汁原味，不加入过多的调味品和佐料，契合道教食要“去肥浓，节咸酸”[⑧] 和“淡胜咸”[⑨] 的主张，如岭南人喜食白粥，白粥是补充水分的上好食品，它讲究选料和制作，一般与腐竹同煮，或加上白果、白豆、毛根等，煮出来的粥香滑可口，还有清热去湿、治疗脾虚之功效，令人百吃不厌，食用极富营养价值。北宋文豪苏东坡曾

---

① 王明编《太平经合校》，中华书局，1960，第 298 页。

② （晋）葛洪：《抱朴子内篇 · 地真》。

③ 饶宗颐：《老子想尔注校笺》，上海古籍出版社，1991，第 25 页。

④ 王明编《太平经合校》，中华书局，1960，第 161 页。

⑤ 王明编《太平经合校》，中华书局，1960，第 393 页。

⑥ 王明编《太平经合校》，中华书局，1960，第 466 页。

⑦ 胡朴安：《中华全国风俗志》（上编），河北人民出版社，1986，第 312 页。

⑧ （宋）张君房：《云笈七签》卷三十二，《道藏》第 22 册，文物出版社、上海书店出版社、天津古籍出版社，1988，第 231 页。

⑨ （宋）蒲虔贯：《保生要录》，《道藏》第 18 册，文物出版社、上海书店出版社、天津古籍出版社，1988，第 520 页。

与好友潮人吴子野谈过食粥问题，后写下书帖，云："吴子野劝食白粥，云能推陈致新，利膈养胃。……粥后一觉，尤不可说也。"[①] 宋诗人陆游甚至以为食粥可以致仙，诗云："世人个个学长年，不悟长年在目前。我得宛丘平易法，只将食粥致神仙。"[②] 道书《云笈七签》卷六十也载："每日平旦食少许淡水粥，或胡麻粥，甚益人，治脾气，令人足津液。"[③] 看来，白粥对养生的功效是有目共睹的。

第二，岭南饮食讲究食疗。食疗就是利用食物来预防和治疗疾病，使人健康长寿，如岭南人嗜食槟榔，人们相信槟榔可"辟瘴、下气、消食。食久，顷刻不可无之；无则口舌无味，气乃秽浊"，因此"自朝至暮，宁不食饭，唯嗜槟榔"[④]。又岭南人喜食荔枝，皆因"荔枝（支）食之有益于人，《列仙传》有称食其华实为荔支仙者；《本草》亦列其功。葛洪云：'蠲渴补髓'"，甚至"可以消肺气，滋真阴，却老还童"[⑤]。岭南人还喜食蝙蝠，人们相信蝙蝠能延年益寿，"《灵枝图说》：'蝙蝠，服之寿万岁'"[⑥]。岭南人还喜食蛤蚧，亦因蛤蚧"能治肺疾"[⑦]。作为一种常用的中药食品，蛇胆也受到岭南人的重用，"蚺蛇出南方。……獠人啖其膏胆，治百病"[⑧]，为此，出现了专门养蛇取胆的人家，"普安州（即今普宁

① （南宋）费衮：《梁溪漫志》卷九，《张文潜粥记》引。

② （南宋）陆游：《剑南诗稿》卷三十八，《食粥》。

③ （宋）张君房：《云笈七签》卷六十，《道藏》第22册，文物出版社、上海书店出版社、天津古籍出版社，1988，第423页。

④ （宋）周去非：《岭外代答》卷六，《食用门·食槟榔》。

⑤ （清）吴应逵：《岭南荔支谱》，（清）梁廷枏等：《南越五主传及其它七种》，广东人民出版社，1982，第74～75页。

⑥ （唐）段公路：《北户录》卷一，《红蝙蝠》。

⑦ （唐）刘恂：《岭表录异》卷下，骆伟等辑注《岭南古代方志辑佚》，广东人民出版社，2002，第223页。

⑧ （晋）刘欣期：《交州记》，刘纬毅辑注《汉唐方志辑佚》，北京图书馆出版社，1997，第289页。

市）有养蛇户，每年五月五日，即担蚺蛇入府，只候取胆。……皆如鸭子大”[①]。蚺蛇，即蟒蛇，其蛇胆对小儿肺炎、百日咳、支气管炎、咳嗽痰喘、痰热惊厥、急性风湿性关节炎都有比较明显的疗效。可见，通过食疗，不但可以治愈疾患，还可以延年益寿。

据上，我们说岭南饮食的讲究，体现道教重生养生思想和实践。

二 对死的称谓，契合道教“长生成仙”追求

长生成仙是道教的教义，道教坚信神仙实有，仙人可学，仙人长生，“仙，长生仙去”[②]，仙人的生活逍遥自由，“餐朝霞之沆瀣，吸玄黄之醇精，饮则玉醴金浆，食则翠芝朱英，居则瑶堂瑰室，行则逍遥太清”[③]，显然，仙人的长生不死和逍遥快乐实际上成为道教的追求。

岭南民间常言：“除死字无大碍。”人们不愿意死，畏惧死，对死，岭南人有很特别的称谓，如称死人为“百年”，棺材叫“寿板”，或称“长生木”。有关死的店铺和行当也冠以雅号，如棺材铺，美其名为“长生店”，殡葬行叫“别有天”。“别有天”是“别有洞天”的简称，洞天和长生契合道教的长生成仙追求。岭南人甚至把死看作成仙，如粤东山区的客家人，在亲友死后使用的挽联多用“仙去”“仙游”“仙驾”“仙乡”等与神仙有关的词语，若男性死，挽联为：“道风千古、驾鹤归天、乘鹤去矣。”女性死，

① （唐）刘恂：《岭表录异》卷下，骆伟等辑注《岭南古代方志辑佚》，广东人民出版社，2002，第225页。

② （汉）许慎：《说文解字·人部》。

③ （晋）葛洪：《抱朴子内篇·对俗》。

挽联是："一梦登仙、驾鹤仙游、仙去难留、驾鹤瑶池、仙驾瑶池、玉楼赴召、远赴仙乡。"[①] 又如粤北山区的客家人，使用的挽联也多用"驾鹤归仙"[②] 等语句，契合道教"得道成仙"的追求。

三 随葬的器物，充满道教色彩

岭南重视死后生活，对待死人，事死如生，体现道教"善吾生者，乃所以善吾死"[③] 的思想，从考古发掘的材料看，充满道教色彩。

岭南人为了让死者能够继续享受生前的完整生活，往往将死者生前用过的器皿和装饰品以及铸俑作为随葬品，如1980年考古工作者在广西梧州市倒水南朝墓出土一批钵、罐、碗和铜刀、铁矛、铁钩等死者生前用过的生活用品和生产工具以及武士俑、侍俑等铸俑[④]，用意是让死者在另一个世界继续享受人间生活。另外，在一些铜镜和石俑以及墓砖上还刻上一些铭文，冀望死者成仙后，可以如同仙人一样逍遥快乐，如1980年考古工作者在广西梧州市富民坊发掘的一座南朝墓穴，内有一铜镜，镜上刻有"尚方作竟真大巧，上有仙人不知老，渴饮玉泉饥食枣，寿而金石天之保，游浮名山敖四海，乐未央"[⑤] 铭文，铭文中的"玉泉"和"枣"都是长生仙药[⑥]，"游浮名山敖四海"与道教的"乘云气，御飞龙，而游

---

① 钟向阳：《从大埔民俗看道教在客家地区的影响》，《中国道教》2002年第4期。
② 曾汉祥等：《粤北、粤东客家丧葬风俗》，《韶关大学学报》1995年第3期。
③ 《庄子·大宗师》。
④ 李乃贤：《广西苍梧倒水南朝墓》，《文物》1981年第12期。
⑤ 李乃贤：《广西壮族自治区梧州市富民坊南朝墓》，《考古》1983年第9期。
⑥ 参见（晋）葛洪《抱朴子内篇》之《金丹篇》《杂应篇》和（宋）张君房《云笈七签》卷三十二《杂修摄部一》、卷十四《三洞经教部·经五》。

乎四海之外”[①] 的快乐人生追求是一致的；又如1972年考古工作者在广西梧州出土的晋代墓砖上发现印有“康平”“富且寿考”[②]等字样；再如1980年考古在广西合浦上窑发掘出土刻有“福、寿、长、命”等字的器物[③]，这些铭文既是一种美好的祝愿，也体现道教对福寿安康的追求。

更为重要的是，岭南墓穴中用作随葬的镇墓券，颇具道教色彩。镇墓券，又称为镇墓文，属买地墓券之一种，罗振玉在《蒿里遗珍·吴黄初买地瓦券考释》中指出：“地券之制，前籍未详。以传世诸刻考之，殆有两种：一为买之于人，如建初、建宁二券是也；一为买之于鬼神，则术家假托之词，如此券。”前者称为“买地券”，后者称作“镇墓券”。有学者指出，东汉以前，买地墓券多仿照真实的土地买卖文书，用作向冥府登记购买土地[④]。东汉以后，买地墓券渗入方术成分，具有镇墓解适之功效，道教又将之吸收，加入符箓、咒法而成为道术之一种，其用意是让死者有一块名正言顺且安全清静的地方安息。近年来，岭南不少地方出土了此类镇墓券，如1983年考古工作者在广西桂林市（即南朝时的始安，属始安郡）北郊观音阁挖掘的一方化石质买地券[⑤]，券文中用上道教的青龙、白虎、朱雀、玄武四神作守护；又搭上王侨、赤松子、李定、张故等道教神仙或道教虚拟的神灵作陪伴，以示神威，实际上是人们对死者的安慰。又如1985年考古工作者也在广东仁化县（南朝时属始兴郡，今属韶关市）发掘出土一块镇墓券[⑥]，券文有

① 《庄子·逍遥游》。

② 黄鸿植：《广西梧州市晋代砖室墓》，《考古》1981年第3期。

③ 郑超雄：《广西合浦上窑窑址发掘简报》，《考古》1986年第12期。

④ 〔日〕仁井田升：《汉魏六朝的土地买卖文书》，〔日〕仁井田升：《中国法制史研究·土地法·取引法》，东京大学出版会，1980，第407页。

⑤ 《中国各民族宗教与神话大词典》，学苑出版社，1990，第772页。

⑥ 杨豪：《广东晋南朝隋唐墓葬》，广东省博物馆、香港中文大学文物馆编《广东出土晋至唐文物》，香港中文大学出版社，1985，第26页。

“女青诏书律令”、“玄都鬼律”、“太上老君符敕”和“急急如律令”等道教劾鬼祛邪律令和道教敕令，具有劾鬼祛邪功能。券文还有“神归三天，身归三泉，长安蒿里”之语，意为死者虽长眠地下，但希望其灵魂飞往“三天”，并得到“长安”。三天指三清天境，即清微天、禹余天和大赤天，属于道教的专门术语，实际上是道教的一种思想追求，同时也体现人们对死者的美好祝福。

综言之，透过上述种种事象，我们窥见道教的意味深蕴其中，不难发现，岭南的生死观，与道教“乐生恶死”[①] 思想有着异曲同工之妙，它体现道教在岭南的地位及其与岭南文化的融合。

① 王明编《太平经合校》，中华书局，1960，第18页。

岭南饮食文化的道教风味

道教是我国唯一本土宗教，它同我国传统文化有着密切关系，对我国政治、经济、文学、艺术、医学、化学等都产生了深远影响，其饮食养生思想和养生大法，也在国人的思想意识、民族心理和社会习俗诸方面留下了深刻印记。岭南饮食文化就带有浓厚的道教风味，体现道教在岭南的地位及其与岭南文化的融合。

一 岭南饮食讲究，体现道教养生思想

道教是一门重生宗教，早期道书《太平经》就明确指出：“要当重生，生为第一。”[①] 如何重生、长生？道教认为饮食至为关键，《混俗颐生录》卷上云：“食为命之基。”[②] 为此，道教提出“饮食以养其体”[③] 的养生思想和“饮食以时调之”[④] 的养生之道以及节食、淡味、服饵等养生大法。道教这些饮食养生思想和方法，随着道教在

---

① 王明编《太平经合校》，中华书局，1960，第613页。

② 《道藏》第18册，文物出版社、上海书店出版社、天津古籍出版社，1988，第512页。

③ 王明编《太平经合校》，中华书局，1960，第393页。

④ 王明编《太平经合校》，中华书局，1960，第466页。

岭南的传播发展，为岭南人所接纳，在岭南饮食文化中有充分反映。

1. 岭南饮食讲究少而精，符合道教“节食”原则

道教主张节食，《文子》云：“老子曰：‘古之为道者。……量腹而食’。”[①] 所谓量腹，就是要有所节制，如《黄帝内经素问》云：“饮食有节。”[②] 《抱朴子内篇》也提倡“节量饮食”[③]，因此，“食不过饱”“饮不过多”是道教一向的主张。岭南饮食讲究少而精，日常以吃好为原则，不求多，宁可少食多餐，也不求过量，更不会暴饮暴食，即便是宴客，也不例外，席上菜肴精致而量少，以客人吃饱、吃好为准则，适可而止，颇合道教“节食”原则。

2. 岭南饮食讲究清淡，适合道教“淡味”要求

道教主张淡味，《保生要录》云：“淡胜咸。”[④] 《备急千金要方》卷二十七也称：“咸则伤筋，酸则伤骨，故每学淡食。”[⑤] 《云笈七签》卷三十二也指出，食要“去肥浓，节咸酸”[⑥]，崇尚淡味。岭南饮食讲究清淡，徐珂《清稗类钞》饮食类称“粤人嗜淡食”[⑦]。《上林县志》也说乡民“饮食均极淡素”[⑧]。淡，即清淡，指用料清雅而不俗，用味清淡而不浓，如岭南人爱吃白粥就是一个典型的例子。白粥是补充水分的上好食品，宋朝张耒在《宛丘集·粥品》中阐述了吃粥的好处：“每日起，食粥一大碗，空腹胃虚，谷气便

---

① 《文子·守易》。

② 《黄帝内经素问·上古天真论篇第一》。

③ （晋）葛洪：《抱朴子内篇·杂应》。

④ （宋）蒲虔贯：《保生要录·论饮食门》，《道藏》第18册，文物出版社、上海书店出版社、天津古籍出版社，1988，第520页。

⑤ （唐）孙思邈：《备急千金要方》卷二十七，《道林养性第二》。

⑥ （宋）张君房：《云笈七签》卷三十二，《杂修摄》，《道藏》第22册，文物出版社、上海书店出版社、天津古籍出版社，1988，第231页。

⑦ 徐珂：《清稗类钞》第四十七册，《饮食》（上），商务印书馆排印本，民国六年（1917）版，第10页。

⑧ 丁世良等编《中国地方志民俗资料汇编》，中南卷（下），书目文献出版社，1991，第895页。

作，所补不细，又极柔腻，与肠胃相得，最为饮食之妙诀也。”苏东坡曾与好友潮人吴子野谈过食粥问题，后写下书帖：“吴子野劝食白粥，云能推陈致新，利膈益胃。粥后一觉，妙不可言也。”① 南宋诗人陆游甚至以为食粥可以致仙，其《食粥》诗云：“世人个个学长年，不悟长年在目前。我得宛丘平易法，只将食粥致神仙。”② 陆游谓食粥可致神仙，虽然有点夸张，但经常吃用，确能起到养生延年的作用。张君房《云笈七签》卷六十也载：“每日平旦食少许淡水粥，或胡麻粥，甚益人，治脾气，令人足津液。”③ 岭南人嗜食白粥，《清稗类钞》饮食类称白粥“为南人所常食者”④。岭南白粥清淡可口，兼有清热去湿、治疗脾虚之功效，令人百吃不厌，服食极富营养价值。岭南饮食讲究清淡，不光体现在味道上，在烹饪上也多用蒸、汆、灼等方法，保持食物的原汁原味，力求在清中求鲜，在淡中求美，例如岭南人吃鸡，要食白切鸡；食鱼，要食清蒸鱼；食蔬菜，要食白灼时蔬。近年来，岭南还兴起“田基美食”“田园时蔬”“绿色食品”“山水泡茶”等美食，呈现一种崇尚自然、返璞归真的岭南食风和品味。

3. 岭南人嗜好饮茶，契合道教“恬愉”追求

道教讲求恬淡、愉悦，《老子》云：“恬淡为上。”⑤《抱朴子内篇》也认为“恬愉澹泊”，乃“学仙之法”⑥。岭南人生活惬意，日常习惯饮茶，据清嘉庆《澄海县志·风俗》记载，岭南人“嗜食茶”，往往“一杯在手，半日清谈”，人们称饮茶为“叹茶”，

---

① （南宋）费衮：《梁溪漫志》卷九，《张文潜粥记》引。

② （南宋）陆游：《剑南诗稿》卷三十八，《食粥》。

③ 《道藏》第 22 册，文物出版社、上海书店出版社、天津古籍出版社，1988，第 423 页。

④ 徐珂：《清稗类钞》第四十七册，《饮食》（下），商务印书馆排印本，民国六年（1917）版，第 1 81 页。

⑤ 《老子》三十一章。

⑥ （晋）葛洪：《抱朴子内篇·论仙》。

“叹”即享受之意，尤其是在早上，喜欢喝上几杯靓茶，在广州，流行一句口头禅：“朝朝三杯茶，免找太医家。”人们还喜欢上茶楼饮茶，有独斟独饮，自我陶醉的；有三五知己，畅怀抒情的；有生意伙伴，洽谈生意的；有一家老少，天伦之乐的。坐下后，服务员随即送上一壶靓茶，茶客一边品着香茗，一边吃着名点，优哉游哉，正所谓“水滚茶香春满座，一盅两件活神仙，雄鸡唱晓无虚席，别有风情粤海天”，生动地体现岭南人喜欢品茶的生活情趣。岭南的潮州地区更盛行一种“工夫茶”，《清朝野史大观》称：“中国讲求烹茶，以闽之汀、漳、泉三府，粤之潮州府工夫茶为最。”[①]潮州工夫茶以茶具精巧、泡制考究和以茶寄情为特色，如翁辉东《潮州茶经》所说：“工夫茶之特别处，不在于茶之本质，而在于其器皿之配置精良，以及闲情逸致之烹制。”[②]道出了人们“探玄虚而参造化，清心神而出尘表”的感受，追求的是一种生死俱忘、物我同一的超越境界。

4. 岭南饮食讲究火候，符合道教“炼丹”方法

炼丹本是道教修炼的主要法术，其具体方法有二：其一是通过药物将丹砂、黄金、白银等金石类物质进行熔炼，把握一定火候，加工成“丹药”服食。其二是把人体比作炉鼎，以人的精、气、神作为烹炼对象，通过内功的修炼，凝聚成内丹，这种炼丹以神为体，意为用，在修炼中对意念的把握也称之为“火候”。将这一概念应用在烹饪中，就是在食品加热制作过程中，掌握火力的大小、强弱，它实际上就是要求烹饪者把握好菜肴从量变到质变的“度”，做出口感鲜嫩、爽滑、软糯的美食。岭南饮食特别讲究火候，烹饪时，注意控制火力的大小和加温时间的长短，火候分猛

---

① 小横香室主人：《清朝野史大观·清代述异》。

② 翁辉东：《潮州茶经·工夫茶》。

火、中火、慢火和微火四种，如炒青菜，就用猛火，熬汤则用微火，煲粥需用慢火。岭南人根据火候的大小，制作出各种名菜佳肴，如段成式《酉阳杂俎》所说：“物无不堪吃，唯在火候，善均五味。”[①] 足见岭南人火候功夫之精湛。

5. 岭南食肆建筑，吻合道教崇尚自然品格

道教崇尚自然，《老子》云：“道法自然。”[②] 以自然为美，追求“自然自在，无所拘束”[③]。岭南食肆多依自然而建，或园林式，或村舍式，亭台水榭，奇花异卉，一片自然景色，尤其园林式酒家在岭南比比皆是，如堪称全国最大的园林酒家泮溪酒家，就是以楼台殿阁酒舫廊座的格式布局，或分布在水榭长廊之上，或掩映在百年老榕、丝丝垂柳之中，华灯初上时，波光水影，与曲桥流水相映成趣，饮食环境，仿如仙境。又如位于广州珠江南岸的南园酒家，是一家典型的园林式餐馆，它集楼阁、花厅、酒亭、荷池、小桥、流水于一体，自然清幽，犹如乐园，郭沫若曾题诗赞道：“此是人工天外天，解衣磅礴坐高轩。层楼重阁疑宫殿，雄辩高谈满四筵。万盏岩茶千盏酒，三时便饭四时鲜。外来旅客咸瞠目，始信中华是乐园。”不是仙境胜似仙境，给人一种以性养情、心旷神怡的感受。

6. 岭南饮食讲究食疗，契合道教服饵主张

道教性好服饵，认为服饵可以成仙，《云笈七签》云：“饵服之者，长生神仙。”[④] 所谓服饵，就是服食药饵，包括茯苓、巨胜、

---

① （唐）段成式：《酉阳杂俎》卷七，《酒食》。

② 《老子》二十五章。

③ （宋）张君房：《云笈七签》卷六十，《诸家气法部五》，《道藏》第22册，文物出版社、上海书店出版社、天津古籍出版社，1988，第419页。

④ （宋）张君房：《云笈七签》卷一百一十六，《边洞玄》，《道藏》第22册，文物出版社，上海书店出版社、天津古籍出版社，1988，第803页。

五芝、菊花、苡仁等，如《老子》注云：“服食药饵，以求长生。”[1] 它实际上是一种食疗法。相传赤松子吃百草、彭祖食桂芝、冠先食荔枝花等，均成百岁老翁。传说虽不免牵强附会，但体现服食的功效。岭南人日常饮食，也注重食疗，利用食物来预防和治疗疾病，如岭南人嗜食槟榔，人们相信槟榔可“辟瘴、下气、消食。食久，顷刻不可无之；无则口舌无味，气乃秽浊”，因此“常欲啖槟榔以降气”[2]，“自云交州地温，不食此无以祛其瘴疠”[3]。又如岭南人喜食荔枝，皆因“荔枝（支）食之有益于人，《列仙传》有称食其华实为荔支仙者；《本草》亦列其功。葛洪云：‘蠲渴补髓’”，甚至“可以消肺气，滋真阴，却老还童”，因而“广人多食荔支”[4]。再如岭南人喜食蝙蝠，人们相信蝙蝠能延年益寿，“《灵枝图说》：“蝙蝠，服之寿万岁”[5]。岭南人还喜食蛤蚧，亦因蛤蚧“能治肺疾”[6]。可见，食疗成为岭南饮食的一大特色，它契合道教服饵主张。

二 岭南食肆和菜谱使用道教术语

随着道教在岭南的广泛传播，道教名词也深入民心，岭南人在日常生活诸方面都会用上一些与道教有关的术语，道教名词频繁出

① 《老子》五十章。
② （宋）周去非：《岭外代答》卷六，《食用门·食槟榔》。
③ （唐）刘恂：《岭表录异》卷下，骆伟等辑注《岭南古代方志辑佚》，广东人民出版社，2002，第211页。
④ （清）吴应逵：《岭南荔支谱》，（清）梁廷枏等：《南越五主传及其它七种》，广东人民出版社，1982，第74～75页。
⑤ （唐）段公路：《北户录》卷一，《红蝙蝠》。
⑥ （唐）刘恂：《岭表录异》卷下，骆伟等辑注《岭南古代方志辑佚》，广东人民出版社，2002，第223页。

现在岭南食肆和菜谱之中。

1. 岭南食肆有使用道教术语的铺号

如岭南第一间体面的广式茶楼叫“三元楼”，“三元”是道教的三个重要节日，道教将上元（正月十五）、中元（七月十五）和下元（十月十五）分别作为天官、地官和水官大帝的生日，认为天官赐福，名号“上元一品赐福紫薇大帝”；地官赦罪，名号“中元二品赦罪清虚大帝”；水官解厄，名号“下元三品解厄洞阴大帝”。岭南“三元楼”始建于清朝光绪年间，位于当时广州市最繁华的商业中心十三行，其取名的原意现已失载，有学者认为三元“隐含‘酒家榜首，食肆班头’之意”[①]。我们认为也不排除隐含“有三元大帝坐镇，保佑生意兴隆，老少平安”之意。又如广州市人民桥南端有“洞天”茶楼，“洞天”之说，出自道书，《稽神枢第一》云：“大天之内，有地中之洞天三十六所。”[②] 洞天成为道教修炼的理想居所。岭南“洞天”茶楼，始创于1915年，是广州市河南地区的一间老字号酒家，茶楼的建筑设计体现“世外桃源，别有洞天”的意境，到洞天茶楼饮茶、吃饭的人，必须登上20多级的台阶方可进入大门，然后朝右边看，有一个天井，如日中天，使人有一种豁然开朗、如入洞天福地的感觉，楼如其名。此外，广州取名“太平”的店铺很多，如“太平”馆、“太平”酒家、“太平”菜馆、“太平”冰室、“太平”餐厅等。“太平”一词在《太平经》中反复出现，多达六百五十一次，经卷四十八云：“太者，大也；平者，正也。”[③] 可见，太平乃是道教的理想追求，岭南“太平”店铺多且广，体现岭南人对太平社会和美好生活的热盼。

---

① 张磊：《岭南文化志》，上海人民出版社，1998，第356页。

② 《真诰》卷十一，《道藏》第20册，文物出版社、上海书店出版社、天津古籍出版社，1988，第555页。

③ 王明编《太平经合校》，中华书局，1960，第148页。

2. 岭南菜谱上也有使用道教名词的菜名

“仙”是道教使用最频繁的名词，何谓仙？刘熙《释名》称：“老而不死曰仙。”[①] 长生成仙乃是道教的追求。岭南人喜欢将“仙”“神仙”“仙人”和“长生”“长寿”等与道教相关的名词用于食品和菜谱，如“仙人饭”，是粤东地区一种大众化传统美食，做法是用上少许粤东山区的特产“仙人草”（又称凉粉草）根和少量土碱熬水，过滤去渣，再加入适量的米粉同煮，便可做出原来重量十几倍的饭，犹如仙术般神奇，故得名。食之，清凉、爽口、幽香，既能解饥渴，又能清热去暑、助消化、降血脂、治糖尿，人皆喜用。《清稗类钞》也载：“广东罗浮山有凉粉草，茎叶秀丽，香犹檀藿，以汁和米煮之，为凉粉，名‘仙人冻’。当暑出售，食之，沁人心脾。”[②] 又如“长寿面”，在寿辰宴席上必备，《清稗类钞》云：“凡寿诞及汤饼筵，宴客必用面，南北皆然，南人至是。”[③] 再如“五色饭”，是岭南壮族民间四月初八的传统美食，它虽未直接用仙人命名，但与道教神仙传说有关，相传是日是牛王诞辰，牛王原本是一位天神，它奉玉皇大帝之命，来到人间以草为食，为人耕种，任劳任怨，人们为了感激它，便在其诞辰之日奉上五色饭祭祀牛魂。据说，该饭是用上好糯米和枫叶、黄花、红蓝草、紫番藤叶等五种色彩不同的材料做成，内含丰富的氨基酸和多种微量元素以及维生素，既滋阴补肾，又润肠通便，是强身健体的上品。此外，还有“八仙盘”“仙人鸾”“长生粥”“神仙粥”“百岁羹”“白发齐眉”“长寿仙翁”“松鹤延年”等菜名，寓意食用后令人身体康健，长生不老，道教味道十分浓厚，契合道教长生不

---

① （汉）刘熙：《释名·释长幼》。

② 徐珂：《清稗类钞》第四十七册，《饮食》（下），商务印书馆排印本，民国六年（1917）版，第219页。

③ 徐珂：《清稗类钞》第四十七册，《饮食》（下），商务印书馆排印本，民国六年（1917）版，第198页。

老、羽化成仙的宗旨。

综上所述，岭南饮食文化具有浓郁的道教风味，体现道教在岭南的地位及其与岭南文化的融合。它一方面使道教文化得到普及和推广，更加接近民间大众；另一方面使岭南饮食文化更加丰姿多彩，为世人津津乐道，因此，它无论对道教文化，还是对岭南文化的发展都有重要意义。

明清广州道教的新态势

在广州道教史上，明清是比较特别的时期。一般认为，中国道教到了明清时期已走向衰落。但是，广州道教却呈现新态势，似有扩渗迹象。究竟是何因所致？它又对广州社会造成什么影响？对此，学术界似乎关注不够，迄今未有专文论述。本文试就所得资料，略陈管见。

一 明清广州道教的扩渗

明清时期，广州道教的两大教派全真道和正一道各有发展。明代是正一道活跃，清代是全真道龙门派中兴，教内之徒积极投身教务和俗务，教外之人亦有从事与道教有关的活动，民间习俗多见道教色彩，道教信仰和活动扩渗到广州社会的不同领域和多个层面。

1. 道士热心教务

明清时期，广州道教作为中国道教的一个组成部分，其本职工作无疑是建观收徒，传道授业。据仇巨川《羊城古钞》和黄佛颐《广州城坊志》以及《广州宗教志》的记载，广州道观多在明清两代兴建、扩建或重建，如：三元宫，位于广州越秀山南麓，明崇祯十六年（1643）由越冈院改建而成，清康熙三十九年（1700）扩建，乾隆五十四年（1789）重修；纯阳观，位于广州河南漱珠岗，由清代道士李明彻创建，道光四年（1824）动工，道光九年（1829）竣工；五仙观，明洪武十年（1377）迁址坡山（今惠福路），明成化五年（1469）和清雍正元年（1723）重修；应元宫，位于越秀山下，清顺治十七年（1660）创建；修元精舍，原址在今黄沙蓬莱路，清同治二年（1863）由周明东创建；东山真武庙，顺治（1644～1661）中修葺；南海神庙，位于广州东去百里的黄埔庙头村，明正德三年（1508）重修；黄大仙祠，位于广州芳村花地，清同治年间始建，光绪三十年（1904）重修；云泉山馆，位于白云山麓，清嘉庆十七年（1812）创建，光绪十五年（1889）重修。……据不完全统计，广州城内属道教宫观的有二十八处，其中明清时期兴建、扩建或重建的就有二十二处，占79%，宫观不仅数量多，而且分布广，从广州城中心一直向城四周扩展，北起白云山，南抵漱珠岗，东自黄埔庙头村，西达芳村花地湾，范围几及广州城。

为了弘扬道教思想，普及道教义理，明清广州不少道士潜心注经释义，如李青来，道号明彻，隐居广州白云山和观音山（越秀山），潜心研习道学，闭门注经释义，他专心收集和整理道教典籍，特别是将李耳撰的《道德经》二卷、牟目源订的《常清静经》一卷、纯阳真人撰的《金玉经》一卷、石和阳述的《阴符经注》一卷和《太上黄庭经注》三卷辑成《道经五种》，并融入自己的心得体会，进行全面评说，进一步阐发道经之精义，于乾隆十八年（1753），付梓行世，同时问世的还有《证道书》一卷以及尚未刻板的《修真诗歌》三卷。他著书立说，孜孜不倦，旨在供同道者参考，以表“善与寅同”之意，也为启发后来人，“祈道脉永存，承前启后”[①]。

为了道学后继有人，李明彻还收徒传播道业，据《纯阳观道谱》记载，首徒林姓秀才，道号“至亮”，番禺人，生于乾隆五十四年（1789），嘉庆十七年（1812）正式皈依李明彻门下，并于1837年继李明彻住持纯阳观，所有建设楼房庙宇，均由林至亮立碑刻铭为证。再有雷姓善士，道号“至鸣”，入道时还捐献全部田地产业，潜心修道。还有道号“至昆”，亦是李明彻的弟子，为炼师。后来，“续有拜师求道，大不乏人”[②]，他收徒传道授业，诲人不倦，结果光耀道门，道流不断。通过建观授徒，传道授业，扩大了道教徒队伍，也扩大了道教在广州社会的影响。

2. 道徒投身俗务

在明清广州世俗社会中，道教的身影随处可见。

第一，济贫赈饥，治病救人。明清时期，广州大多道士都能遵循道祖老子“唯善是宝，唯善是亲”的教诲，体恤民情，为民乐道，《邝斋杂记》载：“锣鼓三，谭姓。……初，三贫瞽，有母，三行乞不足以赡。一日，在五仙观遇一道士，悯其贫苦，问其家何有。三泣曰：‘有老母，此时瞽子不归，不知何景况矣。’道士与以数金，使贸诸乐器，因传以技。……每出获钱数千，家以小康。往觅道士，则观中无是人。或曰‘仙人所传，怜其孝也。’”[③] 面对“贫而瞽”之人，五仙观道士毫不犹豫出钱买乐器，授其一技之长，使其脱贫致富。不少道人还赠医施药，治病救人，如梁仁庵道长和几名道士，于清光绪二十二年（1896）在仙师扶乩的指引下，来到芳村花地大凼尾附近的民居，开设

① 余信昌：《广州漱珠岗和纯阳观源流》，余信昌：《广东部份宫观拾萃》，粤北南雄梅岭洞真古观编印，1996年内部发行本，第70页。

② 黄诚通：《广州市南郊漱珠岗纯阳观简史》手稿，未刊本，第11页。

③ 黄佛颐：《广州城坊志》卷三，《大市街》引。

“普济坛”，供奉黄大仙像，他们遵仙师嘱咐，赠医施药，普济世人，医好了不少患病百姓，黄大仙美名也渐著，不但广州市内民众，甚至南海、番禺和顺德等地的百姓也慕名前来，求取“仙方”治病。

第二，投军从政，经商办学。明清时期，广州不少道士热衷世俗社会活动，活跃在世俗社会的方方面面。他们有的参政议政，如道士李明彻，虽说“不事举业”①，但亦“不惟谢绝世事”②，尤其是对民生之事，他是非常关心和乐意去做的。道光四年（1824）广州大旱，粮食失收，米价昂贵，百姓生活无着，时为两广总督的阮元无计可施，就教李明彻，李明彻建议入奏朝廷进口洋米，他指出，洋米仅土米价钱的一半，何不开放洋米入口。其时洋人以税重推辞，阮元于是依照李明彻之策，奏免洋米入口之税，以茶叶为交换，结果，米船源源而至，百姓不致受米贵之苦。为此，阮元专门作《西洋米船初到》诗记其事，诗云：

西洋夷船来，毡毳可衣服。
其余多奇巧，价贵甚珠玉。
持货示贫民，其货非所欲。
田少粤民多，价贵在稻谷。
西洋米颇贱，曷不运连舳。
夷曰船税多，不赢利反缩。
免税乞帝恩，米船来颇速。
以我茶树枝，易彼岛中粟。
彼价本常平，我岁或少熟。

---

① （清）李明彻：《圜天图说续编·陈鸿章序》，嘉庆己卯（1819）松梅轩刻本。
② （清）李明彻：《圜天图说·自序》，嘉庆己卯（1819）松梅轩刻本。

米贵彼更来，政岂在督促。

苟能常使通，民足税亦足。[①]

李明彻体察民情，采取切实可行的方法，使百姓安然渡过难关，可谓功不可没，后人称赞道："人民不致饥荒，皆赖李师青来之功也。"[②] 由是，李明彻名声大振，在民间影响颇大。又道光六年（1826）春，彗星逆行，现于南方，陈伯陶《道士李明彻传》详载其事："（阮）元疑粤有兵起，问之，以旱对。问可禳否？曰：'禳无益，当备旱。'先是甲申岁元因明彻言，奏免洋米入口之税，以关使虑税短，故米舶出口货仍照征。明彻因复言夷人嗜利，如并免出口货税，米当大至，虽旱无害。元如其言。是秋旱，米价反平。自后粤虽旱潦不洊饥，明彻发之也。"[③] 彗星在南方出现，阮元以为广州要发生兵变，连忙向李明彻讨计，李明彻认为是旱情的预兆，他指出，祈禳求雨无济于事，当务之急是告之于民，改种杂粮，同时进口洋米，充实粮库以备旱情。阮元依照行事，结果，在大旱之年，米价不升反平。之后，广州连续三年大旱，由于有杂粮替代和洋米接济，广大市民不至于饥饿而死。为此，世人称颂阮元，其实亦有李明彻的一份功劳，"真人一言，利溥苍生。其功已足昭垂永久"[④]。有的投军从戎，最著名的要数道士黄宗胜，他精通武术，同治八年（1869）追随黑旗军刘永福，在安南与法军英勇作战，屡立奇功。黄宗胜退役后任三元宫住持，得两广总督瑞麟赏识，拜为义父，瑞麟还助修三元宫，且送上一块写有"护国佑民"的巨匾，悬于殿前，以表彰黄宗胜的功德。有的捐资办学，

① （清）阮元：《研经室续集》（一）卷六，《丛书集成初编》本。

② 黄诚通：《广州市南郊漱珠岗纯阳观简史》手稿，未刊本，第12页。

③ 陈伯陶：《瓜庐文剩》卷四，《道士李明彻传》，民国版。

④ 纯阳观住持潘崇贤立石碑文，存纯阳观内。

如三元宫住持梁宗琪，在光绪二十九年（1903）接受两广总督岑春煊示，将宫内田产六百二十三亩尽数报出，兴办“时敏中学”，得钦差敕赐“葆光励学”横匾，悬于头门，成为广州最早中学之一，为国家培养不少人才。有的著书立说，如李明彻，《粤小记》载：“道士李青来明彻善推步之法，撰有《圜天图说》。自言其师得西洋步天法，因推广之云。观察卢西津元伟览而善之，转呈制府阮公芸台。公固精于畴人之学，谓其论黄道距交七政经纬，及各省北极出入地道数，可补《天问》所未及，为之删定刊行。其论日月蚀、地居天心本圆非方、天汉非水气，皆所独得者。”① 《南海百咏续编》也载：“青来得西人算法，精天文学，著《圜天图说》，皆祖述利玛窦、南怀仁之言，间采梅定九之说以成书。阮文达收入《省志·艺文类》，内刊刻行世。观察卢西津尝与之论西人利器，青来曰：‘夷人火具精绝，然不善用之，适足病国。弧矢之威，著闻千古。且兵在勇而不在器，专恃则兵不足任矣。火具乌足恃哉。’观察大异之。”② 可见道士李明彻不但精通道学，而且在天文学和军事学上也有重大建树，如冼玉清女士所言：“至于李明彻从葛稚川游，乃不为‘抱朴子’内外篇之学，而以天算名家。余读其《圜天图说》，益信其非谈玄之流，而嗜学之士也。”③ 他还参与阮元主编《广东通志》的绘图工作，著有《广东通志·舆地略》，成为编修该志中唯一的宗教界人士，在广州社会享有崇高名望。有的经商贸易，如离明观④的道士，《南海百咏续编》载：“道光初，

① （清）黄芝：《粤小记》卷一，十四，清道光十六年（1836）刊本。

② （清）樊封：《南海百咏续编》卷二，《道观·纯阳观》。

③ 冼玉清：《天文家李明彻与漱珠冈》，广东省文史馆、佛山大学佛山文史研究室编《冼玉清文集》，中山大学出版社，1994，第214页。

④ 黄佛颐：《广州城坊志》卷五，《缯步》引徐灏《灵洲山人诗录》自注云：“离明观，在广州城西六里之缯步村，其对岸即俗所谓泥城也。”

茶商创建以为贮茗公局，黄冠守之。”[①] 道观用作贮存茶叶的仓库，道士成了仓库存货的看守员，商业色彩浓厚，可见该观不仅从事教务，而且从事教务之外的“俗务”。

3. 道教观念俗化

明清时期，广州道教观念走向通俗化，呈现浓厚的世俗性和实用性，广州市民不管是何等神圣，只要灵验，便顶礼膜拜，也不管是何种方式，只要有效，就趋之若鹜，因此，道教的神祇系统发生了变化，俗神信仰增多，符箓道术加强。表现在以下方面。

第一，道教神祇信仰多样化。广州人信奉道教，崇尚三清尊神，同时又根据实际需要解决问题的性质和类型，而崇拜不同的神灵。如广人为求生儿育女，笃信金花夫人，《岭南丛述》“金花夫人”条载：“灵应祠在广州仙湖之西。故老相传，神，广之金氏女也。少为巫，姿容极美，时称为‘金花小娘’。后没于西湖之水，数日尸不坏，且有异香。里人陈观见而异之，偕众敛得香木，如人形，刻像立祠，祈嗣往往有应。祠毁，成化五年巡抚都御史陈濂重建，称为‘金花普主惠福夫人’。……嘉靖初，提学魏校毁其祠，焚其像。然广人笃信，于今立金花会。”[②] 又如广州坊间盛传黄大仙有求必应，粤人崇拜黄大仙，每逢春节、三元诞（正月十五上元诞、七月十五中元诞、十月十五下元诞）和黄大仙诞（八月二十三），市民涌向黄大仙祠，祈求黄大仙的保佑。

第二，道教符箓术盛行。广人在祭祀各种神灵的同时，往往又延请道士为他们从事画符念咒、符水治病、作符禳灾等符箓道术，“粤无巫，以火居道士充之，所居门首悬牌，著其姓称道馆，街陌乡市道馆最多，小儿寒暑灾，即呼道士禳之”[③]，道士多以个人身

① （清）樊封：《南海百咏续编》卷二，《道观·离明观》。

② （清）邓淳：《岭南丛述》卷五十四，十，清道光十年（1830）刊本。

③ （光绪）《广州府志》卷十五，《舆地略七·风俗》。

份广泛深入民间的各种活动，《粤小记》载："许来，字方来，番禺人，为张真人法官，善捉狐怪。家中器具悉以符镇之，人不能取。有偷儿窃其古瓶，迷闷不能出户，及返故处乃已。承宣街圣贤里有寡妇为怪所惑，延治之。夜有老翁启户入，见许惊走。逐至粤秀山镇海楼，怪入大石板而没，自尔不复至。"[①] 张真人即张天师，明洪武年封汉张道陵的后裔为"正一嗣教护国阐祖通诚崇道宏德大真人"，许来作为张真人的后代，通晓符箓道术，用符镇宅，为人消灾，颇为灵验。粤地广为流行的"喃呒先生"，就是从"正一道"分化出来的符箓派道徒，他们往往散居市内，外挂"正一道"招牌，内置其所敬奉的神灵。广人凡遇烦事，必行符箓，祭祀鬼神，其间请来"喃呒先生"作法，"喃呒先生"的法术多种多样，清人张渠《粤东闻见录》说："书符咒水，日夕不休。"[②] 有念咒书符、符水治病的，也有用上灵符如"巨解午时符""安胎灵符""发冷灵符""镇宅灵符"等多种。"午时符"是广州人家较常见的一种符箓道术，每年端午节当天中午，家家都贴"午时符"，该符请道士用黄纸书写，作为驱魔辟邪的一种镇符手段，符章多为汉字形体的变异。然后用水果、粽子拜神，烧艾草以熏蚊，撒雄黄酒以杀虫。另外，还用雄黄酒调朱砂，涂在小孩的额头、胸口和手心上，可以辟邪。由于喃呒先生从事的请神弄鬼活动，迎合了广人的需求，因而广为接受，大行其道。

第三，道教信仰成为民间习俗。广州民间的许多习俗活动，均与道教信仰有关。如"九皇会"，据《南海百咏续编》载："遂以九月朔建九皇会，凡九昼夜，亦沿为风俗也。"[③] 按照道教信仰，九月初一至初九，为南斗星下降之期，民间因之有"九皇会"风

---

① 黄佛颐：《广州城坊志》卷二，《圣贤里》引。

② （清）张渠：《粤东闻见录》卷上，《好巫》。

③ （清）樊封：《南海百咏续编》卷二，《道观·三元宫》。

俗。又如“燕九节”，《南海百咏续编》载：“浅碧稠青拂不开，红棉花里现楼台。胡麻一饭清凉界，为访长春燕九来。都门每正月十九群游西顶白云观，以谒长春真人丘处机，名曰‘燕九’。自元迄今习俗相沿。两藩将军卒，皆北产，亦于是日共登三元宫，以当‘燕九’。香车宝马，络联若云。”[①] 农历正月十九，为全真七子之丘长春诞日，道教有“燕九节”，可见，原本属于道教全真教内部的一个信仰活动，亦成为广州地方社会风俗的一部分。此外，道教善书《关帝明圣真经》亦被广州市民用作问卦卜签，其中用得最多的是《关圣帝君灵签》，第一签“汉高祖入关”云：“巍巍独步向云间，玉殿千官第一班。富贵荣华天付汝，福如东海寿如山。圣意：功名遂，福禄全。讼有理，病即痊。桑麻熟，婚姻圆。孕生子，行人还。东坡解：云间独步，拔萃超群。名登甲第，谈笑功勋。终身光显，皆天所相。禄厚寿高，意称谋望。碧仙注：月里攀丹桂，成名步玉畿。求谋皆称意，万事足无疑。”[②] 从灵签所占问的内容来看，有功名、康寿、福禄、讼狱、疾病、收成、婚姻、生子、行人，等等，包括了世俗人生的方方面面，这样的灵签，在世俗民众的求签活动中起着指点迷津的作用，颇有市场。

第四，道教术语用于食肆铺号。明清广州道教不但渗透政治、经济和民间习俗，而且渗入饮食业，广州不少食肆铺号直接使用道教术语，如广州第一间体面的广式茶楼叫“三元楼”，该楼始建于清朝光绪年间，位于当时广州市最繁华的商业中心十三行，其取名的原意现已失载，有学者认为三元“隐含‘酒家榜首，食肆班头’之意”[③]。我们认为也不排除隐含“有三元大帝坐镇，保佑生意兴

---

① （清）樊封：《南海百咏续编》卷二，《道观·三元宫》。

② 《关圣帝君万应灵签》卷上，《圣帝灵签第一·汉高祖入关》作者不详，出版地不详，出版时间不详，广东省立中山图书馆藏。

③ 张磊：《岭南文化志》，上海人民出版社，1998，第356页。

隆，老少平安”之意。又如广州市河南有“洞天”茶楼，“洞天”之说，出自道书，《稽神枢第一》云：“大天之内，有地中之洞天三十六所。”[①] 洞天成为道教修炼的理想居所。该茶楼始创于1915年，是广州市河南地区的一间老字号酒家，茶楼的建筑设计体现“世外桃源，别有洞天”的意境，到洞天茶楼饮茶、吃饭的人，必须登上二十多级的台阶方可进入大门，然后朝右边看，有一个天井，如日中天，使人有一种豁然开朗、如入洞天福地的感觉，楼如其名。此外，广州取名“太平”的店铺很多，如“太平”馆、“太平”酒家、“太平”菜馆、“太平”冰室、“太平”餐厅等。“太平”一词在《太平经》中反复出现，多达六百五十一次，经卷四十八云：“太者，大也；平者，正也。”[②] 可见，太平乃是道教的理想追求，广州“太平”店铺多且广，体现道教对广州社会的渗透和广人对太平社会以及美好生活的热盼。

二 明清广州道教扩渗的原因

造成明清广州道教扩渗的原因是多方面的，主要如下。

1. 粤地统治者的推崇

明清时期广州道教的扩渗，与统治者的推崇不无关系。明代统治者推崇正一道，开国皇帝朱元璋认为，正一道“特为孝子慈亲之设，益人伦，厚风俗，其功大矣哉”[③]。清代统治者对全真道实行保护和开放政策，全真道逐渐摒弃不尚符箓教规，兼行斋醮。朝

---

① 《道藏》第20册，文物出版社、上海书店出版社、天津古籍出版社，1988，第555页。

② 王明编《太平经合校》，中华书局，1960，第148页。

③ 《大明玄教立成斋醮仪范》，《道藏》第9册，文物出版社、上海书店出版社、天津古籍出版社，1988，第1页。

廷笃信方术，恩宠道士，或将民间信仰神灵引入道教，或将道教尊神普及民间，立庙祭祀，命道士做住持，致使道教不断扩渗和发展，如南海神，在明清两代均有朝廷致祭，据《羊城古钞》载："明洪武三年，始封南海之神。国朝屡遣官致祭、重修，封南海昭明龙王之神，每岁二月上壬日致祭。"[①] 明成化十三年（1477）明宪宗还专门派钦差来到南海神庙致祭，留下御祭文一篇[②]。上行下效，广州地方官员也纷纷仿效，如清初平南王尚可喜热衷道教，他认为自己得以平定广东，全凭道教中的摩利支天尊的庇护，他常到三元宫参拜，令书法家翰林院庶吉士游显庭书写"三元古观，百粤名山"，刻木对联挂于大门，又于顺治十三年（1656）下令重修和扩建三元宫，并铸大钟一口悬于宫内。他还从罗浮山延请道教龙门派正宗十二世传人杜阳栋入三元宫主持宫内教务，期间募捐重修和扩建三元宫，又购得田产六百多亩，吸引四方道侣和香客，香火鼎盛，"三元宫由此成为全真道十方丛林，杜阳栋也被尊为开山祖师"[③]。清顺治十七年（1660），尚可喜在今应元宫道一带又建造一宏伟的道观来祭祀天尊，取名"应元宫"。另外，五仙观也得到官方的多次重修，如明洪武元年（1368）平章廖永忠重修五仙观，洪武十年（1377）布政司赵嗣坚改建五仙观，并塑五仙像其中，成化五年（1469）布政使张瑄重修五仙观，清雍正元年（1723）提督冯毅再重修五仙观[④]。官方对宫观的大力兴建和对道教神灵的大加祭祀，带动了民众对神灵崇拜的蓬勃发展，造成民间各种神灵信仰和崇拜活动的活跃。

2. 广地商品经济的发展

自明初以来，广州商品经济有了显著发展，据《西庵集》载，

① （清）仇巨川：《羊城古钞》卷三，《祠堂·南海神庙》。

② 碑文至今仍存，见南海神庙内碑刻。

③ 李伟云：《广州宗教志》，广东人民出版社，1996，第96页。

④ 黄佛颐：《广州城坊志》卷三，《大市街》引（清）阮元《广东通志》。

当时的广州已是“岢峨大舶映云日，贾容千家万家室”[①] 的对外贸易港口。商业活动需要长途跋涉，人身安危不可预知，加之商业竞争带有冒险性，要确保人身安全和经济利益，在明清科学文化仍不怎么发达的情况下，广人只能寄望神灵保护，于是道教神灵，如天妃、财神便大有市场，《太上老君说天妃救苦灵验经》谓天妃能“救厄而平波息浪，扶危而起死回生，大慈大悲，救苦救难”[②]，多为船家商贾或平民百姓赐福解厄，因而深受广人尤其是疍家商人的崇拜。商品经济的发展，亦促进广州宫观的兴建，如前面提到的离明观，就是由茶商出资兴建，并交由道士看管和打理，既是宫观，又是仓库，兼有道教场所和商业活动的性质。

3. 广州地理位置的殊异

广州近海，“吾粤固水国也，民生于咸潮，长于淡汐”[③]，广人整日与“水”打交道，江水无情，危及性命，人们寄望一种超人的力量能够控制水域，于是水神（海神）受到特别崇拜，“粤人事海神甚谨。……粤人出入，率不泛祀海神。……祝融者，南海之君也”[④]，“吾粤多真武宫”[⑤]，道教中的赤帝祝融、北帝真武均成为水神（海神），受到广州疍民的顶礼膜拜，造成水神（海神）崇拜在广州的勃兴。

4. 广人务实心理的驱使

广人一向讲求实际，在明清几乎有一事之利，便有一事之神，如出海谋生请南海神或天妃庇护，治病偓生求西王母或金花夫人出力，经商贸易请财神关帝高照，防范水旱求北帝真武恩赐，诸事不

---

① （明）孙蕡：《西庵集》卷三，《歌行·广州歌》。

② 《道藏》第11册，文物出版社、上海书店出版社、天津古籍出版社，1988，第408页。

③ （清）屈大均：《广东新语》卷六，《神语·真武》。

④ （清）屈大均：《广东新语》卷六，《神语·海神》。

⑤ （清）屈大均：《广东新语》卷六，《神语·真武》。

利求黄大仙相助，等等，《邝斋杂记》云："粤俗佞神，妇女特甚。所有桥梁江岸、片瓦拳石，无不指为灵验而神明事之。老妪怀珓之卜、群儿扁额之奉，源源而来，几无隙地。"① 尤其财神，广州人家称为"都天至富财帛星君"，几乎家家拜之，每年七月二十三为财神诞，正月十二为招财童子诞，五月十二为关帝诞，五月二十三为财主娘诞，诞日之多，足见广人求财之心理。受功利和实用心理所使，他们动辄施行各种神奇古怪的咒语、神符、占卜、巫术、禁忌等手段和仪式，如有学者所指出的："其信仰的基础大都不离世俗生活，求神拜佛的出发点也是源于世俗的功利目的，或求加官晋爵，或求招财进宝，或求生子添丁。"②

三 明清广州道教扩渗的影响

明清广州道教扩渗的影响是深远的。简单而言，主要有以下两点。

1. 保存和发展了作为传统文化一个组成部分的广州道教文化

如有李明彻撰写评述的《道德经古今本考证》二卷、《道德经转语》二卷、《道德经释义》二卷、《常清静经》一卷、《金玉经》一卷、《太上黄庭经注》三卷、《阴符经注》一卷和《证道书》一卷以及《修真诗歌》三卷等道经释义传世；也有三元宫、纯阳观、五仙观、金花庙和南海神庙等宫观庙宇遗世。

2. 诱发各种迷信活动，造就广人顺应自然和柔弱不争心态

逢庙必进，入庙烧香，已成为广人生活程式的一部分，随遇而

① 黄佛颐：《广州城坊志》卷六，《青龙里》引。
② 李权时：《岭南文化》，广东人民出版社，1993，第525页。

安和与世无争也成为广人的生活态度和处世准则。

总之，探究明清广州道教的扩渗及其原因与影响，把握其发展的新态势，将有利于当今发掘广州道教文化精髓，也有益于更深入地认识广州民众的生活与信仰。

道教“贵和”思想的现代意义

和谐，是当今社会的主题。构建和谐社会已经成为全国人民的一项重大任务。挖掘传统文化当中的和谐思想，对于促进和谐有积极意义。道教有关“贵和”的思想，强调“恬淡中和”“慈爱和同”“太和万物”，这对当今社会的个人修养、人际交往和环境保护，实现全社会和谐，均有着重要的启迪意义和借鉴作用。

一　道教的恬淡中和，适应当今社会的个人修养

道教向来倡导以道德化俗，“尊道贵德”是道教的根本教义和最高价值目标，为了实现这个目标，道教以“恬淡无欲”为指导思想，提出“恬淡为上”[①]；又以“守中和之道”为行为准则，倡行“道贵中和，当中和行之”[②]；再以“归真返璞”为人生宗旨，认为“反朴守醇”“至德之世”[③]，为此，道教重视加强教徒的个人道德修养。做法如下。

① 《老子》三十一章。

② 饶宗颐：《老子想尔注校笺》，上海古籍出版社，1996，第7页。

③ 朱谦之：《老子校释》，中华书局，1984，第17页。

1. 主张“抱朴”

《老子》十九章要求“见素抱朴，少私寡欲”，就是说要保持身心清净，不能让利欲扰乱内心的安宁。《老子》二十九章又倡议“去甚、去奢、去泰”，“甚”指极端，“泰”指过分，就是要人们保持中和的姿态，不要奢侈浪费，去掉极端过分的言行。《抱朴子内篇》也提出“含醇守朴，无欲无忧。……不以外物汩其至精，不以利害污其纯粹”[①]，就是要求人们具有一种稳定和谐的心理状态和心理调适能力，提高个人道德修养。

2. 劝人为善

道教颁布各种劝善之书，如《太上感应篇》要求“诸恶莫作，众善奉行”[②]。所谓“善”，就是“不履邪径，不欺暗室，积德累功”；所谓“恶”，就是“非义而动，背理而行”[③]，可知凡能维护和有益于社会和谐的就是善，凡是损人利己、破坏社会和谐的就是恶。道教劝人从善惩恶，如《老子想尔注》说：“道设生以赏善，设死以威恶。”[④] 为此，去掉恶念，永葆“淳善”，成为道教加强个体修养的准则和要求。

3. 倡行忠孝等传统美德

《太平经》提出“敬上爱下”，强调“天下之事，孝为上第一”[⑤]。道教还视行善积德为人道，认为只有先修人道，才能修仙道，如《抱朴子内篇》说：“欲求仙者，要当以忠孝和顺仁信为本。”[⑥]《张三丰全集》也载：“素行阴德，仁慈悲悯，忠孝信诚，

---

① （晋）葛洪：《抱朴子内篇·畅玄》。

② 《道藏》第27册，文物出版社、上海书店出版社、天津古籍出版社，1988，第1页。

③ 《道藏》第27册，文物出版社、上海书店出版社、天津古籍出版社，1988，第13~14页。

④ 饶宗颐：《老子想尔注校笺》，上海古籍出版社，1996，第25页。

⑤ 王明编《太平经合校》，中华书局，1985，第593页。

⑥ （晋）葛洪：《抱朴子内篇·对俗》。

全于人道，仙道自然不远也。”[①] 积道德而成神仙，成为道教个体修养的终极理想。

4. 制定戒律

道教有“洞神五戒”[②]，即目不贪五色，耳不贪五音，鼻不贪五气，口不贪五味，身不贪五彩，用以规范和约束教徒的言行举止。

道教的这些教义和戒律，可以说是道教加强个人自身修养的方法表现，也是道教自身修养的本色体现。道教的这种恬淡中和思想，以道德教化天下，使人能超越世俗功利是非，回归真性，获得一种心灵上的泰然自乐，这无疑有利于世人和睦相处，也有助于当今和谐社会的构建，只要人人保持内心的安宁和平和，自爱而不自贵，自知而不自恃，自信而不自负，自强而不自狂，一个自律守正、清净淳朴的和谐社会定能构建起来。

二 道教的慈爱和同，有利当今社会的人际交往

慈爱和同，是道教“贵和”思想的一个重要内容。《老子》云：“我有三宝，持而保之：一曰慈，二曰俭，三曰不敢为天下先。”[③] 即以“慈”为首，“慈者，万善之本。欲积德累功，不独爱人，兼当爱物”[④]，可见，“慈”就是以慈爱之心对待他人和万物，“不敢为天下先”就是说为人不要争斗，待人要谦让。道教还提出

---

① （元）张三丰：《张三丰全集》卷一，《大道论·上篇》，方春阳点校，浙江古籍出版社，1990。

② （北周）宇文邕：《无上秘要》卷四十六，《调神经》，《道藏》第25册，文物出版社、上海书店出版社、天津古籍出版社，1988，第164页。

③ 《老子》六十七章。

④ 不著撰人：《太上感应篇集注》，《藏外道书》第12册，巴蜀书社，1992，第128页。

和同思想，《老子》云：“挫其锐，解其纷，和其光，同其尘。”[①]《庄子》也认为“至人”应该“能随时上下，以和同为度量”[②]，和同成为道教最高价值准则和人际交往的准绳。《灵宝无量度人上品妙经》卷一更明确提出“齐同慈爱，异骨成亲”[③]的原则，要求人们亲其亲以及人之亲，这实际上是道教对人际关系的理想境界的描述。为了实现这一理想境界，道教以“使民内修慈孝，外行敬让”[④]为宗旨，要求做到如下几点。

1. 谦和不争

道教规定：“不得嫉人胜己，争竞功名，每事逊让，退身度人。”[⑤]又“推仁无争，怀道安世”[⑥]，就是要求遇事谦让，与人无争，《太上洞玄灵宝法身制论》更倡导：“入为道性，以忍辱为上，礼之为用，唯和为贵；入道之法，宜忌纷争。”[⑦]忌纷争就是不争，以和为贵，这些无不体现道教“为而不争”的处世风范。

2. 互爱互助

如《太平经》提出“有财相通”[⑧]和“周穷救急”[⑨]，张鲁甚至设立“义舍”，“置米肉以给行旅，食者量腹取足”[⑩]，反对强取人物，“与中和为仇”[⑪]，破坏社会和谐。《太上感应篇》也要求

---

① 《老子》四章。
② 《庄子·山木》。
③ 《道藏》第1册，文物出版社、上海书店出版社、天津古籍出版社，1988，第2页。
④ （南朝宋）陆修静：《陆先生道门科略》，《道藏》第24册，文物出版社、上海书店出版社、天津古籍出版社，1988，第779页。
⑤ 《太上洞真智慧上品大诫》，《道藏》第3册，文物出版社、上海书店出版社、天津古籍出版社，1988，第391页。
⑥ 《太清五十八愿文》，《道藏》第3册，文物出版社、上海书店出版社、天津古籍出版社，1988，第453页。
⑦ 《道藏》第6册，文物出版社、上海书店出版社、天津古籍出版社，1988，第921页。
⑧ 王明编《太平经合校》，中华书局，1985，第307页。
⑨ 王明编《太平经合校》，中华书局，1985，第231页。
⑩ （南朝宋）范晔：《后汉书·刘焉列传》。
⑪ 王明编《太平经合校》，中华书局，1985，第243页。

“悯人之凶，乐人之善，济人之急，救人之危”[①]，施恩不求报，与人不追悔，送医赠药，救死扶伤，平等一心，和同一切，让世界充满浓情爱意，彼此放弃憎恨，相亲相爱，互助互利，共成太平。

3. 诚信不欺诈

如《老子想尔注》云：“人当常相教为善，有诚信。”[②]《太平经》也说：“动作言顺，无失诚信。”[③] 反对口是心非。道教诲人以“精诚”，《庄子》称：“不精不诚，不能动人。”[④] 只有精诚之至，持守诚信，不欺诈奸，才能真正与人沟通心灵，人与人的关系方能融洽，诚信不欺诈成为道徒日常交往的守则，也是防止相互猜疑和解决纠纷的准则。

道教这些谦和诚信思想和济世利人行动，体现了和合文化的精神，在当今世界政治、经济、文化多元化的时代背景下，具有更重要的意义和作用。概言之，它有助于维护当今国家的和合安定和世界的和平共处，也有利于促进社会的太平稳定和人类的和睦相待以及家庭的亲和幸福，只要人人发扬慈爱和同的精神，我为人人，人人为我，一个诚信友爱、互让互助的和谐社会必能构建起来。

三 道教的太和万物，符合当今社会的生态观念

太和万物，追求人天和谐，是道教的重要思想。道教主张“天人合一”，认为“天地人本同一元气”[⑤]，这是说，人与自然生

---

① 《道藏》第27册，文物出版社、上海书店出版社、天津古籍出版社，1988，第20～22页。

② 饶宗颐：《老子想尔注校笺》，上海古籍出版社，1996，第11页。

③ 王明编《太平经合校》，中华书局，1985，第569页。

④ 《庄子·渔父》。

⑤ 王明编《太平经合校》，中华书局，1985，第236页。

态是紧密相连的。首先，人的生命与自然环境息息相关。《太平经》云："人命乃在天地，欲安者，乃当先安其天地，然后可得长安。"[①] 可见自然环境的安宁与和谐，是人类本身赖以生存和发展的重要前提。其次，人的富足与自然物种密不可分。《太平经》称："天以凡物悉生出为富足。……万物不能备足为极下贫家。"[②] 可知自然资源的多寡对人的贫富有决定作用。最后，人与自然生物互不相预。《劝世归真》云："野外一切飞禽走兽、鱼鳖虾蟹不与人争饮，不与人争食，并不与人争居，随天地之造化而生，按四时之气化而活，皆有性命存焉。"[③] 人与自然之间应当互相协调，"相爱相通，无复有害"，"并力同心，共生凡物"[④]，这就决定了万物和谐共处、相资为用、共同繁荣的合理格局。为此，道教提出"人法地，地法天，天法道，道法自然"[⑤] 思想，倡导尊重自然，热爱自然，保护生态环境。具体表现在以下方面。

1. 道教主张以仁慈之心对待宇宙万物

《太平经》云："人怀仁心，不复轻贼伤万物。"[⑥] 如是将出现天大悦、地大喜、人大乐的皆大欢喜局面。《抱朴子内篇》甚至说："慈心于物，恕己及人，仁逮昆虫。……求仙可冀。"[⑦] 就是说只要慈悲为怀，达到天人一体，相感相应，其乐融融，人亦可以登仙。

2. 道教呼吁对一切有生命的动、植物予以保护

道教认为，动、植物和人一样都有灵性，即有道性，如《道教义枢》卷八所说："一切含识乃至畜生、果木石者，皆有道

① 王明编《太平经合校》，中华书局，1985，第 124 页。
② 王明编《太平经合校》，中华书局，1985，第 30 页。
③ 《藏外道书》第 28 册，巴蜀书社，1994，第 91 页。
④ 王明编《太平经合校》，中华书局，1985，第 148 页。
⑤ 《老子》二十五章。
⑥ 王明编《太平经合校》，中华书局，1985，第 244 页。
⑦ （晋）葛洪：《抱朴子内篇·微旨》。

性。”[①] 天地万物莫不尊道而生，道具有促进和养育万物的崇高德性，人应该效法天地之道，对万物“利而不害”，保护和辅助万物生长，使之与人类和平共处，否则会招来祸殃，如《劝世归真》云：“无故张弓射之，捕网取之，是于无罪处寻罪，无孽处造孽，将来定有奇祸。”[②]

3. 道教制定清规戒律严禁杀生

道教重生乐生，《元始无量度人上品妙经》云：“仙道贵生。”[③]《三天内解经》卷上也称：“真道好生而恶杀。”[④] 为此道教提出“戒杀”律令，如《老君说一百八十戒》规定，“不得好杀物命”，“不得渔猎”，“不得竭水泽”，“不得杀生蠕动之虫”，“不得妄摘草花”[⑤]，杀戒成为教徒的行为准则。道教还推行“放生养物，种诸果林”，“道边舍井，种树立桥”[⑥] 等保护和建设生存环境的“十善”措施，力图保持一种空气清新、水土畅通、古树参天、鸟语花香的生态环境，追求真正意义上的“天乐”[⑦]，实现人与环境共振的和谐之美。

道教这种太和万物思想和保护动植物的措施，给人以强烈的警醒，它提醒人们要关爱自然，保护自然，这无疑有利于当今和平、和谐的生态环境的营造，只要人人牢固树立以人为本、节约资源、保护环境、人与自然相和谐的观念，一个充满活力、生机盎然、万物繁盛、风调雨顺的人天和谐社会必将到来。

---

① 《道藏》第 24 册，文物出版社、上海书店出版社、天津古籍出版社，1988，第 832 页。
② 《藏外道书》第 28 册，巴蜀书社，1994，第 91 页。
③ 《道藏》第 1 册，文物出版社、上海书店出版社、天津古籍出版社，1988，第 5 页。
④ 《道藏》第 28 册，文物出版社、上海书店出版社、天津古籍出版社，1988，第 416 页。
⑤ 《道藏》第 18 册，文物出版社、上海书店出版社、天津古籍出版社，1988，第 219 页。
⑥ （宋）张君房：《云笈七签》卷三十七，《斋戒》，《道藏》第 22 册，文物出版社、上海书店出版社、天津古籍出版社，1988，第 258 页。
⑦ 《庄子·天道》谓：“与天和者谓之天乐。”

综上所述，道教的“贵和”思想，以劝善为首任，以积德为根本，以和谐为目标，在纯洁心灵、净化社会风气、加强个人修养、协调人际以及天人的和谐上，都有着极其重要的作用，如《正一法文天师教戒科经》所说：“道以冲和为德，以不和相克。是以天地合和，万物萌生，华英熟成。国家合和，天下太平，万姓安宁。室家合和，父慈子孝，天垂福庆。”[①] 它使人心平和，社会祥和，人人和睦，天人和顺，这对当今构建社会主义和谐社会不无借鉴作用和参考价值。

① 《道藏》第18册，文物出版社、上海书店出版社、天津古籍出版社，1988，第232页。

资源篇

广州道教文化资源及其开发策略

广州道教历史悠久，源远流长，在长期的传播发展过程中，它不仅形成了颇具特色的广州道教文化，而且积淀了深厚的文化资源，其典雅的宫观建筑、玄妙的道教乐章、瑰丽的神话传说、传世的雕塑书画、神秘的斋醮仪式以及神奇的养生大法和迷人的洞天福地，都带有浓郁的广州道教文化色彩，是当今发展广州文化产业的有益资源，具有很大的开发利用价值和旅游实用功能。然而，一直以来社会上对其开发利用不多，广州道教文化精髓没得到挖掘和展示，学术界对此也关注不够，迄今尚未有专文论及。本文试对广州道教文化资源及其开发策略作一初探。

一　底蕴深厚的广州道教文化资源

广州道教历史悠久，古迹众多，文化底蕴深厚，旅游资源丰富。

三元宫，广州道教祖庭，位于广州市应元路越秀山南麓，原名越冈院，始建于东晋大兴年间（318～321），初为南海太守鲍靓为其女儿鲍姑修道行医所建，后人为纪念鲍姑，立像祀奉，故又称鲍姑祠。明万历年间（1573～1620）重修，改祀三元大帝，更名三元宫至今。宫内的主殿堂为开敞式设计，有利于通风透气，以适应南方潮湿天气；灵官殿设计在头门横梁上并保存有六百多年的屋脊花饰，是广州古建筑中独一无二的。宫内现存珍贵文物主要有：清翰林院游昱所书的“百粤名山，三元古观”对联，清乾隆年间嵌入的唐吴道子所绘制的观音石刻壁像，清穴位石刻针灸图，明末清初《三清图》，当年鲍姑为民治病的虬龙古井。三元宫蜚声海内外，是广州市现存历史最悠久的道教建筑。

纯阳观，位于广州市河南漱珠岗，清道光四年（1824）由道士李明彻鼎建。观内的巨型岩石独具特色，构成与其他道观不同的环境风貌；高敞的大门上刻有清嘉庆年间（1796～1820）两广总督阮元题写的“纯阳观”三个大篆字，左右对联“灵山松径古，道岸石门高”乃出自清末广州富商潘仕成手笔；清代李明彻道长夜观天象的朝斗台仍然屹立在观内，成为广州地区现存最古老的观象台，具有很高的历史文物价值和天文学研究价值。纯阳观饮誉海内外，成为目前广州最大的道教活动场所。

黄大仙祠，为岭南地区最早拜祀黄大仙的祠堂，位于广州市芳村花地，始建于清光绪二十五年（1899），宣统二年（1910）遭毁，1997年作为历史古迹复建。祠内祀奉的是东晋著名道人黄初平，相传为浙江金华人，道术高超，有“叱石成羊”的本领，后“骑鹤到南天”，成为广州地区的一尊地方神灵，人称“黄大仙”。该祠的设计，以清代庙宇建筑模式为基本架构，同时又渗透浓厚的南方建筑风格，石柱、门楼上均有石雕、木雕和砖雕，分别饰以仙鹤、盘龙、祥云、花卉等图案，大门右边的边柱上刻有晚清进士番禺人卢维庆所书的上联“洞中别有乾坤四围烟雨云山尤增胜概”，下联“祠里自成天地两岸杏林橘进永著仙踪”为近作，后花园上的“叱石岩”三个字集王羲之的墨迹拓印阴刻而成。此外，还有许多石柱、石狮、石对联等文物，每一件文物都传诵着一个神奇故事……

五仙观，始建于北宋年间，南宋嘉定年间（1208～1224）迁观至西湖玉液池畔，即今西湖路附近，称奉真观，南宋末迁址至广仁路。明洪武十年（1377）再迁于现址坡山（今惠福路），明成化五年（1469）和清雍正元年（1723）均举行重修。该观在宋前为地方长官祭祀五仙的谷神祠，南宋始具规模，曾有“广州祖庙”之称。明清时，五仙观宏大壮丽，玉皇阁、五仙祠、三元殿、老君殿等殿堂十多处，珍贵文物有清两广总督瑞麟题写的“五仙古观”墨迹，历代重修五仙观石碑若干个，石麒麟一对以及头门、后殿、东西斋堂等建筑，观后还有一座城楼式古建筑，有岭南第一楼之称，红砂岩“仙人拇迹”，据传是仙人足印，颇具神奇色彩。另外，五仙观有关五仙南下的传说故事和民情风俗也丰富多彩，异彩纷呈。

白云山，位于广州市东北面，为南粤名山，自古有“羊城第一秀”之称，山上山下有许多道迹遗存，如碧虚观，始建于北宋天圣元年（1023），前身为菖蒲观，观内有安期生飞升台、炼丹井、苏东坡诗题以及郑仙翁祠、九龙泉、蒲涧等古迹，还有关于仙人郑安期和道人葛洪的传说故事。

除此以外，广州还有多处道教圣地，如广州市中山七路的仁威庙、广州市教育路的“药洲”、广州市增城区的何仙姑庙、广州市黄埔区的南海神庙，都是市内重要的道教古迹遗存。作为广州道教遗存，不仅具有深厚的道教文化内涵，而且有较高的旅游价值，如白云山，古有“仙灵窟宅”之称，今为广州首个国家级风景区；三元宫，为广州市级文物保护单位、广州市道教协会所在地，也是广州市历史民俗博物馆；纯阳观，为广州市重点文物保护单位，也是广东省最古天文台藏身之处；南海神庙，羊城八景首命地[①]，也是广东省文物保护单位，有“南方碑林”之称；还有黄大仙祠和五仙观，都是广州市文物保护单位，“仙人拇迹”在明清两代还以“穗石洞天”和“五仙霞洞”被列入羊城八景[②]，其他的宫观庙宇基本上都是市级重点文物保护单位和广州地区著名的风景名胜区。

二 广州道教文化资源的开发策略

自改革开放以来，在党的宗教政策指引和各级政府部门的支持下，在各位港澳同胞和海外侨胞的赞助和当地信众的资助下，广州道教宫观庙宇古迹遗存得到一定的维护和修缮。随着宗教政策的落实，宫观场所的开放、人们观念的更新、宗教活动的开展，一些宫观圣地已经成为广州市民朝圣、观光、参拜、考察的圣地和旅游胜地。但整体而言，对广州道教文化旅游资源开发的层次不高，品位偏低，内容单调，活动单一，缺乏广州文化旅游特色，未能发挥广州道教文化旅游资源在发展广州经济、稳定广州社会和提升广州文化软实力诸方面应有的作用和贡献。如何深度开发和充分展示广州道教文化旅游资源？

1. 发挥宫观优势，开发道教朝觐游

宫观是供奉神灵、神诞庆祝和斋醮活动的场所，道教诸神庞杂，神灵众多，如有尊神系统，包括至尊三清（元始天尊、灵宝天尊和道德天尊）及五老君（青帝、赤帝、黄帝、白帝、黑帝）；主神系统，为主神之下的诸多神，包括天地日月星辰风云雷雨沙岳

---

① （清）仇巨川：《羊城古钞》卷首，《舆图·羊城八景》。

② （清）仇巨川：《羊城古钞》卷首，《舆图·羊城八景》。

山川等主宰诸神；杂神系统，包括灵官、太岁、城隍、土地、灶君、门神、财神、圣哲等，各个神灵均有宫观供奉，如三元宫供奉的是三元大帝，黄大仙祠供奉的是黄大仙，纯阳观供奉的是纯阳吕祖，南海神庙供奉的是南海神。不同神灵，各有所司，如三元中“上元天官赐福，中元地官赦罪，下元水官解厄”；黄大仙“有求必应，如意通财”；南海神专门保护远航平安；等等。广州人素来崇拜鬼神，对神灵祭祀最勤最力，“粤人事海神甚谨”[①]，“广州多有祠祀西王母”[②]，“广州多有金华夫人祠。……祈子往往有验”[③]。道教宫观以其长期凝成的文化形式，向世人昭示着道教文化的丰富内涵，吸引无数游人前去瞻仰和朝觐，如丹皮尔所言：“宗教幻境的事实，及其不断扩展的历史，是我们保持乐观主义的一个理由。”[④] 人们在对自然、社会乃至自身感到困惑不解或是无济于事时，往往会产生一种依赖感，寻求寄托和帮助，如恩格斯所指出：“即使是最荒谬的迷信，其根基也是反映了人类本质的永恒本性。”[⑤] 因此，各宫观应该发挥其自身优势，加大宣传力度，正确加以引导，以其独特的魅力吸引更多的游人前去朝觐，以满足人们信仰的情感需要。具体做法上，可以利用道教特定的节日，开展朝觐活动，如在三元诞（正月十五上元诞、七月十五中元诞、十月十五下元诞）、财神诞（正月初五）、老君诞（二月十五）、鲍姑诞（三月初三）、吕祖诞（四月十四）、灵官诞（六月十六）、黄大仙诞（八月二十三）等，一方面邀请各地高道和道团在宫观内进行盛典活动，另一方面广开门户，接受广大信众和游人参观和朝觐。

---

① （清）屈大均：《广东新语》卷六，《神语·海神》。

② （清）屈大均：《广东新语》卷六，《神语·西王母》。

③ （清）屈大均：《广东新语》卷六，《神语·金华夫人》。

④ 〔英〕W. C. 丹皮尔：《科学史及其与哲学和宗教的关系》（下册），李珩译，张今校，商务印书馆，1975，第639页。

⑤ 《马克思恩格斯全集》第一卷，人民出版社，1956，第651页。

这样，既可以宣传道教义理和弘扬道教精粹，又可以满足信众和游人心中的夙愿，这些人了却心事之余，往往会随缘乐助，慷慨捐资，修缮宫观庙堂，对古迹文物起到保护作用。

2. 结合民俗活动，开展道教庙会游

庙会是一种最有吸引力的宗教活动，也是发展旅游业的有效方式，广州道教不仅有宫观建筑、碑刻书法和雕塑绘画等静态景观，而且有礼祀、法术、庆典等动态景观，特别是各种庙会活动，风姿多彩，引人入胜。每逢道教节日，各宫观都可以举行相应的民俗庙会，结合大型的民间庆典和民间艺术活动，形成独具特色的广州道教文化旅游景观，吸引各地善信和游人前往参与，一同庆祝。如黄大仙祠，每年农历八月二十三黄大仙诞日，又如南海神庙，每年农历二月十三南海神诞日，都举行民俗庙会，游客如云。其间，广州市区和珠三角及更远地区，甚至东南亚的善信纷至沓来，上香参拜黄大仙和南海神，还有循传统习俗带来三牲、水果等贡品，虔诚朝拜，庙会还邀请剧团演出粤剧曲艺，进行醒狮队表演、腰鼓队表演、群众舞蹈表演等，加之民间工艺摆设、为老人诊病、向长者赠米等，热闹非常。各宫观还可以根据各自特色，开发各种旅游商品，出售具备纪念性、艺术性和实用性的旅游纪念品，如南海神庙，可以根据“神鸡”的古老传说和吉祥象征，出售波罗鸡[①]，满足游人祈福心理，增加喜庆热烈气氛，人们到庙会除虔诚拜祭之外，往往会买几只造型精巧、色彩鲜艳的波罗鸡回家，祈求健康好运，福气满盈。此外，还可以出售一些仙像（如八仙过海、财神、福禄寿三星、黄大仙、鲍仙姑）、道书（通俗版）和道乐，既能增加道教文化内涵，加大道教旅游资源的宣传作用，又能增加经济收

① 做法是：用硬纸糊上泥，做成鸡的形状，粘上色彩缤纷的鸡毛。据说，在每年售出的10万只波罗鸡中，有一只鸡会啼，谁买到它，南海神将会赐福给买主，故是庙会期间最畅销的民俗工艺品。

入，促进旅游业的蓬勃发展，整个庙会活动过程，集观赏性、参与性、娱乐性、教育性和商业性于一体，其乐融融。

3. 感受自然乐趣，推广道教生态游

生态旅游是目前一个热门话题，生活在尘嚣闹市的人们，面临居住环境的恶化和工作压力的加剧，希望能到环境清新、景色宜人的大自然中放松身心。道教崇尚自然，《老子》认为，“道者，万物之奥”[①]，又“道生一，一生二，二生三，三生万物。万物负阴而抱阳，冲气以为和”[②]，就是说，道是和谐的生生不息的生态状况。道教的这些主张，与当今国内外旅游界的发展主流和大众的普遍渴求——推广生态旅游相吻合，广州道教应该充分发挥自己的优势，为当今生态旅游的发展做出贡献。具体做法上，首先，以生态优先、保护自然为己任，在开发利用广州道教资源时，要牢记“天人合一”祖训，既讲究经济效益，又注重社会效益，既讲究近期目标，又注重长远规划，努力使景区景点与生态环境和谐发展，永远保持青山绿水，花木繁盛，让游人置身其中，恍如人间仙境。其次，顺应自然，因势开发。在开发设计旅游景区、旅游线路、旅游项目的过程中，要贯彻“道法自然”思想，顺应自然，因势开发，灵活布局，就地取材，与周围环境保持和谐一致，如白云山可以利用山上特有土壤、清泉和气候，恢复白云山麓白云仙馆的葛仙药圃，建设“广州本草药园”，广泛种植葛洪当年发现和使用过的菖蒲、红脚艾、青蒿、金银花和夏枯草等中草药，一方面突出广州中医药培植和制作的传统工艺及其奇特功效，加深游人对广州中医药的了解，另一方面净化白云山的生态环境，使游人有一种回归大自然的感觉。最后，宣传道教生态观念，规范游人行为，道教主张

---

① 《老子》六十三章。

② 《老子》四十二章。

道法自然，其教理教义有许多关于保护生态的内容，可以向游人宣讲，让游人认识到保护自然的重要性、必要性和迫切性，必要时，可以警示和规范游人的言行，通过景区的标识牌和宣传栏，提醒游客不做有损景区环境和破坏生态的事情，杜绝乱拍神像雕塑、乱扔垃圾杂物、乱涂墙壁、乱砍树木等行为，人人从我做起，实现广州道教文化旅游资源的可持续发展。

4. 揭开宗教面纱，开设道教生活游

精心设计和制造一种正常的宗教感应气氛，是增加旅游吸引力的一个主要方面。广州道教同中国道教一样，博大精深，其深邃的教义、奇特的法术、神秘的威仪、瑰丽的传说、隽永的道乐，特别是宫观建筑别有洞天，给道外之人一种神秘之感和好奇之心，如何揭开神秘面纱？道教界可以打开宫门，开发道教生活游，让游人走进深宫，亲身体验道教生活，感受道教独特的生活氛围，体味道教文化情趣。具体做法上，各大宫观如三元宫、纯阳观、黄大仙祠等，可充分利用自己的资源优势，开展道教生活一天游，让游人亲身体验宫观生活，当一天道人，吃一天斋饭，住一晚宫庙，诵一段《道德经》，听一堂养生之道，跳一次健身操，看一场斋醮仪式，做一次善事，以增加游客对宗教气氛的感受。还可以开展一些综合性的旅游文化项目，如让游人研习道教医药、道教音乐、道教书画和练习道教气功法术等，从中感受道教文化的奥妙和神奇，感悟道教思想的真谛，摒弃杂念，净化心灵，实现道教文化旅游的深层收获。

5. 活化神话仙说，打造道教仙迹游

道教有许多美丽的神话仙说，把神话仙说有机地引进旅游点开发道教仙迹游，不仅能使游客更多地了解道教文化，而且能为旅游增添色彩，提高旅游品味。广州神话仙说既多且美，如五羊仙说就十分动人，广州别称仙城、羊城、穗城，皆源自五仙南下的美丽传说，“按《续南越志》云：旧说有五仙人乘五色羊执六穗秬而至，至今呼五羊城是也”[①]，五仙南下，反映广州人很早就有对美好的追求和对仙人的崇拜，也似乎凸显道教与广州的情缘深远，如李大华先生所言：“自从有了五仙人服五色衣，乘五色羊，‘遗穗与州人’的美好传说以来，岭南便与这一民族宗教结下了情缘。”[②] 传说当年还留下仙人拇迹，“广人因即其地为祠祀之”[③]，即当今的五仙观，现址在今广州市惠福路，如今广州越秀山上亦有五羊仙人雕塑以作纪念。又如白云仙说亦非常感人，据《广州志》记载：“白云山有鹤舒台，传为安期生飞升处。”[④] 相传安期生为琅琊阜乡人，姓郑，名安期，生是广州人对他的尊称，秦汉时，人称“千岁翁”，他师从河上丈人，通黄老道术，后到广州白云山蒲涧，为广州民众采药治病，最后成仙于白云山上。长期以来，广州人都以其升仙之日，即农历七月二十五日为“郑仙诞”，是日，人们或是登山找寻仙草，或是到蒲涧洗涤，“以祈霞举”[⑤]。再如葛仙翁说同样诱人，根据《晋书》、道书和方志的记载，两晋之际，著名道教学者葛洪南下广州传道炼丹，其时，广州疠疫弥漫，他毅然与其妻子鲍姑和时任南海太守的岳父鲍靓一道，利用越秀山下越冈院内的井水和白云山上蒲涧的红脚艾，为民驱疫，赠医施药，深受民众的尊敬和爱戴，他还创立了神仙道教理论，成为广州道教宗师，也是广州医药祖师，有“葛仙翁”之称，迄今，广州白云山和越秀山等地都有其道迹遗存。广州道教瑰丽的传说及其仙迹，把美丽的广州点缀得古朴典雅和神异诡秘，教人遐想，叫人神驰，驱人前往，令人驻足，发思古之幽情，为此，在开发广州道教旅游资源时，可以

---

① （宋）乐史：《太平寰宇记》卷一百五十七，《岭南道一·广州》引。

② 李大华：《道教思想》，广东人民出版社，1996，第1页。

③ （宋）张励：《五仙观记》引《南务岭表记》。

④ （清）仇巨川：《羊城古钞》卷六，《仙释·安期生》引。

⑤ （清）屈大均：《广东新语》卷三，《山语·白云山》。

根据美丽传说和现有遗存，开发广州道教仙迹游。如白云山，可以规划两大景区和线路，一个是有关郑仙人仙迹的，将蒲涧、飞升台、九龙泉、郑仙岩、郑仙祠等传说中安期生活动过的地方连成一线，组成一个景区。另一个是关于葛仙翁和鲍姑事迹的，可以沿着葛洪和鲍姑当年采药炼丹、治病救人的足迹，从白云山顶到蒲涧下游，一直延伸到越秀山麓三元宫、鲍姑祠、虬龙古井等。每一个景区和景点，都在讲述一个传说故事，诱发游人对仙人的景仰和对美好的向往，既能增加道教旅游文化内涵，也能扩大其知名度和美誉度。

综上所述，广州道教源远流长，文化底蕴深厚，在旅游文化资源开发中有着不可估量的地位和作用，深入挖掘，科学开发，合理利用，充分展示广州道教文化资源，不仅能适应世界人文旅游资源发展的趋势，促进广州旅游经济的发展，而且能传承和弘扬广州道教文化精粹，提升广州文化软实力，推动广州文化建设的大发展大繁荣。

白云山郑仙文化资源及其开发利用

农历七月二十五，是广州白云山最热闹的日子，山上有一个羊城千年民俗“郑仙诞”盛会。郑仙诞，又名“白云诞”，素有广州第一诞之称，它源自白云山，盛于白云山，是白云山独有的民俗活动，具有厚重的岭南文化内涵和鲜明的广州地域特色。然而，由于历史的原因，这一民俗活动到清代一度中断，以至于现在很多老广，尤其年轻人都不知道有此典故，更不用说参与活动了，这与当今重视传统民俗文化传承是不匹配的。如何发掘郑仙文化的内涵，开发利用郑仙文化资源，做大做强“郑仙诞”？本文试作一浅论。

一 郑仙其人及其典故

郑仙典故可以追溯到两千多年前。据《列仙传》《羊城古钞》等书记载，郑仙，名安期，琅琊阜城（今天山东东南靠海一带）人。秦汉时人称“千岁翁”①。他师从河上丈人，精通黄老道术，

① （清）仇巨川：《羊城古钞》卷二十，《仙释·安期生》。

最后成仙在广州白云山。

关于他的成仙，版本很多，主要有两个。版本一，传说他曾在广州白云山采药行医，活人无数。那年，广州城瘟疫流行，为了拯救百姓，他上白云山采集九节菖蒲时，失足坠崖，结果是驾鹤成仙。版本二，传说秦始皇听闻他在广州白云山觅得仙药九节菖蒲，命其采集上贡，他不屈从，宁可跳崖，最后是乘鹤飞升。广州人对他非常感激和敬仰，到了东晋时期，由广州刺史罗友倡导在其飞升处建了“郑仙祠”，又以飞升日为“郑仙诞”。据《二山合志》记载，南朝时，广州人祭祀郑仙的方式主要有三个：其一是上白云山采菖蒲，叫作求仙药；其二是到郑仙祠前打地铺，叫作吸地气；其三是到蒲涧冲凉，叫作沐灵泉。到了北宋，活动不断增多，有野餐、嬉戏、行歌、击鼓、踢毽子。到了清代，更是全城参与，场面火爆，这些活动逐步演化成广州地区的一个重要民俗。

从郑仙典故以及郑仙诞民俗活动可以看到，既有神仙崇拜的意蕴，也有强身健体的意愿，更有尊民爱民、不事权贵、淡泊名利、救死扶伤的意义，充满着正能量，理应大力宣传，让郑仙典故及其文化内涵传进千家万户。因此，白云山复兴“郑仙诞”，对于挖掘和传承广州本土优秀文化有着重要的历史和现实意义。如何挖掘和传承？

二 打造郑仙文化旅游产业

开发利用郑仙文化资源的关键，在于深入挖掘，凸显个性，打造郑仙文化旅游产业。具体策略有四。

1. 开展云山朝觐游，满足游人心理需求

丹皮尔认为："科学必须承认宗教经验在心理方面的有效性。"[①] 人是有心理需求的，当一个人对自然、社会乃至自身感到困惑不解，或是无济于事时，往往会产生一种心理需求，寻求精神寄托，甚至神人相助，正如恩格斯所讲的："即使是最荒谬的迷信，其根基也是反映了人类本质的永恒本性。"[②] 白云山作为南粤名山，自古有"仙灵窟宅"之称，神仙信仰由来已久，围绕着郑仙就可以大做文章。据史书记载，白云山上原有一个碧虚观，始建于北宋天圣元年（1023），前身为菖蒲观，观内有郑仙神像，可惜已经湮没。当今，不妨重修一座郑仙观，重塑一个郑仙像，一方面，让游人参观朝觐，敬仰仙人；另一方面，邀请各地高道到观内宣讲道教真谛和养生大法。这样，既可以满足游人心理需要，也可以传播道教重人贵生思想，人们在了却心事之余，往往会随缘乐助，慷慨解囊，这些善款，用于修缮山上的文物古迹，对于白云山旅游文化资源的可持续发展有很大的作用。

2. 拓展云山庙会游，增加参与性和娱乐性

庙会是民间广为流传的一种传统民俗活动，也是当今发展旅游业的有效方式，据《羊城古钞》记载，郑仙诞又叫"鳌头诞"，又或叫"鳌头会"，是因"宋时郡守尝醵士大夫往游，谓之'鳌头会'"[③]。白云山可以继承这个传统，在郑仙诞期间隆重推出"游云山，占鳌头"庙会活动。人生不过两大喜事：一为洞房花烛夜，二为金榜题名时。广州南海神庙搞了多年"游菠萝，娶老婆"活动，好评如潮，白云山不妨搞一个"游云山，占鳌头"，一个娶老

---

① 〔英〕W. C. 丹皮尔：《科学史及其哲学和宗教的关系》（下册），李珩译，张今校，商务印书馆，1975，第 637 页。

② 《马克思恩格斯全集》第一卷，人民出版社，1956，第 651 页。

③ （清）仇巨川：《羊城古钞》卷二，《山川 · 白云山》。

婆，一个占鳌头，相得益彰。为此，白云山可以做以下几项活动：第一，举办高峰论坛，每年郑仙诞期间，把广州市相关官员以及学者请上白云山，来一场“治市方略”高峰论坛。第二，举行技能赛会，在郑仙诞期间，邀请广州各行各业劳模、精英相聚白云山，表演拿手技能技艺，传播正能量。第三，召开高考夺魁分享会，在郑仙诞期间，邀请广州市高考文科理科前几名学子前来白云山，分享他们的学习心得体会。这些活动既是传承，也是创新，旨在宣传，扩大影响，融参与性、观赏性、娱乐性、教育性和商业性于一体，其乐融融。

3. 推广云山生态游，领略大自然乐趣

当今，越来越多人开始走上山林，领略大自然的乐趣。白云山作为“羊城八景”之首和国家5A级旅游景区，有“人间仙境”之誉，在开发利用郑仙文化资源时，要遵循道教“天人合一”和“道法自然”[①]思想，以生态优先，顺应自然，因势开发，在设计旅游景区、旅游线路和旅游项目中，要与周围环境保持和谐一致。一个做法是，充分利用山上特有土壤、清泉和气候，广泛种植郑仙当年发现和使用过的菖蒲、艾草、青蒿、金银花和夏枯草等中草药；另一个做法是，恢复白云山上郑仙岩一带的郑仙药圃，打造“广州本草药园”，建设科普教育基地。这样做，一方面能突出白云山在广州中草药种植和制作上的重要地位，使游人对白云山乃至广州中医药有更多的了解；另一方面能净化白云山的生态环境，让游人领略大自然的乐趣。

4. 开发云山仙迹游，提高旅游文化品味

白云山道教历史悠久，据方志记载，白云山上有关郑仙的遗存很多，包括郑仙岩、飞升台、鹤舒台、九龙泉、蒲涧、碧虚观、郑

① 《老子》二十五章。

仙岩、郑仙祠等，可惜很多都废弃了，建议重新修复，修旧如旧。然后，把这些点连成线，再连成片，组成一个郑仙文化景区，每个景点讲述一段郑仙的感人故事。这样，既能诱发游人对仙人的景仰和对美好的向往，提高旅游文化品味，又能扩大白云山的知名度和美誉度。

综上所述，白云山郑仙文化历史悠长，底蕴深厚，在旅游文化资源开发中有着不可估量的地位和作用，深入挖掘，科学开发，合理利用，凸显个性，不但能适应当今世界人文旅游资源发展的趋势，促进白云山和广州旅游经济的发展，而且能传承和弘扬广州民俗文化精粹，推动广州文化建设的大发展大繁荣。

罗浮山洞天福地的现代诠释与开发价值

洞天福地原为道家语，指神道居住的名山胜地，道教援引为仙境，为群仙栖居、游憩之乐土和道徒奉道、弘道、修道、得道之圣地。洞天福地观念早在六朝时期已经形成，成书于东晋的《道迹经》和南朝的《真诰》均有洞天和福地的记载，“洞天”指通天之洞府，居之修道可成天仙；“福地”为得福之地方，居之度世可成地仙。洞天福地本是道教虚拟的仙境，实际上成为道教修道安养的祥和世界和太平至乐的人间仙境，是道教文化的重要组成部分，对我国人居文化以及福地文化等多种文化影响深远，有研究指出：“道教文化不是化石，不是文物，而是活生生地存在于当代中国社会当中。……道教所提出的某些问题与当代人面临的人生问题、社会问题、环境问题其有一定的共通性，其解决这些问题的方式对当代人也有参考价值。”[①] 当今，对洞天福地进行重新解读，诠释其现代意蕴，提炼其精髓内涵，开发其现代价值，不无现实意义和启迪作用。本文试以有天下“第七大洞天”“第三十四福地”之称的罗浮山为例作一考论。

---

① 李刚：《道教文化的现代意义》，《宗教学研究》1998 年第 1 期。

一 罗浮洞天福地，现代养生乐园

洞天福地原是道教虚拟的仙境，实际上是道教构建的理想生态园。道教认为“天人合一”，道化自然，早期道书《太平经》云：“元气恍惚自然，共凝成一，名为天也；分而生阴而成地，名为二也；因为上天下地，阴阳相合施生人，名为三也。三统共生，长养凡物。”[①] 天、地、人同处一个生态系统之中，都有生存和繁荣的平等权利，在洞天福地里，“土良而井水甜美”，“清源幽澜，洞泉远沽”，“日月之光既自不异，草木水泽，又与外无别，飞鸟交横，风云蓊郁，亦不知所以疑之矣”[②]，环境哲学家塞尔凡（Richard Sylvan）和本尼特（David Bennett）指出：“道教思想是一种生态学的取向，其中蕴含着深层的生态意识，它为‘顺应自然’的生活方式提供了实践基础。”[③] 洞天福地罗浮山成为现代康乐人居、养生乐园。

第一，罗浮洞天福地的清新净气，有利长生福寿。大凡洞天福地均在山水秀美、峰峦奇峭、洞壑幽奥、气象万千的名山洞府之中，《灵宝神仙图》云：“以洞天元始之气，化生自然八景，上真在人身中，致上元生气。精心内思，八真见形，千乘万骑，运致景云，载人上升。”[④]《难经》也曰：“气者，人之根本。”[⑤] 人置身洞天之中，呼吸元始之气，自然神清气爽。作为道教名山代表、有着

① 王明编《太平经合校》，中华书局，1997，第305页。

② （南朝梁）陶弘景：《真诰》卷十一，《稽神枢第一》，《道藏》第20册，文物出版社、上海书店出版社、天津古籍出版社，1988，第554～555页。

③ Richard Sylvan and David Bennett，“Taoism and Deep Ecology”，*Ecologist* Vol. 18，1988，p. 148.

④ （宋）张君房：《云笈七签》卷八十，《符图》引，《道藏》第22册，文物出版社、上海书店出版社、天津古籍出版社，1988，第570页。

⑤ 《难经·八难》。

"百粤群山之祖"和"岭南第一山"之称，又被道教视为"天下第七大洞天""第三十四福地"的罗浮山，怪石嶙嶙，泉水潺潺，有诸多天然景洞，如桃源洞、蓬莱洞、蝴蝶洞、清霞洞、俩仪洞、泉源洞、梅花洞等多达七十二个，洞内基本保持了一千六百多年前葛洪描述的"阴洞泠泠，风佩清清。仙居永劫，花木长荣"[①]风光，空气清新，负离子含量特别高，经测定最多的地方高达143000个/立方厘米，另外，已有十几处的负离子浓度都超过100000个/立方厘米，负离子不仅能促进人体合成和储存维生素，强化和激活人体的生理活动，还能杀灭环境中潜在各种细菌和病毒，对人及其他生物的生命活动有着十分重要的作用，因而被称为"空气维生素"。居住在罗浮山洞窟，就等于生活在天然氧吧之中，随时随地可以呼吸负离子，有益身心健康，有利长生福寿，如宋人师显行所言："而今饱挹罗浮秀，未服灵丹亦是仙。"[②]

第二，罗浮洞天福地的清冽甘泉，有利健康长寿。罗浮山由不透水的花岗岩地层构成，山体切割程度大，峭壁危崖，造就罗浮山活水生甘，仙泉不断，其中卓锡泉、长生井和酿泉三大名泉最为著名。"卓锡泉"清冽甘甜，早在宋代已出名，为诗人苏东坡推崇备至，特撰写《锡仗泉》一文："予昔自汴入淮，泛江溯汉归蜀。饮江淮水盖弥年，既至，觉井水腥涩，百余日然后安之。以此知江水之甘于井也审矣。予来岭外，自扬子始饮江水，及至南康，江益清驶，水益甘，则又知南江贤于北江也。近度岭入清远峡，水色如碧玉，味亦益胜。今游罗浮，酌景泰禅师锡杖泉，则清远水又在其下矣。岭外惟惠人喜斗茶，此水不虚出也。"[③]称之为"岭外诸泉之

① （晋）葛洪：《洗药池》，赖保荣：《罗浮道教史略》，花城出版社，2010，第180~181页。

② 《全宋诗》卷二百八十四，（宋）师显行：《见日庵旧址》。

③ （宋）苏轼：《苏东坡全集》卷一百，《杂文十八首·锡杖泉》。

冠”。品尝一杯用卓锡泉水沏上的罗浮山特产甜茶，个中韵味，妙不可言。长生井，传为葛洪饮用过的仙水，经常饮用，不用吃仙果，足可长生永世，古人有诗为证：“传闻地献宝，灵液出凤草，每日汲三升，何必安期枣？”[①] 经现代科技勘察，长生井矿泉被鉴定为“含锌的优质饮用天然矿泉水”，属低钠低矿化度，水中特征性偏硅酸型含锌成分，锌的含量为 0.295～0.310mg/L，同时还含有十四种有益于人身健康的微量元素。锌是微量元素之一种，有增强食欲、预防感冒之功效，对机体的性发育、性功能、生殖细胞的生成都能起到举足轻重的作用，有“生命的火花”与“婚姻和谐素”之称，人经常饮用，可以健康长寿，青春永驻。

第三，罗浮洞天福地的绿色食品，有益身体健康。道教向来乐生恶死，《老子想尔注》云：“生，道之别体也。”[②]《太平经》也曰：“凡天下人死亡，非小事也。一死，终古不得复见天地日月也。”[③] 人死不能复生，生命何等宝贵，为此，道教提出“我命在我不在天”的重命贵生思想，认为人“皆知重其命，养其躯。……唯思长寿之道”[④]。在道教看来，长寿之道除采用吃药、炼丹和服气诸法外，还要注重饮食养生，认为“食为命之基”[⑤]，因而提出“乐生而恶死，悉皆饮食以养其体”[⑥] 的养生思想和“身得长保，饮食以时调之”[⑦] 的养生之道，道教这种由乐生恶死直接引发出来的养生之道，为绿色生活提供了坚实的理论基础，洞天福地为绿色食品提供丰富的物质资源和广阔的生产基地。作为中国十

① 谢华：《罗浮山风物志》，广东旅游出版社，1984，第 5 页。

② 饶宗颐：《老子想尔注校笺》，上海古籍出版社，1991，第 33 页。

③ 王明编《太平经合校》，中华书局，1960，第 298 页。

④ 王明编《太平经合校》，中华书局，1960，第 18 页。

⑤（宋）刘词：《混俗颐生录》卷上，《道藏》第 18 册，文物出版社、上海书店出版社、天津古籍出版社，1988，第 512 页。

⑥ 王明编《太平经合校》，中华书局，1960，第 393 页。

⑦ 王明编《太平经合校》，中华书局，1960，第 466 页。

大名山之一的罗浮山，就是一块没有被污染的绿色宝地，盛产绿色食品，如驰名中外几百年的“仙人菜”（又名酥醪菜）就产于罗浮山北峰的酥醪峒云海山中，此处土壤、水质、气候特殊，加之用无污染、无公害的方法种植，使仙人菜别具独特风味，不但味美清甜、香滑可口、食而无渣，更有清凉解毒、润肺通肠、强身健体之功效，为最上等的纯天然煲汤原料，苏东坡曾誉之“肥美如羔”①。又如久负盛名的罗浮山泉豆腐花，精选上等黄豆为原料，采用传统的制作工艺，配罗浮山优质山泉水制成，为天然绿色食品，不添加任何色素及防腐剂，入口清甜、嫩滑、口感好，富含氧化剂、矿物质和维生素以及蛋白质，尤其是含有对身体有益的“黄豆苷原”，性质平和，具有补虚润燥、清凉解毒、清肺化痰等功效，经常食用，有防治糖尿病、高血压、便秘、肥胖等作用。再如闻名已久的罗浮山甜茶是采天然生长在罗浮山的独有茶种，用独有的传统工艺精制而成，其味道甘甜可口，具有“清热解渴、消除疲劳。……降胆固醇的功效”②。还有，享誉中外的罗浮山名酒罗浮春是苏东坡及其儿子苏过用罗浮山清泉和山上银桂、丹桂花以及当地独特配方酿制，有“香味超然，非人间物”③ 之称，饮过后，神清气爽，鹤发童颜，是养生极品。家喻户晓的南烛饭，即古之青精饭，“社日家家南烛饭，青精遗法在苏罗”④，是用罗浮山最深处苏罗地生长的一种叫南烛（俗名叫藤酸）的植物叶子捣汁浸白粳米而成，传为仙人朱灵芝真人发明，“经常食用，益颜而延寿”⑤。罗浮山这些绿色食品，都是利用当地天然物产精制而成，既注重清淡，又讲究营养，符合道教饮食养生原则，堪称绿色健康食品，有益身体健

---

① 谢华：《罗浮山风物志》，广东旅游出版社，1984，第116页。
② 谢华：《罗浮山风物志》，广东旅游出版社，1984，第114页。
③ （宋）苏轼：《苏东坡全集》卷九十八，《颂十七首·桂酒颂》。
④ （清）屈大均：《广东新语》卷二十五，《木语·南烛》。
⑤ 谢华：《罗浮山风物志》，广东旅游出版社，1984，第119页。

康。

第四，罗浮洞天福地的仙草灵药，有助祛病延年。洞天福地多处奇峰突兀、涧溪幽深之地，终年云遮雾障，草木葳蕤，药物资源尤其丰富。罗浮山就是一个天然的中草药库，山上有药用植物一千二百四十多种，著名的有金耳环、救必应、还魂草、金钥匙、黄精、菖蒲、灵芝、巴戟、甘菊、薏米、土人参、七叶一枝花等重要药材，民谣云："罗浮十八面，面面有珍宝；若然无菖蒲，也产黄连与甘草。"东晋葛洪上罗浮山，看到"瑞花遍地，灵药千丛"，不由发出"篱陌之间，顾眄皆药"[①]感慨，他认为赤色的灵芝像珊瑚，黑色的如泽漆，青色的如翠羽，服食都可使人长生。清人屈大均在《广东新语》中记述道："东粤有四市：一曰'药市'，在罗浮冲虚观左，亦曰'洞天药市'。……罗浮故多灵药。"[②]药的具体功效，葛洪有深刻认识："上药令人身安命延。……中药养性，下药除病。"[③]仙草灵药不仅能够治愈人的疾患，而且可以有效地延长人的生命。如今，罗浮山生产一种百草油，采集百余种产于罗浮山的草药，采用古法提炼配制而成，其成分比例合理，药性平和，气味芬芳，内服外用均可，药效显著，"驱风去湿，止血止痛，消肿去瘀，散结消炎，提神镇惊"[④]，强身健体，祛病延年。

据上可知，洞天福地安养万物，抱静守一，无疑是康乐人居，养生乐园，如明人陈梿所讲："罗浮为洞天福地之所，以故历代葆熙餐醇超然遐举之士恒居之。"[⑤]罗浮山作为洞天福地，自古以来，来居者络绎不绝，先古人如是，今人更甚。

---

① （晋）葛洪：《抱朴子内篇·杂应》。

② （清）屈大均：《广东新语》卷二，《地语·四市》。

③ （晋）葛洪：《抱朴子内篇·仙药》引《神农四经》。

④ 谢华：《罗浮山风物志》，广东旅游出版社，1984，第126页。

⑤ （明）陈梿：《罗浮志》卷四，《神仙》。

二 罗浮洞天福地，现代优游胜地

道教倡行仙游思想，庄子提出“逍遥游”，有“乘天地之正，而御六气之辨，以游无穷”，“乘云气，御飞龙，而游乎四海之外”①，“游心于物之初”，“得至美而游乎至乐”②，也有“山林与，皋壤与，使我欣欣然而乐焉”③ 等主张，“游”的主体是人的心灵，所游之处既有“四海之外”的“无何有之乡”，也有“尘垢之外”的“山林皋壤”，这是一种趋于极致的美乐享受，更是一种体悟得“道”后的精神自由。后来的道教继承庄子的仙游思想，以“游”来象征道教的精神品位，一种纯粹精神观念的精神境界和追求，得到大众的认同。唐朝大诗人李白曾自称“五岳寻仙不辞远，一生好入名山游”④。王羲之在《兰亭集序》中也说：“仰观宇宙之大，俯察品类之盛，所以游目骋怀，足以极视听之娱，信可乐也。”逍遥而游成为道教追求的最高人生体验和境界。然“深山藏古观，幽径通殿堂”，洞天福地往往坐落于道教名山中，风光绮丽，奇绝秀美，气候宜人，自然成为现代最佳休憩旅游胜地、逍遥游乐园。

罗浮山为岭南第一名山，早在西汉初年已经闻名中原，汉文帝前元元年（前179），陆贾奉使南越后回到汉庭大加赞誉：“罗浮山顶有湖，环以嘉植。”⑤ 这是“罗浮名胜著名国中之始”⑥。汉代司

---

① 《庄子·至乐》。

② 《庄子·逍遥游》。

③ 《庄子·知北游》。

④ （唐）李白：《庐山谣寄卢侍御虚舟》，（明）高棅编《唐诗品汇》卷二十六，《正宗》。

⑤ （清）屈大均：《广东新语》卷三，《山语·罗浮》引（汉）陆贾《南越行纪》。

⑥ （民国）《博罗县志》卷一，《前事一·从唐尧到明末》，广东省文史研究馆、博罗县志办公室合编，民国版，1988年内部发行本。

马迁在《史记·封禅书》中称之为“粤岳”，名山五千，五岳作镇，罗浮、括苍辈十山，为之“佐命”，成为五岳之外第一名山。宋代以后志书图记多有赞誉，宋代邹师正《罗浮山指掌图记》载：“山之高且三千六百丈，地之袤直五百里，峰峦之多四百三十二，溪涧川源有不可胜数者。”① 明代陈梿《罗浮志》曰：“浮山乃蓬莱之一岛，尧时洪水所漂，浮海而来，与浮山合而为一。……其峰峦雄秀，泉石清妍，岩洞幽深，云霞明媚，至若珍禽奇兽之繁育，异草名花之骈生，与夫琳宫梵宇之胜，仙释灵异之迹，往往而在即之者，如在蓬壶员峤间也。因以其名迹著者，表而出之，俾知罗浮之胜，不在五岳四镇下也。”② 清代宋广业《罗浮山图赞》也云：“天作高山，神灵之宅；第七洞天，佐命南极。福地泉源，二山若一；铁桥亘虚，丹梯接迹。远瞩层城，辉煌金璧；俯观沧海，溟濛荡涤。按图索骥，眼观耳食；卧游神往，心空境寂。”③ 罗浮景观犹如神仙洞府仙境般美丽，她两峰相叠，一水对流，因雾气氤氲，风阑四合，峰峦众多，有名可数的大小峰峦四百三十二座，流泉飞瀑九百八十道，幽洞灵岩七十二处，花木常荣，四季如春，珍禽飞鸣，巨蝶翻舞，风光旖旎，气候宜人，冬暖夏凉，早被视为旅游胜地。自古以来，多少仙道丹客术士、官宦士绅、文人墨客慕名而来，优游罗浮山，“考罗浮始游者安期生，始称之者陆贾、司马迁，始居者葛洪，始疏者袁宏，始赋之者谢灵运”④，秦朝安期生常与李少君南之罗浮，成为第一个游历罗浮山之人，东晋葛洪“在山积年，优游闲养”⑤。唐代薛玄真游历罗浮山后得延年之道，干脆称之为优游之地：“博罗之洞府清虚，不可忘也。……山幽而

① （清）仇巨川：《羊城古钞》卷八，《罗浮山（附录）·罗浮山指掌图记》。
② （明）陈梿：《罗浮志》卷一，《罗浮总论》。
③ （清）仇巨川：《羊城古钞》卷八，《罗浮山（附录）·罗浮山图赞》。
④ （清）屈大均：《广东新语》卷三，《山语·罗浮》。
⑤ （唐）房玄龄：《晋书·葛洪传》。

灵，水深而清，松竹交映，云萝杳冥，固非凡骨尘心之所爱也。况邃洞之中，别开天地，琼膏滴乳，灵草秀芝，岂尘目能窥，凡屣所履也？得延年之道，而优游其地，信为乐哉。”[①] 宋代苏东坡尝游罗浮，留下“罗浮山下四时春，卢橘杨梅次第新。日啖荔枝三百颗，不辞长作岭南人”的美句。明代著名旅行家徐霞客在晚年得游罗浮山，了却一生夙愿。清代吴骞因为畅游过罗浮山而深感欣慰，“登罗浮寻幽，觉山川清隽，灵宕之气，钦慰平生”[②]。清代宋广业自恨平生游遍五岳而“罗浮独无由至焉”耿耿于怀，以致萌生“取山志按图据说，以想象为卧游”[③] 之想，足见罗浮山吸引力之大。如今，国泰民安，人们生活水平提高了，自然追求逍遥而游，怡悦身心，罗浮山不愧是首选之地，偷得平生数日闲，不妨到罗浮仙山一游，来一次“野鹤闲云无挂外，青山绿水任逍遥”[④]，览罗浮仙景，踏罗浮仙迹，喝罗浮仙水，品罗浮仙茶，食罗浮仙菜，饮罗浮仙酒，住罗浮仙居，采罗浮趣事，睹罗浮春艳，做现代神仙，舒心惬意，其乐无穷。

三 罗浮洞天福地，现代祈福圣地

道教追求长生成仙，“仙”的本意是人在山中，长生不死，“老而不死曰仙。仙，迁也，迁入山也”[⑤]，“山”则是名山洞府，“合丹当于名山之中”[⑥]。在道教的神仙说中，神仙的形象可爱，“肌肤

① （宋）李昉：《太平广记》卷四十三，《神仙四十三·薛玄真》。
② （清）吴骞：《惠阳山水纪胜·序》，清康熙六十一年（1722）刻本。
③ （清）宋广业：《罗浮山志汇编·序》。
④ 罗浮山冲虚观楹联。
⑤ （汉）刘熙：《释名·释长幼》。
⑥ （晋）葛洪：《抱朴子内篇·金丹》。

若冰雪，淖约若处子”[①]，“耳目聪明，骨节坚强，颜色悦怿，老而不衰，延年久视”[②]；神仙的能耐非凡，“不食五谷，吸风饮露。乘云气，御飞龙，而游乎四海之外”[③]，甚至“大泽焚而不能热，河汉沍而不能寒，疾雷破山、飘风振海而不能惊”[④]，“出处任意，寒温风湿不能伤，鬼神众精不能犯，五兵百毒不能中，忧喜毁誉不为累”[⑤]，个个身怀绝技，济世度人，“上云羽化飞天，次称消灾灭祸”[⑥]，神仙的逍遥快乐令人憧憬，神仙的长生不死令人神往，神仙的绝活神能更令人崇拜，当代人无不趋之若鹜。

罗浮山自古有“仙山”之称，“罗浮山，此山本名蓬莱山。一峰在海中，与罗山合，因名焉”[⑦]，就是说，罗浮山原是蓬莱、方丈、瀛洲古称“三神山”之蓬莱一峰，“罗浮名天下，始自秦汉间。相传治此山，其人皆神仙”[⑧]。屈大均考察仙迹后，指出其山神既多且灵，“罗浮巍然高大，盖昌黎所谓最远而独为宗，其神必灵者也。考罗浮自安期生始游，而青精先生继之，故《茅君内传》云：‘罗浮，山洞名，朱明耀真之天。’青精朱灵芝治之。今山中伏虎岩上，有朱子庵，盖青精之所尝居。青精者，罗浮始开辟之人，故居人称之曰青精君，而号华子期曰玉源君。子期，淮南人，相传用里先生弟子，居罗浮玉源。玉源在分水岙，所谓泉源福地也。他如阴长生居铁桥，葛孝先居飞云顶，鲍靓居酥醪观，葛稚川居麻姑峰下，单道开居石室，苏玄朗居青霞谷，轩辕集居蛇穴，是

① 《庄子·逍遥游》。
② （晋）葛洪：《抱朴子内篇·对俗》。
③ 《庄子·逍遥游》。
④ 《庄子·齐物论》。
⑤ （晋）葛洪：《抱朴子内篇·对俗》。
⑥ （北齐）魏收：《魏书·释老志》。
⑦ （南朝宋）沈怀远：《南越志》，骆伟等辑注《岭南古代方志辑佚》，广东人民出版社，2002，第160页。
⑧ （清）丘逢甲：《岭云海日楼诗钞》卷十三，《游罗浮》。

皆罗浮君所与共治斯山者”[1]，朱灵芝、华子期、阴长生、葛孝先、鲍靓等，个个惩邪恶，观过错，救沉沦，为世人羡慕和折服。据说罗浮山不仅仙人众多，仙术灵验，而且连岩石、泥土都有灵气，既可镇妖，也可辟邪，“抔其底（稚川丹灶）泥为丸，投洁水中，辄有微沤起”[2]。此外，罗浮山自古英才辈出，为惠州人才之冠，山民相信是仙人指点，灵气相助，罗浮山是一座名副其实的仙山。宋代诗人郑玠说得好，“到得仙山亦有缘”[3]，罗浮洞天福地，成为现代祈福圣地。

首先，道教的洞天福地仙说理论，吻合人类本能意欲，符合民族务实性格。人固有一死，面对死神，人类要克服它，战胜它，超越它。道教声称洞天福地有不死仙人栖居，或到洞天福地修炼可长生，《洞天福地》引太上曰：“洞天者，处大地名山之间，是上天遣群仙统治之所。”[4]“福地，在大地名山之间。上帝命真人治之，其间多得道之所。”[5]葛洪也说：“求长生者，正惜今日之所欲耳，本不汲汲于升虚，以飞腾为胜于地上也。”[6]我国民族富于求实精神和务实性格，尤其当代人，着眼点是现实，人们关心的是功名利禄、吉祥如意、多子多福，“平安是福”是人们奉行的生活信条，神仙的长生和万能令人向往和祈求，住仙和炼仙的洞天福地叫人趋之若鹜，成为现代祈福圣地。

其次，道教的洞天福地仙说理论，契合民众心理需求，迎合精神安慰需要。人活在世上，通常有两种情形，一是在社会太平、

---

① （清）屈大均：《广东新语》卷六，《神语·罗浮山神》。

② （明）祝允明：《罗浮游记》，（明）祝允明：《怀星堂集》卷二十一纪叙。

③ （宋）郑玠：《丹灶》，见《全宋诗》卷五百三十。

④ （宋）张君房：《云笈七签》卷二十七，《洞天福地》，《道藏》第22册，文物出版社、上海书店出版社、天津古籍出版社，1988，第199页。

⑤ （宋）张君房：《云笈七签》卷二十七，《洞天福地》，《道藏》第22册，文物出版社、上海书店出版社、天津古籍出版社，1988，第201页。

⑥ （晋）葛洪：《抱朴子内篇·对俗》。

生活安定的顺境之时，人们渴求长生，永享幸福；二是在灾祸横行、病魔缠身的逆境之时，人们寻求避难，远离尘世。人无论在顺境，还是在逆境，都会产生一种祈求福佑，或保长生不死，或保消灾祛病的心理需求，因为人的生命是短暂的，但人对生命的渴求是永恒的，这就构成有限与无限的矛盾。又人都希望万事如意，但事实上往往事与愿违，这又构成事实与愿望的矛盾，矛盾的存在，令人心中郁闷和不安。尤其人在对自然、社会乃至自身感到困惑，甚至恐惧时，更会产生一种依赖感，寻求寄托和帮助，洞天福地仙说理论宣扬洞天福地有神仙，神仙万能，只要信仰神仙，求神保佑，求仙庇护，便可消灾祛病，长生不死。显然，人们寄望各种祈祷活动，得到一种自我满足、精神安慰和心理平衡。及至当今，社会祥和，生活安定，人们更渴望长生福寿，羡慕洞天福地神仙般的超凡生活，“餐朝霞之沆瀣，吸玄黄之醇精，饮则玉醴金浆，食则翠芝朱英，居则瑶堂瑰室，行则逍遥太清”[①]，过得舒适、活得惬意是现代人的追求，罗浮洞天福地成为现代人的祈福圣地。

四　罗浮洞天福地，现代心灵净土

道教倡导清心寡欲，返璞归真。早期道经《老子》提出“见素抱朴”[②]，“复归于朴”[③]，“朴”即本真、本性之意；《庄子》也曰：“谨守而勿失，是谓反其真。”[④]“反”，通“返”，即“归”，

① （晋）葛洪：《抱朴子内篇·对俗》。
② 《老子》十九章。
③ 《老子》二十八章。
④ 《庄子·秋水》。

“反其真”即“归其真”，就是回归或返回人的最初的自然本性，在道教看来，人需要与自然沟通，节制和超越物质欲望，不能让尘世的喜怒哀乐扰乱自身恬淡自由纯洁的心境，要自始至终保持自己的自然天性，才能保存生命。如何做到“抱朴守真”？道教教人虚怀若谷，“知其荣，守其辱，为天下谷”[①]，清心寡欲，“夫有道之士，不可以利诱，不可以害加。以其无欲无为，惟清惟静，故利害无由而入矣”[②]，道教这种以清心恬静、淡泊名利作为安身立命的思想主张和生活态度，强调对人类心灵的净化和对品德修养的提升，实为心灵环保意识，对涵养心灵有莫大功效，洞天福地罗浮山正好为现代人洗刷心灵提供了一块净土。

罗浮山由罗山与浮山合成，仇巨川认为它“实有巨灵主之”[③]，在罗浮山多年的葛洪深有体会：“山无大小，皆有神灵，山大则神大，山小即神小也。”[④] 罗浮山不但大小山有神灵，而且山上万物有灵，有精气，“山川草木，井灶洿池，犹皆有精气；人身之中，亦有魂魄；况天地为物之至大者，于理当有精神，有精神则宜赏善而罚恶”[⑤]，人和万物都有灵性，互相感应，都会产生精气神，就会赏善罚恶，抱朴归真。人身处有巨灵主宰的罗浮山，尤其是置身罗浮山朱明洞，“为一山之根本，譬之人身之脐，精神所穴，日月归宿其中，故曰洞天。……仙人出入于洞天之中，盖出入于神气之中也”[⑥]，可谓尽得洞天福地之精气神，如李群玉所言：“濯泉唤仙风，于此荡灵魂。”[⑦] 现代人的生活节奏快速，时常会遇到竞争、

---

① 《老子》二十八章。

② （唐）杜光庭：《道德真经广圣义》卷三十九，《道藏》第14册，文物出版社、上海书店出版社、天津古籍出版社，1988，第515页。

③ （清）仇巨川：《羊城古钞》卷八，《罗浮山（附录）·罗浮山》。

④ （晋）葛洪：《抱朴子内篇·登涉》。

⑤ （晋）葛洪：《抱朴子内篇·微旨》。

⑥ （清）仇巨川：《羊城古钞》卷八，《罗浮山（附录）·罗浮山》。

⑦ （唐）李群玉：《将游罗浮登广陵楞伽台别羽客》，见《全唐诗》卷五百六十八。

压力、困难和逆境，以及诸多社会问题，如食品安全问题、贫富悬殊问题、环境污染问题、过度消费问题、能源危机问题的困扰，导致人的心理失衡，当前人类已从“身体疾病时代”进入“精神疾病时代”，各种心理疾病，尤其是忧郁症，已成为21世纪的头号“世纪病”，成为人类健康的主要敌人。每当情绪失落、心灵孤寂时，不妨上罗浮山一趟，到朱明洞走走，悠然吸纳罗浮仙山灵气，感受罗浮名山气场，领略罗浮精灵神韵，观摩参与早课晚课，重温罗浮道教真谛，体会罗浮道人“小楼容我静，大地任他忙”① 意境，学习罗浮道士“草衣木食轻王侯”② 豪气，收心养性，少私寡欲，还可以开展“宗教医疗”活动，如焚香祈祷、掷茭、解签、占卜、符箓、打坐、气功、诵经、童乩、收惊、咨询、倾诉等心理疗法。通过神明信仰、科仪礼节、生命礼俗、社会净化等“身心灵”整合治疗，保持“知足之足，常足”③ 的心态，常怀感恩之情、宽容之心，使人的内心充满愉悦、阳光、快乐，排泄心中郁闷，去掉工作烦恼，缓解人际紧张，消弭内心迷茫，涵养心灵，顿悟净心，以达到“天地与我并生，而万物与我为一”④ 的境界，罗浮洞天福地可以成为现代人的心灵净土。

总言之，现今的洞天福地罗浮山不但是仙灵窟宅，神仙独享之地，而且是现代人养生乐园、优游胜地、祈福圣地和心灵净土，堪称现代人间仙境，欢乐祥和世界。因此，挖掘罗浮洞天福地的现代意蕴，开发洞天福地罗浮山的现代价值，对弘扬道教优秀文化，推进道教文化与生态文明建设，促进当今经济社会发展、净化社会以及安定人心诸方面均大有裨益。

---

① 罗浮山酥醪观门联。

② （唐）吕洞宾：《赠罗浮道士》，见刘体恕汇辑《吕洞宾全集》卷四，《文集》（中）。

③ 《老子》四十六章。

④ 《庄子·齐物论》。

道教文化资源在广州培育世界文化名城中的积极作用

培育世界文化名城是广州市发展战略和奋斗目标，为此，广州市委市政府颁发了《广州建设文化强市培育世界文化名城规划纲要（2011～2020）》（简称《规划纲要》），指出："到2020年，把广州培育建设成为具有深厚历史内涵、浓郁地域特色、强烈时代特征、鲜明文化品格、高度创新精神、国际化程度较高的世界文化名城。"如何贯彻《规划纲要》精神，完成这个重大战略任务？笔者认为关键在于全社会各阶层各行业都行动起来，从大局着想，从我做起。道教作为本土宗教，有着深厚的历史文化底蕴和本民族文化性格以及地方鲜明特色，在广州培育世界文化名城中发挥着积极作用。

一 弘扬道教"贵和"思想，构建和谐广州

《规划纲要》明确指出，广州培育建设世界文化名城，必须"立足和谐共享"。和谐是宇宙的永恒法则，道教有言："和曰常，知和曰明。"[①] 把握了和谐就是有了最大的聪明才智，和

① 彭浩：《郭店楚简〈老子〉校读》，湖北人民出版社，2000，第66页。

谐思想是道教的基本精神，挖掘和弘扬道教的“贵和”思想，在构建和谐广州、培育世界文化名城中有启迪意义和积极作用。

1. 道教提出“中和”自己，有助提高个人道德修养

人是构成社会的基本要素，有和谐的人才有和谐的社会，为此，道教非常重视个人的自我调适和身心和谐，视中和为“养性之道”①，认为：“修德之人，与世中和，自然高远。”② “道贵中和，当中和行之。”③ 做法：一是形神合一，返璞归真，“载营魄抱一，能无离？专气致柔，能婴儿”④；二是清心寡欲，不奢不贪，“见素抱朴，少私寡欲”⑤，“致虚极，守静笃”⑥，“去甚，去奢，去泰”⑦；三是为善积德，成就大我，“诸恶莫作，众善奉行”⑧，“素行阴德，仁慈悲悯，忠孝信诚，全于人道，仙道自然不远也”⑨。人的道德修养达到中和，就进入一种和谐的境界。

2. 道教主张“和同”他人，有利加强人际合作关系

社会是由单个人组成的人群，只有人群和谐才有社会和谐，所以，道教十分强调“和同”他人，提出“和其光，同其尘”⑩，“能随时上下，以和同为度量”⑪。做法：一是慈爱玄德，

---

① （宋）张君房：《云笈七签》卷三十二，《杂修摄部一·养性延命录》，《道藏》第22册，文物出版社、上海书店出版社、天津古籍出版社，1988，第231页。

② 《庄子·骈拇》。

③ 饶宗颐：《老子想尔注校笺》，上海古籍出版社，1991，第7页。

④ 《老子》十章。

⑤ 《老子》十九章。

⑥ 《老子》十六章。

⑦ 《老子》二十九章。

⑧ （清）朱珪：《文昌帝君阴骘文注》，《藏外道书》第12册，巴蜀书社，1992，第402页。

⑨ （元）张三丰：《张三丰全集》卷一，《大道论·上篇》，方春阳点校，浙江古籍出版社，1990。

⑩ 《老子》四章。

⑪ 《庄子·山木》。

“齐同慈爱，异骨成亲”[①]；二是济世利人，“有财相通”[②]，“周穷救急”[③]，“悯人之凶，乐人之善，济人之急，救人之危”[④]；三是诚信不争，“动作言顺，无失诚信”[⑤]，“推仁无争，怀道安世”[⑥]。人们自觉地“和同”相处，亲如一家，自然就走入和谐世界。

3. 道教倡行“太和”万物，有助实现物我共生共荣

人与自然生态紧密相连，人类与自然失和，社会亦不会和谐，因此，道教提倡“太和”万物，认为“天地人本同一元气”[⑦]，太和“万物循生”[⑧]。做法：一是关爱万物，共同繁荣，“相爱相通，无复有害”，“并力同心，共生凡物”[⑨]；二是保护生态，实现天乐，“放生养物，种诸果林”[⑩]，“与天和者谓之天乐”[⑪]；三是节约资源，爱惜器物，“量腹而食，制形而衣，容身而居，适情而行”[⑫]，对万物“利而不害”[⑬]，人与万物共生共荣，即“天地与我并生，而万物与我为一”[⑭]，社会自然和谐一体。

---

① 《灵宝无量度人上品妙经》，《道藏》第1册，文物出版社、上海书店出版社、天津古籍出版社，1988，第2页。

② 王明编《太平经合校》，中华书局，1960，第307页。

③ 王明编《太平经合校》，中华书局，1960，第246页。

④ （宋）李昌龄：《太上感应篇》卷三，《道藏》第27册，文物出版社、上海书店出版社、天津古籍出版社，1988，第20~22页。

⑤ 王明编《太平经合校》，中华书局，1960，第569页。

⑥ （宋）张君房：《云笈七签》卷三十八，《说戒部一·大戒上品》，《道藏》第22册，文物出版社、上海书店出版社、天津古籍出版社，1988，第265页。

⑦ 王明编《太平经合校》，中华书局，1960，第236页。

⑧ 《庄子·天运》。

⑨ 王明编《太平经合校》，中华书局，1960，第148页。

⑩ （宋）张君房：《云笈七签》卷三十七，《斋戒部·洞玄灵宝六斋十直》，《道藏》第22册，文物出版社、上海书店出版社、天津古籍出版社，1988，第258页。

⑪ 《庄子·天道》。

⑫ （周）辛钘：《通玄真经》卷三，《九守》，《道藏》第16册，文物出版社、上海书店出版社、天津古籍出版社，1988，第687页。

⑬ 王明编《太平经合校》，中华书局，1960，第439页。

⑭ 《庄子·齐物论》。

道教的这种“贵和”思想，以道德教化天下，使人能超越世俗功利是非，回归真性，获得心灵上的泰然自乐，让世界充满浓情爱意。同时，道教以强烈的警醒，提醒人们关爱自然，保护自然，这无疑有利于全面提升全民思想道德文化素质和城市文明程度，培育现代城市人文精神，构建和谐广州。

二 践行道教“乐生”理念，构筑幸福广州

《规划纲要》明确指出，广州培育建设世界文化名城，必须“加快幸福广州建设步伐”。幸福是人对生活境况的一种体验与感受，也是人对生活目标的一种追求和理想。21 世纪以来，“幸福指数”已经成为中国，乃至全世界用来衡量民众生活满意度的一项综合指标，也是当今广州培育建设世界文化名城的一个重要参数。道教认为“福莫大于生”[①]，“要当重生，生为第一”[②]，把生看作人生首要大事、幸福之事，道教进而认为幸福在于保持身心健康，长生乐生，“人最善者，莫若常欲乐生”[③]，“长生为大福”[④]，道教的这种“乐生”思想，以生为福，以长生为大福，以乐生为至福，倡导健康、快乐、幸福人生，对构筑幸福广州、培育世界文化名城有现实意义和促进作用。

1. 道教主张我命在我，自我保护

道教认为，人的生命长短并不取决于天命，而是控制在人自己的手中，“人命近在汝身，何为叩心仰呼天乎？有身不自清，当清

① 佚名：《洞玄灵宝太上六斋十直圣纪经》，《道藏》第 28 册，文物出版社、上海书店出版社、天津古籍出版社，1988，第 382 页。
② 王明编《太平经合校》，中华书局，1960，第 613 页。
③ 王明编《太平经合校》，中华书局，1960，第 80 页。
④ 饶宗颐：《老子想尔注校笺》，上海古籍出版社，1991，第 36 页。

谁乎？有身不自爱，当爱谁乎？有身不自成，当成谁乎？有身不自念，当念谁乎？有身不自责，当责谁乎？复思此言，无怨鬼神”[①]，人只要善于修道养生，便可长生不死，“我命在我，保精受气，寿无极也”[②]，“天道自然，人道自己。始而胎气充实，生而乳食有余，长而滋味不足，壮而声色有节者，强而寿。始而胎气虚耗，生而乳食不足，长而滋味有余，壮而声色自放者，弱而夭。生长全足，加之导养，年未可量”[③]，“得长寿者，本当保知自爱自好自亲，以此自养，乃可无凶害也”[④]。

2. 道教倡导生道合一，道在养生

在道教看来，生命与道是一个相即不离的统一体，道既是人体生命之源，又是人体生命的动力。因此，人要生存长寿，就要生道相守和生道相保，“夫人之所贵者，生也。生之所贵者，道也。……故养生者慎勿失道，为道者慎勿失生。使道与生相守，生与道相保，二者不相离，然后乃长久。言长久者，得道之质也”[⑤]，“形所以生者，由得其道也。形所以死者，由失其道也。人能存生守道，则长存不亡也”[⑥]。人一旦真正把握了大道，达到了“生道合一”的境界，便自然会“深根、固蒂、长生、久视”[⑦]。

---

① 王明编《太平经合校》，中华书局，1960，第527页。

② （宋）张君房：《云笈七签》卷五十六，《诸家气法部一·元气论》，《道藏》第22册，文物出版社、上海书店出版社、天津古籍出版社，1988，第386页。

③ （宋）张君房：《云笈七签》卷三十二，《杂修摄部一·养性延命录》引《大有经》，《道藏》第22册，文物出版社、上海书店出版社、天津古籍出版社，1988，第229页。

④ 王明编《太平经合校》，中华书局，1960，第466页。

⑤ （唐）司马承祯：《坐忘论·序》，《道藏》第22册，文物出版社、上海书店出版社、天津古籍出版社，1988，第892页。

⑥ （宋）张君房：《云笈七签》卷十七，《太上老君内观经》，《道藏》第22册，文物出版社、上海书店出版社、天津古籍出版社，1988，第128页。

⑦ 《老子》五十九章。

3. 道教要求知足常乐，知止厚福

道教以“得道成仙”为基本信仰，从《老子》“祸莫大于不知足，咎莫大于欲得，故知足之足，常足”[①]的思想出发，提出知足常乐，适度持中。一方面，采用各种技术方法保全生命，“以药物养身，以术数延命，使内疾不生，外患不入”[②]；另一方面，又不能放纵自己的欲望，“贪荣宠，劳精思以求财，美食以恣身，此为爱身者也，不合于道也”[③]，稍努力，不强求，以获得“恬淡”的幸福感，“人能淡默恬愉，不染不移，养其心以无欲，颐其神以粹素，扫涤诱慕，收之以正，除难求之思，遣害真之累，薄喜怒之邪，灭爱恶之端，则不请福而福来，不禳祸而祸去矣”[④]。一个人只有保持“知足常乐”的心态，看淡尘世的功名利禄，才能“招福”，反之，就会“禳祸”，“知足者，常足也；不知足者，无足也。常足者，福之所赴也；无足者，祸之所踵也”，“祸莫大于无足，福莫厚乎知止”[⑤]，总之，知足常乐，知止厚福。

道教的“乐生”理念，强调“我命在我不在天”，以“道在养生”为途径，以“知足常乐”“知止厚福”为准则，揭示了生命的奥秘和养生之道，体现了生命的价值和意义，形成道教幸福观的鲜明特征。道教独特的幸福感对今天人们修身养性、提升生活的幸福指数有借鉴意义，在当今广州培育建设世界文化名城中无疑起到引导市民树立正确的人生观，养成健康向上生活方式的作用，有利于增强市民身体素质，提升市民心理素质，构筑幸福广州。

---

① 《老子》四十六章。

② （晋）葛洪：《抱朴子内篇·论仙》。

③ 饶宗颐：《老子想尔注校笺》，上海古籍出版社，1991，第16页。

④ （晋）葛洪：《抱朴子内篇·道意》。

⑤ （晋）葛洪：《抱朴子外篇·知止》。

三 借鉴道教“福地”文化，建设宜居广州

《规划纲要》明确指出，广州培育建设世界文化名城，必须将广州建设为“宜居城市”。宜居城市是指气候宜人，生态茂盛，环境优美，适宜人居又为人所乐居的城市，犹如道教之洞天福地。洞天福地是道教出于对生命的珍爱，对美好生活环境的追寻而构筑起来的，原本是道教虚拟的神仙世界，“在大地名山之间，上帝命真人治之，其间多得道之所”[①]，实际上是道教构建的理想生态王国和人间仙境，如有学者指出的：“从生态保护角度来说，道教的洞天福地就是最早的生态自然保护区。”[②] 在广州培育世界文化名城中可以借鉴道教的洞天福地文化，建设宜居广州。做法有下列几点。

1. 净化清新空气，有利长生福寿

道教认为万物都是气化而生，仙境也是结气所成，“以洞天元始之气，化生自然八景，上真在人身中，致上元生气，精心内思，八真见形，千乘万骑，运致景云，载人上升”[③]，人置身洞天福地之中，远离尘嚣，呼吸元始之气，自然神清气爽，与山之灵气相互感通而喜结仙缘，长生福寿，故务必净化清新空气，提高空气中负离子的含量，不仅能促进人体合成和储存维生素，强化和激活人体

---

① （宋）张君房：《云笈七签》卷二十七，《洞天福地部·七十二福地》，《道藏》第22册，文物出版社、上海书店出版社、天津古籍出版社，1988，第201页。

② 李远国：《洞天福地：道教理想的人居环境及其科学价值》，《西南民族大学学报》2006年第12期。

③ （宋）张君房：《云笈七签》卷八十，《符图部二·洞玄灵宝三部八景二十四住图》引《灵宝神仙图》，《道藏》第22册，文物出版社、上海书店出版社、天津古籍出版社，1988，第570页。

的生理活动，还能杀灭环境中潜在各种细菌和病毒，对人体健康和长寿有着十分重要的作用。

2. 活用清冽甘泉，有利健康长寿

在洞天福地里，“土良而井水甜美”，“土良水清”[①]，活水生甘，仙泉不断，泉水富含锌微量元素，有增强食欲、预防感冒之功效，对机体的性发育、性功能、生殖细胞的生成都能起到举足轻重的作用，素有“生命的火花”与“婚姻和谐素”之称，人经常饮用，可以健康长寿，青春永驻。

3. 生产绿色食品，有益身体健康

道教倡导清心寡欲，返璞归真，“道法自然”为绿色生活提供了坚实的理论基础，洞天福地为绿色食品提供了丰富的物质资源和广阔的生产基地，充分利用洞天福地的独特土壤、水质和气候，使用无污染、无公害的方法种植，按照道教饮食养生原则，生产绿色食品，既注重清淡，又讲究营养，人服用这些绿色健康食品，自然有益身体健康。

4. 研制仙草灵药，有助祛病延年

洞天福地多处奇峰突兀、涧溪幽深之地，终年云遮雾障，草木葳蕤，药物资源丰富，药效奇特，如葛洪所讲：“篱陌之间，顾眄皆药。”[②]“上皆生芝草，可以避大兵大难，不但于中以合药也。若有道者登之，则此山神必助之为福。”[③]“上药令人身安命延。……中药养性，下药除病。”[④]研制和服食仙草灵药，有助祛病养性，延年益寿。

道教的“福地”文化抱静守一，安养万物，无疑是现代人的

---

① （南朝梁）陶弘景：《真诰》卷十一，《稽神枢第一》，《道藏》第20册，文物出版社、上海书店出版社、天津古籍出版社，1988，第554页。

② （晋）葛洪：《抱朴子内篇·杂应》。

③ （晋）葛洪：《抱朴子内篇·金丹》。

④ （晋）葛洪：《抱朴子内篇·仙药》引《神农四经》。

幸福安乐之所，堪称康乐人居，在当今建设宜居广州、培育世界文化名城中有极大的指导意义和促进作用。

四 利用道教旅游资源，发展广州文化产业

《规划纲要》明确指出，广州培育建设世界文化名城，必须"深化旅游资源整合，着力打造具有广州特色的优势品牌"。广州道教历史悠久，在长期的发展中，积淀了深厚的旅游文化资源，其典雅的宫观建筑、玄妙的道教乐章、瑰丽的神话传说、传世的雕塑书画、神秘的斋醮仪式以及神奇的养生大法和迷人的洞天福地，都带有浓郁的广州道教文化色彩，是当今发展广州文化产业的有益资源，成为有影响力的特色旅游品牌产品体系，综合利用道教旅游资源，在广州建设培育世界文化名城中作用巨大。做法如下。

1. 拓展道教朝觐游，加强文物古迹保护

利用道教特定的节日，如在三元诞（正月十五上元诞、七月十五中元诞、十月十五下元诞）、财神诞（正月初五）、老君诞（二月十五）、鲍姑诞（三月初三）、吕祖诞（四月十四）、灵官诞（六月十六）、黄大仙诞（八月二十三）等，开展朝觐活动，广开门户，接受广大信众和游人参观和朝觐，信众在了却夙愿之余，往往会随缘乐助，慷慨捐资，用之修缮宫观，对古迹文物起到保护作用。

2. 开展道教庙会游，打造民俗文化品牌

庙会是一种最有吸引力的宗教活动，也是发展旅游业的有效方式，一次庙会，往往集观赏性、参与性、娱乐性、教育性和商业性于一体。广州道教庙会多，庙期密，按照"一区一品牌""一街一

品牌”“一社区一特色”的思路，积极搭建民间民俗艺术文化交流展示平台，重点办好几个与道教关系密切的民俗文化节，如越秀区的广府庙会、荔湾区的北帝诞会、白云区的郑仙诞、黄埔区的波罗诞会、南沙区的天后诞会等，将它们打造成为民间民俗文化品牌活动。

3. 推广道教生态游，树起绿道旅游品牌

生态旅游是目前一个热门话题，也是当今重点发展的一个品牌产品，根据道教“道法自然”[①]“返朴还淳”[②]理念，发展生态绿道旅游品牌，培育一批以国家级5A景区（点）为样板的生态、休闲、观光道教旅游景区（点），注重生态优先原则，以保护自然为己任，顺应自然，因势开发，灵活布局，就地取材，使游人有一种回归大自然的感觉。同时，大力宣传道教生态观念，规范游人行为，让游人认识到保护自然的重要性、必要性和迫切性，提醒游客不做有损景区环境和破坏生态的事情，使人人从我做起，实现广州道教文化旅游资源的可持续发展。

4. 开发道教仙迹游，提升旅游文化内涵

广州道教有许多美丽的神话仙说，如五羊仙说和郑仙、鲍靓、鲍姑和葛洪等传说，把神话仙说有机地引进旅游区，开发道教仙迹游，按照点、线、面相结合的要求布局，着力打造有国内、国际影响力和辐射力的品牌景区（点），不仅能使游客更多地了解道教文化，提升旅游文化内涵，而且能为旅游增添色彩，提高旅游品位，打造广州城市文化名片，提高广州知名度和影响力。

综上所述，道教文化博大精深，在广州建设文化强市、培育

---

① 《老子》二十五章。

② 郭庆藩：《庄子集释》卷五下，《天运》，中华书局，2006。

世界文化名城中有着重要地位和积极作用，道教的“贵和”思想、“乐生”理念、“福地”文化以及丰富的旅游资源，有助于构建和谐广州，构筑幸福广州，建设宜居广州和发展广州文化产业。我们坚信，在广州市民的努力下，到2020年，广州将是一个具有深厚历史内涵、浓郁地域特色、强烈时代特征、鲜明文化品格、高度创新精神、国际化程度较高的世界文化名城。

民国时期广州道书考论

广州道教历史悠久，源远流长，在长期的传播发展过程中，出现了数量众多、内容丰富的道教文献，既有广州人著述，也有广州版丛书。这些文献留下深刻的时代烙印，反映了不同时期广州道教的流行程度和发展水平，是研究广州道教文化的第一手资料。然而，随着时间的流逝，广州道教文献亡佚不少，幸存下来的也未能得到很好保护和充分利用，失去了历史资料的宝贵价值。本文拟对民国时期的广州道书（以广东省立中山图书馆、中山大学图书馆藏书为研究对象）进行考察和梳理，并略作论述。

一　内容与特点

民国时期的广州道书，有广州人著述，也有广州版丛书，其内容丰富，且具地方特色和时代特征。

1. 阐发老庄经旨

《老子》《庄子》均为道家之经典，历来注之者众，其义不一，如张其淦《老子约》所云："《老》书称经，自汉景帝始。唐元宗改定章句，尊为《道德经》。魏晋以来，注之者众。杜光庭所列六十余家，《道藏》所收，《丛书》所录，更仆难数。或乃以为言兵之书，道流且附会，以神仙吐纳之术，固不足论。而严遵、王弼以下，如鸠摩罗什，参以禅理，苏子由援儒入墨，各明一义。”① 众说纷纭，莫衷一是。为此，不少广州道人纷纷著书，阐发己见，如番禺人徐绍桢著《道德经述义》二卷②、东莞人张其淦著《老子约》四卷③、新会人卢燮机著《老子笺》一卷④、番禺人陈澧著《老子注》一卷⑤、番禺人汪兆镛撰《老子道德经撮要》一卷⑥、番禺人曹受坤撰《庄子哲学》⑦，等等，诠释老庄，阐发经旨。如张其淦《老子约》自序云：“余学道未深，身经丧乱，国变而后，终老于黄冠，因取老子书熟读之。惧说经者之臆说多歧，博而寡要也。不揣固陋，成《老子约》一篇。其中博览诸注，撷其精华者半，体会经旨自出心裁者半。并取诸家精要之言著录于后，聊以附述而不作之义。”⑧ 他熟读老书，体会经旨。他向世人明确，“要之，《老子》言道之书也。其道即伏羲、神农、黄帝相传之道，其言即伏羲、神农、黄帝相传之言也”⑨。又如卢燮机《老子笺》，其友尹维桢作序云：“老学之所以不明于后世者，实笺注之芜庞繁赜，有以致之。奚以知其然也耶？溯自韩非、河上公以来，注

① 张其淦：《老子约·自序》，民国八年（1919）排印稿，广东省立中山图书馆地方文献馆 K/64/227·6-13。凡属本文考论的广州人或广州版道书，均标出广东省立中山图书馆或中山大学图书馆索书号，下同。

② 民国九年（1920）铅印本，1册，广东省立中山图书馆地方文献馆 K/64/378·4-3。

③ 民国八年（1919）排印稿，1册，广东省立中山图书馆地方文献馆 K/64/227·6-13。

④ 民国五年（1916）抄本，1册，广东省立中山图书馆地方文献馆 K/64/790.3。

⑤ 民国十九年（1930）石氏抄本，1册，广东省立中山图书馆地方文献馆 K/80/2.60.6。

⑥ 民国二十年（1931）排印本，1册，广东省立中山图书馆地方文献馆 K64/237·6-13。

⑦ 民国三十七年（1948）石印本，1册，广州蔚兴印刷场，广东省立中山图书馆古籍部 0015862/321/6046。

⑧ 张其淦：《老子约·自序》，民国八年（1919）排印稿，广东省立中山图书馆地方文献馆 K/64/227·6-13。

⑨ 张其淦：《老子约·自序》，民国八年（1919）排印稿，广东省立中山图书馆地方文献馆 K/64/227·6-13。

《老子》者无虑数十百家。……昔人谓笺愈繁，《经》旨愈晦，孰意《道德经》亦遭此厄运也！老氏之旨，既因旧注芜赜而晦，则老氏之书，转不可以无笺？此吾友卢允衡所以有《老子笺》之作也。"[①] 明确卢夔机撰《老子笺》的目的是要阐发老氏之经旨。卢夔机也明确自己著书是为了深究《道德经》之意，其自序曰："《道德经》或以为老子言，或以为周藏史，姑勿论。吾观其言，秉要执本，旨足为后王法。用本乎人事笺之，亦杂采诸家说。所以诀其微，明其意而已。吾既疏《阴符》，以先权谋，虑学者之诟病也。遂笺《老子》，盖欲以深求乎？"[②] 汪兆镛《老子道德经撮要》在考察《道藏》之书后，指出所有《老子》的注本均未明其经旨，"《道藏》之书，浩如烟海，庄列道家别宗，溯其源，必以《老子》为主。而说《老子》者，亡虑数十家类，多求之于虚无杳渺，终难得其要旨。太史公言，老子著书，辞称微妙难识，信矣"[③]。《庄子》一书也不例外，曹受坤《庄子哲学》引言云："辄取古今注释《庄子》之书读之，大抵解释文义者，多不申述意旨。而谈论玄妙者，又往往忽略文字。"[④] 为了向世人阐发《庄子》经旨，他"采集魏晋以来诸家旧注，及今人所为训释，取其解释文句不失庄旨者录之。又取平时读书笔记有关于《庄子》哲理者，申述其意旨"，他还特别寄望在"哲理方面加以注意，匡其不逮，赐以箴言"[⑤]。通过这些著述的诠释，老庄经旨得到了较好的阐发。

---

① 卢夔机：《老子笺·尹维桢序》，民国五年（1916）抄本，1册，广东省立中山图书馆地方文献馆 K/64/790.3。

② 卢夔机：《老子笺·自序》，民国五年（1916）抄本，1册，广东省立中山图书馆地方文献馆 K/64/790.3。

③ 汪兆镛：《老子道德经撮要·序》，民国二十年（1931）排印本，1册，广东省立中山图书馆地方文献馆 K64/237·6－13。

④ 曹受坤：《庄子哲学附庄子内篇解说·小引》，民国三十七年（1948）石印本，1册，广州蔚兴印刷场，广东省立中山图书馆古籍部 0015862/321/6046。

⑤ 曹受坤：《庄子哲学附庄子内篇解说·小引》，民国三十七年（1948）石印本，1册，广州蔚兴印刷场，广东省立中山图书馆古籍部 0015862/321/6046。

2. 劝人勉力为善

道教素来劝人勉力为善，《太平经》卷四十五："第一之道，教天下人为善之法也。"① 卷一百十一："努力为善，子孙延年。"② 卷一百十四："努力为善，自得其福。"③《太上感应篇》开篇也云："祸福无门，唯人自召；善恶之报，如影随形。"④ 做善事莫亟于施赈。民国十年（1921），西北大荒，亟须救援。于是，重版郑观应《救灾福报》，序言即指出灾情的严重性和赈济的必要性，"迩闻西北各省奇荒，灾民遍野，非数千万不敷赈济"⑤，又"阴德之最大，报应之最速者，莫如荒年施赈，一举可活千万人。上契天心，下全民命，古云：'活千人者后必昌，'洵不诬也。考诸记载，有因活饥民而及身富贵者，有因活饥民而克登上寿者，有因活饥民而子孙科甲累代簪缨者。自古及今，不可胜数，盖德愈积，福愈大，不求果报，不求人知。天之报施，愈觉其丝毫不爽。爰选录《救灾福报》数十则，皆确有可据，请沈小园中翰鉴定，名曰《救灾福报》，俾资观感。当此直豫秦晋数百年来未有之奇灾，正祸福消长之秋，国家发帑截漕，士庶捐资助赈，皆趁此机缘耳，印既成，遂书数言，以为之劝"⑥。呼吁善长人翁为善乐助，建万世功德，"伏望各省及各国乐善之家，宜解囊慨助。若捐巨款，以工代赈，成四海同钦之名誉，建万世非常之功德，必邀上天嘉奖也"⑦。成立于

① 王明编《太平经合校》，中华书局，1960，第125页。

② 王明编《太平经合校》，中华书局，1960，第549页。

③ 王明编《太平经合校》，中华书局，1960，第619页。

④ （宋）李昌龄：《太上感应篇》卷一，《道藏》第27册，文物出版社、上海书店出版社、天津古籍出版社，1988，第6页。

⑤ （清）郑观应：《救灾福报·重刊序》，光绪二十三年（1897）刊，民国十年（1921）重刊，广东省立中山图书馆地方文献馆 K59/141－3（2）。

⑥ （清）郑观应：《救灾福报·自序》，光绪二十三年（1897）刊，民国十年（1921）重刊，广东省立中山图书馆地方文献馆 K59/141－3（2）。

⑦ （清）郑观应：《救灾福报·重刊序》，光绪二十三年（1897）刊，民国十年（1921）重刊，广东省立中山图书馆地方文献馆 K59/141－3（2）。

民国二十六年（1937）夏历十二月二十二日的广州中国道教至宝台慈善会（会址在广州市逢庆首约10号），也出版了何启忠撰写的《中国道教至宝台道脉源流》[①]，该书除了追溯中国道教至宝台的道脉源流外，也倡行祖师之训，劝人为善，陆至真在《序》中说："然按之祖师所示，消劫真言，谓'人能趋向于善，以正心诚意为本，暗里自能转危为安，绝处逢生，虽遇险而不险，虽遇厄而不厄'，玩绎其意。"[②] 善有善报，为善之人，一生平安。

3. 宣传宗教救国

民国时期的道书，还肩负着拯国救世的重任。汪兆镛撰《老子道德经撮要》开篇即宣传宗教救国思想，其《序》云："吾独善夫钱氏大昕之说，谓《老子》五千言，救世之书也。老子生当衰周，时列国战争，民不堪命。故其书云，天之道不争，以道佐人主者，不以兵强天下。兵者不祥之器，不得已而用之，战胜以丧礼处之。圣人以百姓心为心，去甚、去奢、去泰，天将救之，以慈卫之。少私寡欲，不欲以静，天下将自定。嗟乎！此非救世之苦心耶？"[③] 老子的五千言写于列国纷争、世道混乱之时，足见老子救世之苦心。他接着举例说："汉初曹参相文帝，承秦制惨酷之后，崇尚黄老，与民休息，深得其微意焉。"[④] 汉初尊《老子》，尚黄老，结果出现"文景之治"的良好局面。新会人陈垣撰《南宋初河北新道教考》四卷[⑤]，正是

① 民国三十五年（1946）油印本，广州中国道教至宝台慈善会，广州市教育路蔚兴印刷场承印，广东省立中山图书馆地方文献馆 K348/349。

② 何启忠：《中国道教至宝台道脉源流·陆至真序》，广州市教育路蔚兴印刷场承印，民国三十五年（1946）年油印本，1册，广东省立中山图书馆地方文献馆 K348/349。

③ 汪兆镛：《老子道德经撮要·序》，民国二十年（1931）排印本，1册，广东省立中山图书馆地方文献馆 K64/237·6-13。

④ 汪兆镛：《老子道德经撮要·序》，民国二十年（1931）排印本，1册，广东省立中山图书馆地方文献馆 K64/237·6-13。

⑤ 民国三十年（1941）排印本，1册，中山大学图书馆梁方仲纪念馆 B958/25。

“七七事变”期间，国难当头，他要发扬全真、大道、太一三教祖宗教爱国的优良传统，其《后记》载道：“芦沟桥变起，河北各地相继沦陷，作者亦备受迫害，有感于宋金及宋元时事，觉此所谓道家者类皆抗节不仕之遗民，岂可以其为道教而忽之也。因发愤为著此书，阐明其隐。”[①] 其《跋》更详述了全真、大道、太一三教祖矢志不渝的爱国事迹：“右三篇四卷廿三章，都六万余言，述全真、大道、太一三教在金元时事，系之南宋初。何也？曰：三教祖皆生于北宋，而创教于宋南渡后，义不仕金，系之以宋，从其志也。靖康之乱，河北黉舍为墟，士流星散，残留者或竟为新朝利用，三教祖乃别树新义，聚徒训众，非力不食。……三教祖皆北方学者，而能以宽柔为教，与金元二代相始终。殆所谓化胡工毕于以西升者耶？不然，何其适也。呜呼！自永嘉以来，河北沦于左衽者屡矣。而卒能用夏变夷，远而必复。中国疆土，乃愈拓而愈广，人民愈生而愈众，何哉？此固先民千百年之心力，培植而成，非倖致也。三教祖之所为，亦先民心力表现之一端耳，故乐得而述之。”[②] 三教祖的爱国行为，值得歌颂和发扬。朱师辙《跋》也云：“所谓王、刘、萧三教主者，皆宋之遗民，怀志士仁人抑郁之情，而思振拔于社会，以修道厉行，遁隐躬耕为基，觉世牖民、救人利物为务，固与昔之以符箓惑民而邀愚俗之利者，实异其旨趣。非先生之巨识，乌足以知之。三教之徒，丘处机一言而止元太祖之诛，郦希成至诚感祷而民众感化，萧辅道泽及枯骨而免柘城屠戮，是皆能拯斯民于水火，而造福于苍生者也。”[③] 三教师徒以修

① 陈垣：《南宋初河北新道教考·重印后记》，民国三十年（1941）排印本，1册，中山大学图书馆梁方仲纪念馆 B958/25。

② 陈垣：《南宋初河北新道教考·自跋》，民国三十年（1941）排印本，1册，中山大学图书馆梁方仲纪念馆 B958/25。

③ 陈垣：《南宋初河北新道教考·朱师辙跋》，民国三十年（1941）排印本，1册，中山大学图书馆梁方仲纪念馆 B958/25。

道励行，救人利物为务，最终拯民于水火，造福苍生，实现了宗教救国的宏愿。

二 价值和作用

民国时期的广州道书，不但内容丰富，而且具有较大的价值和作用。

1. 有助于广州道教资料的保存和补遗

李圆虚为汪兆镛《老子道德经撮要》作《跋》时指出："汪君伯纂老子《道德经撮要》一卷，兹刊置山中图书馆，俾世人知道教渊源所自，不惑于歧途也。"① 将书放置山中图书馆，使世人了解道教渊源，既保存了资料，也宣传了道教知识。陈垣《南宋初河北新道教考》四卷收集了大量宋金元史的资料，其《跋》云："《元史・释老传》语焉不详，可以此为之注。宋金元史讲义阙者；愿以此为补一章也。"② 朱师辙称之为世教弘著："此有关世教弘著，岂徒发潜德幽光而已。新道教者，全真教主王喆重阳，大道教主刘德仁无忧，太一教主萧抱珍一悟，皆自宋南渡后崛起于河北者也。其事略见于《元史・释老传》而不详，读史者忽视为旧道教，而不知其为新创。……不有专篇，曷资考证。先生既博采金元以来诸名家集，复广搜金石碑版，以考三教之始末，虽详略各殊，然采录既富，纠谬复精，使三教传授渊源，秩然昭晰。学者得悉其大本，以视程敏政《宋遗民录》，旨益深远矣。况当此

① 汪兆镛：《老子道德经撮要・李圆虚跋》，民国二十年（1931）排印本，1 册，广东省立中山图书馆地方文献馆 K64/237・6－13。

② 陈垣：《南宋初河北新道教考・自跋》，民国三十年（1941）排印本，1 册，中山大学图书馆梁方仲纪念馆 B958/25。

小雅尽废，沧海横流，人心陷溺之日，苟非先觉，恶导迷津，其有关世教，不益重乎？先生斯著，足以补旧史之阙遗，开新编之创制。”[①] 很清楚，此书不仅详述了新道教的历史和传授渊源，而且弥补《宋史》《金史》《元史》《宋遗民录》等史书的漏失，成为后人研究宋金元史的宝贵资料，诚如陈垣自己所言：“此书刊行后，不久即告罄。今因研究宋金元史者之需要，特重印以请教国人。”[②] 何启忠《中国道教至宝台道脉源流》[③] 则对中国道教至宝台的历史源流进行了详尽而缜密的考证，如陆至真在《序》中所云：“然则学道者，当先明其源流，即以起其信念，更以知其途径，是又所谓行运自迩，登高自卑，既有正大之途，勿趋于歧路，亦有一定之程。不可以躐等。吾道教中人，均当了然于此旨，而《道脉源流》之编述，其旨即在于此。”[④] 追溯道脉源流，明确教派宗旨，书中的不少史实，成为今天人们研究广州中国道教至宝台的珍贵资料。

2. 有益于广州社会的治道和化俗

道教向来以善道教化天下，《太平经》卷五十六至六十四云：“导教以善道，使知重天爱地，尊上利下，弟子敬事其师，顺勤忠信不欺。”[⑤] 综观民国时期的广州道书著述，都能秉承道教的这一教旨，致力于广州社会的治道化俗，如张其淦《老子约》，其序云：“《老子》之道，致清静，远名利、务慈俭；崇退让，不眩聪

---

① 陈垣：《南宋初河北新道教考·朱师辙跋》，民国三十年（1941）排印本，1 册，中山大学图书馆梁方仲纪念馆 B958/25。

② 陈垣：《南宋初河北新道教考·重印后记》，民国三十年（1941）排印本，1 册，中山大学图书馆梁方仲纪念馆 B958/25。

③ 民国三十五年（1946）油印本，广州中国道教至宝台慈善会，广州市教育路蔚兴印刷场承印，中山图书馆地方文献馆 K348/349。

④ 何启忠：《中国道教至宝台道脉源流·陆至真序》，广州市教育路蔚兴印刷场承印，民国三十五年（1946）油印本，1 册，广东省立中山图书馆地方文献馆 K348/349。

⑤ 王明编《太平经合校》，中华书局，1960，第 217 页。

察，不役智能。无为而民自化，无欲而民自朴。沌沌闷闷，悠然见太古之风俗。”① 又如尹维桢在卢燮机《老子笺》序言中说：“亦有能行老子之道，以平治天下，使风俗反于淳朴，杌陧化为敦庞者乎？则是书之作，诚不可裨益于治道。”他甚至希望“他日若有圣人作，将执是书为郅治之道，富强之术，吾虽为之执鞭，所欣慕焉”②。他们倡行《老子》之道，以天下平治、风俗淳朴为目标，不仅有益于治道，而且有益于化俗。广州道侣詹慕禅在注《吕纯阳子求心篇》中也明确表示，欲借此书实现人心世道之重告光明，其序云：“吕纯阳子求心篇，说明心之为用，心之修养，心之保持，莫不透彻精警，鞭辟入里，诚养性之不二法门，而求心之迷津宝筏也。风尘俶扰，庶众浇漓，欲为起衰救弊之计，非使人人能自救其心不可，欲使人人能自救其心，又非有以发聩振聋不可。欲有以发聩振聋，则纯阳子之《求心篇》，实为惟一圭臬，慕禅不敏，窃有心于道，爰取是篇增加注释，重付梨枣，广为传播，俾人人读而憬然有得，人人能求其本心，以辨别是非善恶，去芜秽之径，入坦荡之途，人心世道之重告光明，庶有豸乎。”③ 人人从我做起，求其本心，去恶扬善，社会安定，风俗淳朴不难实现。

三 著述（再版）原因

民国时期，广州道书不断著述或再版，很大程度上是由于道学

---

① 张其淦：《老子约・自序》，民国八年（1919）排印稿，广东省立中山图书馆地方文献馆 K/64/227・6－13。

② 卢燮机：《老子笺・尹维桢序》，民国五年（1916）抄本，1 册，广东省立中山图书馆地方文献馆 K/64/790.3。

③ 吕纯阳：《求心篇・詹慕禅序》，民国二十四年（1935）铅印本，1 册，中山大学图书馆珍藏馆 11935。

式微，人心愈淡。汪兆镛《老子道德经撮要》明确指出："道教衰替久矣。"① 尹维桢在卢夔机《老子笺》序言中也认为："溯自韩非、河上公以来，注《老子》者无虑数十百家。就中言之，约简而所见精核者，韩非也。言之綦详，而所得亦不少者，王弼也。其余诸家，则窥见门墙者，已不多见，遑论堂奥乎？且自王衍倡清谈，而寂灭废事之弊生，葛洪创异说，而服食烧炼之害著。故道德之微言绝，无为之大义乖，实自晋始。凌迟至于今日，老氏之道，几乎熄矣。"② 在他看来，自从晋代葛洪创立神仙道教以来，老氏的经旨已被破坏，道教已经开始走向衰落。赖振寰《道德经证儒》更进一步指出，道教"况为中国数千年所崇尚之教，且同为中国所倡之教，而宗旨尤与儒近者，若孔若老，犹自互相排挤，是自树其敌，而益启人以隙也，念及此，而作者之心愈苦矣"③。重振道学，恢复人心，关键就在于弘扬道教，《吕祖仙师觉世汇编》明确指出："人心惟危，道心惟微，此古圣贤传受心法之要旨也。近世道学既微，人心愈溃。若求和平康乐，非大宏道教，不足以挽狂澜于既倒，宗如奉事。"④ 为实现吕祖仙师度尽世人的宏愿，宗如认为关键在于弘阐道心："吕祖仙师有年，宿鉴先师宏愿，度尽世人，其宗旨以忠孝廉节仁义礼信惠九美为依归，以尊生治心经为津梁，当此社会进化，科学昌明，人皆知非科学以图存，（宗如）则以为须弘阐道心，乃可以辅科学之用，共致于和平康乐之境，尝读文昌帝君《警世宝诰》，有僧道灭纲常，而伤风化一语，实深恶痛绝之词也。又曰：士竞文艺而弗德行

① 汪兆镛：《老子道德经撮要·序》，民国二十年（1931）排印本，1册，广东省立中山图书馆地方文献馆 K64/237·6-13。

② 卢夔机：《老子笺·尹维桢序》，民国五年（1916）抄本，1册，广东省立中山图书馆地方文献馆 K/64/790.3。

③ 赖振寰：《道德经证儒·自叙》，民国八年（1919）顺德五色神芝草堂刊，广东省立中山图书馆地方文献馆 K/64/181。

④ 《吕祖仙师觉世汇编·冯宗如：序》，民国三十七年（1948）初重刊，广州中华印书局，广东省立中山图书馆地方文献馆 K348.6/64 [2]。

也，农图良田而昧心地也，工作伪而弗作德，商见利而弗见义也，官为家而无赤心为国也，读此又可见帝君以道觉世之苦心。惟是仙师积年经卷，汗牛充栋，而半鳞只爪，可窥其全。然一二语之指陈，亦尝能出入于迷津，而登觉岸，因竭愚诚所及，搜集法语中易知简能者，名曰《吕祖仙师觉世汇编》，集合同志，刊印袖珍式八千本，分途赠送，以利行人。愿读者口诵心维，随时领悟，由浅入深，渐臻于至善之地，此固（宗如）暨同人所期跂。而吕祖仙师善度世人之本愿，或相吻合乎？”[①] 他寄望通过是书的发行，人人口诵心维，最终实现吕祖仙师善度世人之本愿，复兴道学，维系人心。为此，广州道人不断著述和出版有关道教尊师警示世人、教人觉悟的道书，如民国十九年（1930）出版《感应因果合编》[②]，就有“振聩治心之法”，了因子在《序》中指出：“《太上感应篇》一书，出于《道藏》，导人以修身立命之学，其旨足与《春秋左氏》相发明，后儒解释其义者多矣，要以清元和惠栋之笺注，最为精深宏畅。惜非博学之士，不能悟其旨趣。次推《汇编》，此乃汇集古今各注本，而编辑成书者，实为雅俗可观之最上善本。然不甚通文之妇孺，尚难领会，若求其明白而雅驯，该括而条畅，能令妇女儿童读而觉悟，樵夫牧子听而点头者，其惟《感应篇直讲》一书乎？是书表出自湖南黄君体端，时乾隆四十二年，重刊行世，以普利诸根。惟不知注释者姓名，追躬行实践之隐士乎？继黄君而重印流播者，大有其人。盖是书为振聩治心之法灸，良有自矣。”[③] 黄正元

---

① 《吕祖仙师觉世汇编·冯宗如：序》，民国三十七年（1948）初重刊，广州中华印书局，广东省立中山图书馆地方文献馆 K348.6/64［2］。

② 民国十九年（1930），广州九曜坊守经堂藏版，广东省立中山图书馆地文馆 K348/8537［2］。

③ 《感应因果合编·了因子序》，民国十九年（1930），香港抱道堂藏版，广东省立中山图书馆地方文献馆 K348/8537［2］。

纂《太上感应篇注解》[①] 也有使读者惕然的功效，林庆炳序云："图说以感应篇分为八段，首尾相应，此言感应篇之大旨也。……余读黄公正元《感应篇注解》，辞皆浅显，凡福善福淫之报，不爽毫发，俾阅者惕然自省，洵济世之宝筏也，谨付剞劂，公诸同好，尤望广布海隅，以普济世之心云尔。"[②] 民国八年（1919）重镌《博济仙方》也有济世度人之意，黎琦修在《序》中云："吕帝君以神道设教，欲世人省身修德，同证善道，脱离疾苦，其济世度人之心，固无微不到，亦济世度人之德，诚无处不被也。"[③] 民国三十八年（1949）版《吕苑三师宝忏真经合编》（此书实为吕纯阳师尊、王赤松师尊、华佗先师尊宝忏真经合编）也劝人皈依正道，"赤松师尊：金阙赤松子，大慼众心，救度苦海，施丹炼药，大阐方便之门，行仁慈之道，誓愿度人，广施法力，劝善于人间，消除不良之恶等。历劫频频，仁人早趋法门，免陷流伶颠倒，皈依正道。叨藉恩庇，赤松度人，无量宏慈天尊"[④]。又云："华佗先师尊：师劝世人须向善，敬老怜贫重尊贤，矜孤恤寡怜幼老。莫造大秤小斗，理要公平，蓬恶莫作，奸淫莫为，免入迷途之境，宜向光明道行。切勿久染荡零，保存人生伟誉，荫得子孙繁荣。惟恐人不悟，故作此经，以警众生"[⑤]。重温道书的指引，牢记尊师的教诲，

① 民国年间版，广州九曜坊守经堂藏版，广东省立中山图书馆地方文献馆 K3707.5/590［2］。

② 黄正元：《太上感应篇注解·林庆炳序》，民国年间版，广州九曜坊守经堂藏版，广东省立中山图书馆地方文献馆 K370.5/590［2］。

③ 不署撰人：《博济仙方·黎琦修序》，民国八年（1919）季春重镌，广州九曜坊守经堂藏版，广东省立中山图书馆地方文献馆 K357.1/5。

④ （唐）吕岩：《吕苑三师宝忏真经合编·志心皈命礼》，民国三十八年（1949）季春重镌，顺德龙江吕苑道堂藏版，第 36 页，广东省立中山图书馆地方文献馆 K348.7/705。

⑤ （唐）吕岩：《吕苑三师宝忏真经合编·志心皈命礼》，民国三十八年（1949）季春重镌，顺德龙江吕苑道堂藏版，第 41 页，广东省立中山图书馆地方文献馆 K348.7/705。

有助于人心的恢复和道教的重振，更有助于广州社会的安定和稳定。

综上所述，民国时期的广州道书，不仅内容丰富，地方特色浓郁，而且富有时代精神。这些道书的出版（重印），既保存和拾遗了广州道教资料，又有益于广州社会的治道和化俗，总之，有利于广州道教文化的传承和发展。

图书在版编目（CIP）数据

岭南道教论稿 / 王丽英著. -- 北京：社会科学文献出版社，2017.11
ISBN 978-7-5097-9943-7

Ⅰ.①岭… Ⅱ.①王… Ⅲ.①道教史-研究-广东
Ⅳ.①B959.2

中国版本图书馆 CIP 数据核字（2017）第 268847 号

岭南道教论稿

著　　者 / 王丽英

出 版 人 / 谢寿光
项目统筹 / 宋月华　杨春花
责任编辑 / 周志宽　徐成志

出　　版 / 社会科学文献出版社 · 人文分社（010）59367215
地址：北京市北三环中路甲 29 号院华龙大厦　邮编：100029
网址：www.ssap.com.cn
发　　行 / 市场营销中心（010）59367081　59367018
印　　装 / 三河市尚艺印装有限公司

规　　格 / 开　本：787mm × 1092mm　1/16
印　张：22.5　字　数：288 千字
版　　次 / 2017 年 11 月第 1 版　2017 年 11 月第 1 次印刷
书　　号 / ISBN 978-7-5097-9943-7
定　　价 / 138.00 元